TOURISM

京师职教

职业教育旅游大类
系 列 教 材

JIUDIAN GUANLI
GAILUN

酒店管理概论

主 编：张瑞星 张 雯 谢丽梅
副主编：周云斌 蒋玉华 赵 雯
参 编：李国精 秦艳梅 钦 达 胡兴文
酒店行业顾问：朱亚楠 周欣欣 刘 斌

北京师范大学出版集团
BEIJING NORMAL UNIVERSITY PUBLISHING GROUP
北京师范大学出版社

图书在版编目(CIP)数据

酒店管理概论/张瑞星，张雯，谢丽梅主编．—北京：北京师范大学出版社，2021.6(2024.7 重印)
高等职业教育旅游大类系列教材
ISBN 978-7-303-26391-2

Ⅰ.①酒… Ⅱ.①张… ②张… ③谢… Ⅲ.①饭店—商业企业管理—高等职业教育—教材 Ⅳ.①F719.2

中国版本图书馆 CIP 数据核字(2020)第 203399 号

图书意见反馈 **gaozhifk@bnupg.com 010-58805079**
营销中心电话 010-58802755 58800035
编辑部电话 010-58808077

JIUDIAN GUANLI GAILUN
出版发行：北京师范大学出版社 www.bnup.com
北京市西城区新街口外大街 12-3 号
邮政编码：100088
印　　刷：北京天泽润科贸有限公司
经　　销：全国新华书店
开　　本：889 mm×1194 mm 1/16
印　　张：17.75
字　　数：335 千字
版　　次：2021 年 6 月第 1 版
印　　次：2024 年 7 月第 2 次印刷
定　　价：44.80 元

策划编辑：易　新　　责任编辑：易　新　钱君陶
美术编辑：焦　丽　　装帧设计：焦　丽
责任校对：段立超　　责任印制：马　洁

前　言

随着全面建成小康社会的深入推进，我国旅游业进入了黄金发展期，呈现出消费大众化、需求品质化、竞争国际化、发展全域化、产业现代化等特点。酒店业作为旅游业的支柱产业之一，在管理理念、业态形式、技术应用等诸多方面也发生了新的变化。同时，职业教育发展到今天，对高等职业教育也提出了新的要求。《国家职业教育改革实施方案》明确了职业教育的定位，《高等职业学校酒店管理专业教学标准》为酒店管理专业教学提供了依据，职业院校“三教”改革指明了教材改革的方向。结合新时期我国酒店业发展的新变化和高等职业教育提出的新要求，努力构建一个包括酒店组织管理、人力资源管理、市场营销管理、信息系统管理、服务质量管理、财务管理、物资设备管理、安全危机管理及对客业务管理、文化与品牌管理等主要职能在内的完整的酒店经营管理系统。全书力求全面反映现代酒店经营管理中各个环节，多视角呈现酒店经营管理中的各个侧面。

编写团队以岗位任务、工学结合的理念构建教材体系，以项目化、任务式体例展开教材内容，确定了以酒店经营管理中的实际项目和具体任务为导向的教材结构；教材内容选取了酒店经营管理的新理论、新案例、新数据、新技术等最新资料，反映了酒店管理专业的新知识、新方法、新流程、新规范和新标准；内容组织调动了线上线下多种资源，帮助学生理解和把握重难点，锻炼应用能力，拓展知识范围。整个教材既有理论阐释，又有案例剖析，注重方法的训练和技能的培养，积极服务于应用型人才的培养。

虽然我们努力创新，力求实用，但在编写中难免存在不足之处，恳请广大读者和专家指正，以便日后改正完善。

在编写过程中，我们参考了酒店管理研究领域的一些新成果，并引用了其中的一些观点和资料，也参考了大量网络资源，在此谨向相关作者表示感谢！

编　者

目　录

模块一　初识酒店

模块二　创建酒店组织

模块三　开发酒店人力资源

模块四　开展酒店市场营销

模块五　管理酒店信息资源

模块六　控制酒店服务质量

模块七　了解酒店对客业务

模块八　了解酒店其他职能管理

模块九　打造酒店文化、品牌与形象

模块一　初识酒店

【模块描述】

初识酒店模块是酒店管理概论课程的基础环节，阐述了酒店的概念、特点、功能、分类等基本知识，并介绍了酒店业的历史、现状和发展趋势，使学生能够对酒店的基本常识有一个较为全面的认识。

项目一　了解酒店

【项目描述】

通过学习本项目，学生能够掌握酒店的概念，了解酒店的发展历史，熟悉酒店的分类和等级，并依据标准对酒店进行分类和等级判断。

学习目标	完成指标
知识目标	理解酒店的概念、历史
	理解酒店管理的内涵
	熟悉酒店的分类和等级
能力目标	能够辨别酒店类型
	能够判断酒店等级
拓展目标	分析酒店的功能设置的合理性

>> 任务一　了解酒店的概念 <<

【学前导入】

最早的客栈出现在周朝，周王规定，每隔十里要设置“庐”，也就是小亭子，可以用来歇脚，每隔三十里要设置“路室”，可以用来避雨，每隔五十里要设置“候馆”，“候馆”就是可以入住的客栈了。

【基础知识】

一、酒店的概念

酒店(Hotel)一词源于法语 Hôtel，原指招待贵宾的乡间别墅，后来被欧美国家沿用，泛指所有商业性的住宿设施。在中国表示住宿设施的名词有很多，常用的有宾馆、饭店、旅馆等。由于所处历史时期、地理位置和主要功能的不同，还有客栈、旅店、旅社、度假村、招待所、疗养院、公寓、民宿、山庄、俱乐部、中心、大厦等叫法。现在我国北方大部分地区，习惯上把此类场所称为“饭店”，而南方的很多地区，习惯称之为“酒店”。

国内外对酒店的解释：

以间(套)夜为单位出租客房，以住宿服务为主，并提供商务、会议、休闲、度假等相应服务的住宿设施，按照不同习惯可能也被称为宾馆、酒店、旅馆、旅社、宾舍、度假村、俱乐部、大厦、中心等。

——《旅游饭店星级的划分与评定》(GB/T 14308—2010)

酒店是装备完好的公共住宿设施，一般提供膳食、酒类与饮料以及其他服务。

——《美利坚百科全书》

酒店是在商业性的基础上向公众提供住宿，也往往提供膳食的建筑物。

——《大不列颠百科全书》

酒店一般的说是为公众提供住宿、膳食和服务的建筑与机构。

——《科利尔百科全书》

酒店是人们支付报酬以获取住宿和餐饮服务的建筑物。

——《朗文当代高级英语词典》

酒店是人们通常短时期内停留并支付一定金额，以获取住宿和膳食的建筑物。

——《牛津词典》

根据上述定义，结合酒店的发展，我们发现酒店一般具备以下几个基本条件：

第一，酒店是由建筑、设施、设备、环境等要素所组成的接待场所。

酒店是一个或多个建筑物所组成的接待场所，具有良好的接待环境，必要的接待空间，配套的设施设备和相应的服务用品等。

第二，酒店是提供住宿、餐饮和其他多样化、综合性服务的服务机构。

酒店提供的是一种服务产品，这种特殊的产品既能够满足宾客旅居饮食的基本物质需求，还能为宾客提供一段愉悦的体验与经历，为宾客带来精神上和心理上的满足。

第三，酒店是以盈利为目的服务大众的商业组织。

酒店从事的是满足社会大众旅居餐饮等需求的接待活动。酒店在接待宾客时要付出一定的成本，并且要占用社会劳动，这些都是有偿的。酒店以营业收入来抵补支出，上缴税收，创造经济效益，实现持续发展。

由此可见，酒店是为公众提供以住宿服务为主的商业性场所，根据酒店的性质和等级不同，提供不同的住宿和其他相关产品与服务。现代酒店是指通过有形的空间、产品、设备和无形的服务、氛围等，为顾客提供一段涵盖吃、住、行、游、购、娱等方面的住宿体验与经历。现代酒店提供的产品服务日益多样化、个性化和综合化，为顾客带来全方位的住宿体验。

二、酒店的发展历史

(一)国际酒店发展历程

酒店的发展是随着旅游活动的发展而不断演进的。国际酒店的发展经历了古代客栈时期、豪华酒店时期、商业酒店时期、现代酒店时期四个阶段。

1. 古代客栈时期(11 世纪至 18 世纪)

客栈是指位于乡间或路边供过往客人寄宿的小客店。在西方，客栈的发展主要是 11 世纪至 18 世纪这段历史时期，大概从 15 世纪进入鼎盛期，以英国和法国的客栈最为发达。在古代的东方也有客栈，无论是在古埃及、古巴比伦，还是在中国，都有不同类型的客栈。

早期的客栈，设施规模较小，设备简陋；仅能提供食宿服务，并且价格低廉；经营上一般都是单独经营，没有专门的管理和服务人员。15 世纪以后，随着商业的发展，贸易活动更加频繁，人们的需求发生变化，对客栈的服务要求也有所提高，于是，客栈的规模开始扩大，客栈的环境也有很大改善，并且开始雇用专门的管理和服务人员。这一时期的客栈为豪华酒店的出现及酒店管理的发展奠定了基础。

古代客栈时期经历的时间较长，总的来说有以下特点：

(1)客栈的经营为独立、小规模的性质。

(2)客栈设施简单，除提供基本的睡眠设施和饮食之外，不太考虑舒适程度。

(3)客栈主要接待商人和宗教信徒，房租低廉。

2. 豪华酒店时期(18 世纪末至 19 世纪末)

18 世纪末至 19 世纪末是酒店产生和形成时期，也是从客栈过渡到酒店的重要时期，这一时期通常被称为豪华酒店或大饭店时期(Grand Hotel)。18 世纪后半期，随着产业革命的到来，西欧、北美的一些国家相继进入工业化发展时期，并形成了大众化的消费社会。为了适应工业化发展和经济贸易发展的需要，酒店业也从客栈时期过渡到了豪华酒店时期。

最早促进旅行客栈向酒店发展的国家是英国。从 1750 年开始，英国产业革命促进了商业贸易的迅速发展。为了适应大量商务旅行活动的需要，英国率先对客栈进行了大规模的改善和提高，修建了现代意义上的酒店。到 19 世纪末，欧洲各国相继建成了一些知名的酒店，如恺撒大酒店、法兰克福大酒店、巴黎大酒店等。这些酒店都设置了单独的私人房间，配备了各种娱乐厅、餐厅、阅览室，附设了带游廊的花园、喷泉等，从而吸引了许多王室、贵族、官宦、巨富及社会名流前往住宿和娱乐。这一时期酒店经营的代表人物是瑞士人恺撒·里兹(Caesar Ritz，1850—1918)。作为豪华酒店的杰出经营者，他和他建造、经营的酒店成为最豪华、最时髦的代名词，Ritzy 一词也由此而来，意为非常豪华。

在这一时期，管理工作已经从接待工作中分离开来，形成专门的职能。随着酒店规模的扩大，企业内部分工更加明确，出现了酒店经理、服务长、厨师长和其他管理人员分工合作的管理机构，促进了酒店管理工作的开展，提高了酒店服务工作的效率。

里兹还率先提出了以客人为导向的营销观点，积极推行满足客人需求，提供优质服务的经营理念。豪华酒店的接待对象，大多是身份尊贵的王公贵族或高官富贾，他们出手大方，重视奢华享受。因此，豪华酒店的管理十分重视服务质量，餐具、茶具、服务方式和进餐的样式十分考究，对员工的服务技巧、走路姿势、语言规范等要求也十分严格。这种注重礼仪、讲究服务质量的经营作风，后来发展成为“宾客至上，服务第一”的经营思想。

综观这一时期酒店的发展，主要有以下几方面的特点：

(1)建成并发展了一批有一定规模的酒店，标志着现代酒店的产生和形成。

(2)各种酒店的设计和建造，已经具有现代酒店的雏形。

(3)对服务人员进行专门的培训和指导以提供礼貌、周到的服务。

3. 商业酒店时期(20 世纪初至 40 年代末)

商业酒店时期是酒店业发展的重要阶段，不仅从各方面奠定了现代酒店业的基础，而且促使酒店业迅速发展成为一个重要行业。20 世纪初，被誉为“现代酒店之父”的美国酒店业主埃尔斯沃思·弥尔顿·斯塔特勒(Ellsworth M. Staler，1863—1928)，根据自己多年从事酒店业的经验和对旅游市场需求的了解，设计和建造了价格为一般公众所能承受的商业性酒店。1908 年，斯塔特勒在美国布法罗建造了“一个带浴室的房间只需要一美元半”的斯塔特勒酒店，标志着酒店业进入商业酒店时期。

与里兹的经营理念不同，斯塔特勒把“提供普通民众能付得起费用的世界第一流的服务”作为经营目标。在管理中采用泰勒的科学管理思想和方法，以便在低价格的情况下，仍然能够取得利润，斯塔特勒提出的“宾客永远是对的”这句至理名言，至今仍为各国酒店从业人员所推崇。

商业酒店的服务对象主要是商务旅游者，因而其设施与服务一改追求豪华与奢侈的做法，讲究舒适、方便、清洁、安全和适用，并考虑客人的需求和承受能力，收费合理。酒店管理以追求利润为主要目的，经济活动以市场为中心，客房分等定价，比如标准客房、豪华客房、行政套房、总统套房等。餐饮和综合服务设施根据不同的情况制定价格，逐步形成目标市场，有针对性地提供优质服务。

这一时期商业酒店的发展，具有以下几个突出的特点：

(1)确定了酒店为公众和商务旅游者服务的基调。

(2)促进了酒店服务和管理的标准化、规范化。

(3)逐步实现了酒店的现代化经营和管理。

(4)出现了专门培养酒店经营管理人才的学校(院)。

商业酒店时期，酒店业已经摆脱了传统的经验管理，进入科学管理阶段。酒店采用先进的企业管理理论，指导日常的业务经营活动，改进了服务质量，提高了管理水平，增加了经营收入，促进了酒店业的迅速发展。

4. 现代酒店时期(20 世纪 50 年代至 90 年代)

第二次世界大战结束以后，随着世界经济逐步复苏并走向繁荣，汽车工业、航空运输业的发展及人们收入水平的提高，欧美国家的高速公路建设快速发展，旅游活动日趋频繁，原来以接待商务旅游者为主要经营方向的商业酒店已不能满足各种层次的旅游者需求。世界各地相继兴建起具有浴室、地毯、空调等设施设备的现代新型酒店，其服务向多样化、综合化发展。

1952 年，凯蒙斯·威尔逊(Kemmons Wilson)建造了第一家名为假日酒店(Holiday Inn)的汽车酒店。假日酒店的客房比较宽敞，设有餐厅和其他设施，具有规范的服务和管理标准，为自驾车旅游的家庭提供了方便。随后又出现了连锁汽车酒店，推动了现代酒店的连锁化发展。尤其是一批著名的酒店业主受斯塔特勒的启发，相继在 20 世纪五六十年代创立了一批世界有名的酒店集团，如希尔顿(Hilton)、喜来登(Sheraton)、凯悦(Hyatt)、万豪(Marriott)、雅高(Accor)等酒店集团。

20 世纪 70 年代以来，随着世界旅游业的迅速发展和旅游市场的不断扩大，人们对庞大的旅游市场进行了系统研究和细分，建造了满足不同旅游需求的各种类型的酒店。为了适应各种商务活动和会议的发展，出现了许多功能齐全、装修豪华的现代商务酒店；为了适应第二次世界大战后人们对休闲度假的需求和对提高生活质量的要求，出现了大量豪华舒适、功能齐全、设施配套的旅游度假酒店；为了满足团体旅游迅速发展的需要，出现了许多新型的观光酒店；随着散客旅游者的数量增加，各种为满足旅游者任意租用的公寓酒店也迅速发展。

综观这一时期酒店的发展，主要具有以下几方面的特点：

(1)酒店规模扩大，集团化管理逐渐占据重要的地位。

(2)酒店服务更加体现多样性和综合性，出现了各种类型的酒店。

(3)市场需求多样化，促使酒店不断更新设施设备，科学管理方法在酒店管理中广泛应用。

(4)酒店业与相关行业的合作日益密切。

不同发展阶段酒店的特点比较如表 1-1 所示。

表 1-1 不同发展阶段酒店的特点

发展阶段	对象	特点
古代客栈时期	传教士、信徒、外交官、信使、商人	设施简陋；服务项目少；仅提供基本食宿；质量差；不安全
豪华酒店时期	贵族度假者、上层阶级、公务旅行者	设施豪华；服务有一定规程；接待有一定程序；服务有礼貌礼仪；规模大；价格高

续表

发展阶段	对象	特点
商业酒店时期	商务旅行者	设施方便、舒适、整洁、安全；服务项目齐全，规程简单；以顾客为中心；讲究效率；价格合理
现代酒店时期	大众旅游者	类型多样化，各类住宿设施齐全；服务综合化、细致化，提供住宿、餐饮、商务、会议、康乐、购物等服务；规模不断扩大；出现各种类型的酒店

(二)中国酒店发展历程

我国是世界上最早出现酒店的国家之一，最早的酒店设施可追溯到春秋战国或更早的时期。唐、宋、明、清被认为是酒店业得到较大发展的时期。中国现代化的酒店设施，一些是经过改造的旧酒店，一些是新中国成立以后建造的宾馆、酒店和招待所等，另一些是近年来兴建的现代新型酒店，这三类设施是中国酒店主要部分。

1. 古代酒店阶段

中国古代酒店设施分为官办的驿站和迎宾馆及民间的客栈。驿站是中国历史上最古老的一种官办住宿设施。在古代，政府命令的下达、公文的传递以及各地之间的书信往来等，完全依靠专人骑马或乘车传送，驿站就是为这种驿传制度服务而设立，以专门接待往来信使和公差人员并为其提供车、马交通工具的食宿设施。驿传制度始于商代中期，止于清光绪年间“大清邮政”的兴办，世代沿袭三千余年。因此，驿站堪称中国历史上最古老的酒店设施。

中国古代驿站经历了漫长的发展过程。驿站初创时，专为传递军情和报送政令者提供食宿，因而接待对象局限于信使和邮卒。秦汉以后，驿站的接待对象范围开始扩大，一些过往官吏也可以在邮亭或传舍食宿。至唐代，驿站已广泛接待过往官员及文人雅士。元代时，一些建筑宏伟、陈设华丽的驿站除接待信使、公差外，还接待过往商旅以及达官贵人。

2. 近代酒店阶段

近代酒店阶段大约从19世纪末20世纪初到1949年中华人民共和国成立初期。鸦片战争后，大批外国的资本家、冒险家、商人、传教士和军人涌入我国，西方各国在我国各大城市特别是沿海城市建立了不少的酒店，如北京的“六国饭店”和“北京饭店”、天津的“皇宫饭店”等。这些酒店的规模庞大、设备豪华，采用西方理论和方法进行管理。到辛亥革命后，中国工商业者在各大城市也兴建了一批酒店，如北京的“东方饭店”、杭州的“新新旅馆”和“大华饭店”、上海的“大中华饭店”等，全国达到几百家。这些酒店规模较大、设备较舒适、服务项目较多，服务对象是上层统治阶级，酒店管理主要学习西方的技术和方法。

3. 行政事业单位阶段

我国酒店企业行政事业单位管理阶段主要是指新中国成立初期到1978年党的十一届三中全会以前的阶段。这一阶段是我国酒店管理演变过程中的特殊阶段。这一阶段酒店的基本特点是：

(1)酒店的性质，属于行政事业单位而不是企业组织。酒店管理主要是为国家建设服务的，主要面向外交和侨务等事务。酒店管理对加强国际交往，促进中外政治、经济和文化交流，提高我国国际地位和国际声誉起到很好的作用。

(2)酒店的服务对象，以接待国际友好人士、爱国华侨和国内高级会议参加者为主，政治要求较高。酒店管理注重服务质量，讲求工作效率，重视思想政治工作，注重发挥酒店职工的主人翁责任感，有民主作风，积累了一定的管理经验。

(3)酒店企业属于全民所有，但由于是行政事业单位，在财务管理上，实行实报实销的制度。由于没有实行企业化的经营管理，所以管理相对落后，缺乏一整套科学的管理制度和经济核算、经济分析制度，损失浪费严重，大多数酒店年年亏损。

(4)酒店管理处于经验管理阶段。酒店管理缺乏科学的理论指导，在管理体制、管理方法、接待程序、环境艺术、经营决策等方面都相对落后。

(5)酒店管理不注重市场研究，而是坐店经营。酒店没有预订制度和客源开发机构，在经营方式、接待服务、价格等方面都是固定、僵化的，使我国酒店管理长期处于落后的局面。

4. 现代酒店阶段

我国现代酒店的发展历史不长，但速度惊人。自1978年我国开始实行改革开放政策以来，我国酒店无论是行业规模或设施质量，还是经营观念或管理水平，都已取得了长足发展。在这一时期中，我国酒店业的发展表现出以下特点：

(1)酒店建设投资形式多样化。我国在发展现代酒店业的过程中改变了过去酒店建设完全由国家投资的状况。为了满足不断发展的国际旅游业和大规模经济建设的需要，我国采取多种渠道的集资形式，利用国家资金、集体资金和外资等，改建、扩建和兴建了大批现代化的酒店。

(2)引进外资和外方管理。至1983年，我国一批合资建造或聘请外方管理的涉外酒店相继开张营业，其中较有影响的，如广州的白天鹅宾馆，深圳的西丽湖度假村，北京的建国饭店、丽都饭店、长城饭店等酒店，南京的金陵饭店等。这些酒店在合资或引进外方管理中既积极大胆又慎重稳妥，因而能迅速走上科学管理的轨道。这对我国其他酒店来说，在硬件和软件两方面都起了很好的示范作用，并且合资和外方管理的酒店对我国酒店业的思想观念进行了革新，带动了我国酒店业向新的台阶迈进。

(3)事业型向企业型转变，经验管理向科学管理转变。我国的部分酒店是从以前的政府高级招待所转变而来的。招待所的主要特征是：以政治接待为主，以完成接待任务为目标，不搞经济核算，不讲经济效果，实行传统的经验管理。1978年，我国开始了工作重点转移，大规模的经济建设逐渐起步。党的十一届三中全会以后，我国实行对内搞活、对外开放的方针，经济领域发生了深刻的革命，商品观念开始进入酒店。1983年，国家旅游局向全国酒店推广岗位责任制和浮动工资制后，我国酒店行业实行了第一次重大变革，开始了从经验管理向科学管理、从事业单位管理向企业管理的转变。1984年，国务院批准国家旅游局《关于推广北京建国饭店经营管理方法有关事项的请示》，同意国内50家酒店学习建国酒店的经营管理办法。这对我国酒店业又是一次巨大的推动，使酒店在思想观念和经营管理方面又一次实现飞跃，一大批酒店因此改变了往日形成的传统，以新的姿态和面貌进入了国际市场。

(4)酒店设施和服务日趋完善。为适应现代旅游多元化的发展，满足更多类型入境旅游者的需要，我国酒店的建筑和设施引进了先进的硬件标准，质量不断地提高。同时，酒店的设施也向着多功能方向发展，现代大型酒店附设了先进的通信设施，如国际直拨电话、传真、电传、闭路电视、文字处理机、卫星转播设备、计算机等；康乐设施如桑拿浴室、保龄球馆、健身房、按摩室、歌舞厅等；旅游服务设施如航空公司代理处、服务处、外汇兑换处等；购物设施如经营旅游纪念品、珠宝及日用品的商场。这些酒店建筑美观、设施高档、布局合理、功能齐全，不仅能为国家增加收入，而且还美化了市容。为了满足客人的多种需要，酒店的服务项目不断充实，服务质量有了显著的提高。酒店经过科学的分析，制定系统的、全面的服务规范和服务标准，并执行严格的监督制度，动员全体职工对酒店服务各环节进行质量控制，使服务日趋现代化。

(5)酒店经营管理日趋先进。我国酒店业在发展过程中吸取了其他行业和国外酒店管理的先进理论和经验，结合国内实际情况，逐步走上了科学管理的道路。各酒店开始建立有效的组织机构，明确规定各部门、各岗位的职责和权利，以及人员数量和素质标准。在管理工作中努力提高组织效率、工作效率和会议效率，运用先进的营销、公关等技术，注意开拓市场，增加收入，严格执行成本控制，提高了管理水平，使酒店经济效益有了很大的改善。与此同时，酒店开始重视人员的素质培训和企业文化的建设。

(6)实行多种形式的联合。随着行业不断发展，我国酒店出现了多种联合形式，形成了自己的酒店集团，其中有不少酒店集团已经跻身于国际前列。根据美国杂志公布的“全球酒店集团325强”(HOTELS 325)2019年的排名显示，中国有锦江、华住、首旅如家、格林、东呈、尚美、开元、住友、香格里拉(香港)、万达、港中旅、金陵等多家酒店集团进入前50强的行列。其中锦江国际的排名已跃居第二。这些酒店集团旗下都形成了各自的知名酒店品牌，在单品牌的全球榜单中，如家、汉庭等品牌已经位列前十。在排名前十的酒店管理公司榜单上有华住、尚美、东呈、首旅如家四家公司，分别排名第一、第二、第四和第七。在特许经营酒店公司排名前十位中也有锦江、首旅如家、格林、尚美等中国酒店集团的品牌。

>> 任务二　辨识酒店的类型和等级 <<

【学前导入】

近年来，定位中高端的新型酒店品牌逐渐兴起，文化、主题、轻奢正在成为重要元素。随着酒店式公寓、主题特色酒店、民宿等个性化住宿的兴起，赛道里的竞争者越来越多。因人工智能技术而诞生的智慧酒店也在逐步走入人们的生活。

【基础知识】

一、酒店的类型

酒店最初伴随着旅行活动出现，为旅行者提供住宿设施。随着社会的不断发展，人们旅行的动机发生了很大的变化，对酒店的需求也各不相同。为了满足各类需要，酒店被赋予越来越多的功能，业态类型也日益丰富，出现了许多不同类别和不同等级的酒店。

对酒店进行分类主要有两大目的：一是有利于营销，能使酒店明确所处市场和推销对象，从而更有效地制订营销计划，更集中地使用广告宣传费用，同时也能使宾客在选择酒店时有明确的目标。二是便于比较，一家酒店经营结果的好坏，要与同一类型的酒店相比才显得有意义，特别是当酒店运用各种统计资料分析市场动向、研究竞争对策和制定经营方针时，同类型酒店的对比显得格外重要。

酒店业发达的国家还有专门的会计公司，根据规模大小、地理位置、设施状况、新旧程度等特点将酒店进行分类，然后公布各类酒店经营结果的有关数据，以对酒店的经营管理起指导作用。下面是按照酒店不同的特点进行的分类。

(一)根据市场划分

在激烈的市场竞争中，越来越多的酒店对市场进行细分，以争取在“小市场中求大份额”。因此，在划分大类的基础上，会继续划分细类，以使酒店找准市场定位，从而在市场竞争中取得更多主动权。按市场性质可以将酒店划分为以下类型。

1. 商务酒店

商务酒店的主要目标群体为短期入住的商务旅客。酒店多位于城区，临近商业中心，交通便利。商务型酒店档次多样，既包括豪华奢侈的五星级酒店，也包括经济实惠的经济型酒店，满足不同层次的商旅顾客的需求。高档商务类酒店要求内外装饰豪华，各项功能完备，具备高水平的餐饮、客房、娱乐等设施设备，为顾客提供国际电话、打印、传真、会议室等商务设施，以满足顾客的商务办公需求。经济型酒店可以满足一般商务需求，拥有干净整洁的客房、便利的交通位置等。有较长时间商务办公和住宿需要的顾客，也称为长包房客人，因住宿期较长，通常会收到商务酒店提供的房费折扣优惠。同时酒店也会简化服务流程，来满足顾客的需求。

2. 会议酒店

会议酒店的主要目标群体为会议团体。会议酒店宾客的平均消费水平一般高于旅游度假客人。会议类酒店多位于大城市或经济、政治中心，交通便利；也有一些会议型酒店与度假结合，位于风景区。会议类酒店除了拥有基础的住宿和餐饮设施以外，还必须具备足够数量的会议室和会议厅，并且配备会议设备，如先进的通信、视听设备等；接待国际会议的酒店还要求具备同声传译设备；有些酒店还配备不同类型的展览厅或多功能厅，提供会展相关服务。会议酒店一般会有专门的部门负责协调组织和跟进会议的各项事务，包括跟进会议的整个流程，提供会场布置、参会人员接待、会议纪念品、食宿安排、接送机等服务。

3. 观光酒店

观光酒店的主要目标群体为观光游客，多位于风景名胜区附近或沿线，交通比较便利。观光类酒店需要具备基础的住宿和餐饮设施，且根据酒店档次提供不同标准的服务，一般会提供行李寄存、旅游问询、导游等服务。

4. 休闲酒店

休闲酒店的主要目标群体一般为距离较近且在酒店停留时间较短的休闲者。酒店多位于环境宁静、交通便利的地点。休闲酒店对于提供的服务项目和设施设备的舒适程度有一定的标准，配备了茶室、桑拿、温泉设施；有些还会与体育健身结合，满足客人健身娱乐的需要，同时提供配套的餐饮和舒适的客房设施。

5. 度假酒店

度假酒店的主要目标群体为度假的游客。酒店多位于风景优美的海滨、山区、温泉、草原、森林等地，为宾客提供多种多样的游乐项目，包括游船、垂钓、冲浪、潜水、登山、滑雪、骑马、温泉、高尔夫等。度假酒店与观光酒店的不同之处在于，度假酒店通常是游客的目的地，而观光酒店则是中转地，是旅游的辅助设施。客人在度假酒店停留时间较长，在酒店消费的项目也较多。因此，度假酒店需要不断开发创新游乐项目，提高服务质量，延长客人在酒店的停留时间，吸引客人在酒店持续消费，从而提高酒店的收益。

6. 疗养酒店

疗养酒店主要目标群体为以休养、疗养、康体为目的的游客。这类客人一般在酒店停留时间较长。酒店多位于风景优美、气候舒适的地区。疗养酒店一般会提供健康体检和相应的疗养、辅助治疗、康复保健等服务。高档的疗养酒店还会为客人提供专业医疗健康保障服务，员工具备一定的医疗知识，同时酒店配备专业的医护人员和医疗设施设备，能够为客人提供及时、高效的医疗服务。客房也配备一些基础的医疗设备。

7. 主题酒店

主题酒店的主要目标群体为相应主题的爱好者。此类酒店通常以某个特定的主题体现整个酒店的建筑设计、内外装饰、文化氛围等，为顾客提供个性化的、富有特色的消费体验。主题的类型多样，包括历史、文化、音乐、卡通、性别等。酒店可以围绕某一主题综合打造，也可以运用局部或某单一要素设计。主题酒店对于装饰设计、服务设施等要求较高，需要在满足顾客实际使用需求的基础上体现酒店的主题文化，为顾客带来富有创意的主题文化体验。目前主题酒店发展态势良好，越来越多的主题文化被挖掘并赋予新的内涵，让顾客在深度体验中获得丰富的知识和精神的愉悦。

(二)根据规模划分

酒店规模是比较酒店实力的重要标准，一般以酒店的客房数来代表酒店的规模大小。国际酒店集团就是以客房总数进行排名的，而非统计酒店的数量。比如万豪国际酒店集团收购喜达屋酒店集团后，一跃成为全球首个拥有酒店客房数超过100万间的酒店集团。

按照客房数量对酒店规模进行分类，一般可分为大、中、小型三类。按照国内划分标准，300间以下的为小型酒店，300～500间的为中型酒店，500间以上的为大型酒店；按照国外划分标准，100间以下的为小型酒店，100～300间的为中型酒店，300间以上的为大型酒店，1000间以上的为超大型酒店。

(三)根据位置划分

酒店所处的地理位置实际上与酒店的目标市场密切相关，从市场营销的角度看，酒店经营应该先确定目标市场，然后根据目标市场的需求确定提供什么样的产品和服务，即选址经营。但有时受条件所限，一些酒店也会根据已处的位置，选择可能目标市场，再提供相应的产品和服务。根据所处的地理位置，酒店可分为城市酒店、交通港酒店、胜地酒店、公路沿线酒店和海上酒店等类型。

1. 城市酒店

城市酒店是酒店业中最为重要的部分，往往位于当地商业、政治、文化、社会活动中心所在地。酒店多为高层建筑或摩天大楼，以商务型、会议会展型酒店为主。

2. 交通港酒店

交通港酒店位于或在接近交通港的位置，有机场酒店、车站酒店、码头酒店等。交通港酒店的主要功能是方便旅客中转休息。由于旅客停留时间以便较短，酒店主要提供基本的食宿服务，有时也会根据需求配套一些辅助设施，如停车场、商店等。

3. 胜地酒店

胜地酒店一般位于风景优美的海滨、山区、温泉、草原、森林等地，以其人造景观或阳光、沙滩、温泉等自然资源吸引游客，这类酒店也被称为度假村、度假俱乐部。酒店内有多种餐饮和休闲娱乐等设施，有的还配备了完善的会议与宴会设施。

4. 公路沿线酒店

公路沿线酒店即汽车旅馆(Motel)，起源于美国，多位于高速公路交汇道附近，或是离城镇较偏远处的公路沿线，便于以汽车或机车作为旅行工具的旅客投宿。酒店一般配备充足的停车空间以及舒适便捷的客房和餐饮等服务，部分旅馆可以直接将车开进连接客房的车库。

随着酒店竞争日益激烈，有的汽车旅馆走向休闲度假的经营方式，装潢设计达到或甚至超越高级酒店的水平，有的还进行主题式的房间设计，入住的客人也不局限于旅客，从而满足一般民众的休闲娱乐需求。甚至有一些度假别墅(Villa)风格的汽车旅馆陆续开业，汽车旅馆的开设位置也逐渐由市郊移往市区。

5. 海上酒店——邮轮

海上邮轮是为游客提供综合服务的海上移动酒店。邮轮住宿的时间一般较长，短则一周，长达一个月。从中端的亚洲范围内的航线，到高端的极地探险、环球旅行航线，游客拥有多种类型的选择。

海上邮轮拥有齐全的设施设备，包括不同类型的餐厅、酒吧、购物商店等，为顾客提供综合全面的服务。顾客所支付的费用包含了在邮轮上的餐饮、住宿、设施及娱乐活动等，顾客可在指定的餐厅免费用膳，也可享受船上多姿多彩的娱乐设施和活动。

(四)根据计价方式划分

1. 欧式计价酒店

欧式计价酒店是指酒店客房价格仅包括房租，不含食品、饮料等其他费用。世界各地绝大多数酒店均属此类。

2. 美式计价酒店

美式计价酒店的客房价格包括房租以及一日早、午、晚三餐的费用。目前，尚有一些地处僻远的度假型酒店仍属此类。

3. 修正美式计价酒店

修正美式计价酒店的客房价格包括房租和早餐、晚餐的费用，以便宾客有较大的自由安排白天的活动。

4. 欧陆式计价酒店

欧陆式计价酒店的房价包括房租及一份简单的欧陆式早餐，即咖啡、面包和果汁。此类酒店一般不设餐厅。

5. 百慕大计价酒店

百慕大计价酒店的房价包括房租及美式早餐的费用。

(五)根据业态发展划分

1. 民宿酒店

根据文化和旅游部的标准，民宿是利用当地闲置资源，民宿主人参与接待，为游客提供体验当地自然、文化与生产生活方式的小型住宿设施。民宿有别于传统酒店，属于非标准化住宿设施，是由个人业主、房源承租者或商业机构为旅游度假、商务出行及其他居住需求消费者提供的除床、卫浴外，更多个性化设施及服务的住宿选择。民宿房源类型包括客栈、公寓、精品酒店、度假别墅、小木屋、帐篷、房车、集装箱等。民宿能够为游客参与当地日常生活、体验当地生活方式和风土人情提供家庭特色接待，能让客人体验当地风情、感受民宿主人的热情与服务并体验有别于以往的生活。民宿是一个有故事、有心灵触动、源于生活的特殊酒店业态。

2. 共享酒店

共享经济也被称为分享经济和协同消费型经济，它是用于描述基于分享、交易、商业贸易或租赁产品使用权来代替购买的经济模式。从具体的过程来看，共享经济就是消费者利用线上或线下的社区等平台工具进行沟通，实现合作或互利消费的一种经济模式，包括在拥有、租赁、使用或互换物品与服务、集中采购等方面的合作。

随着互联网时代下分享经济的兴起，作为分享经济的重要板块，短租公寓盘活了城市与度假地的大量闲置房产资源，并获得迅猛发展。而这种分享经济无疑对传统酒店产业产生了巨大的冲击。其中，以爱彼迎(Airbnb)、HomeAway、途家、小猪、蚂蚁短租等分享住宿平台为代表的分享住宿被越来越多的人接受，逐渐成为年轻人的一种时尚和潮流。

3. 产权酒店

产权酒店是一种结合房地产产品属性和酒店产品属性的酒店类型。这种酒店不但充分发挥了房地产产品可以增值和获得回报的潜力以及酒店产品完善的设施和专业的服务等优势，而且规避了房地产产品一次性购买所有权的高成本和传统酒店住宿产品销售过于零碎等弊端。根据其性质不同，这种产权又可以分为客房产权和客房时权。

客房产权是指酒店每间客房的产权。酒店将每间客房的独立产权出售给客人，客人再将客房委托给酒店管理公司统一出租经营，客人可以获取年度客房经营利润，还可以享有酒店管理公司赠送的一定时限的免费入住权。

时权源于分时度假(Timeshare，又称 Vocation Ownership 或 Holiday Ownership)的概念，是酒店产权的另一种形态。客房时权是酒店客房以时间为单位的使用权。酒店将每套客房的使用权分割成若干个周次，按照 20～40 年的期限销售给顾客。顾客每年拥有该客房 1 周的住宿权。该住宿权还可通过交换网络与其他酒店业主进行住宿交换，并且还享有增值、转让、馈赠、继承等一系列权利。

4. 智慧酒店

科技的快速发展使智慧酒店的建设不断推进，借助科技手段，酒店不需要工作人员就能为顾客提供全方位的酒店服务，而且更加高效、安全、舒适。

2018 年，Fly Zoo Hotel(菲住布渴酒店)在杭州开业，这是全球第一家支持全场景刷脸住宿的酒店。无人酒店包含全流程的智慧服务。在无人酒店，客人在 App 上办理登记后，可以直接在线选房、选床。客人到达酒店时，在无人酒店大堂负责接待的并非前台，而是一个身高不到 1 米的可爱的小机器人。客人可在手机上凭电子身份证或人脸识别技术自助办理入住。无人酒店颠覆了传统酒店业劳动密集的特点，通过科技智能化来替换人工，节约人力成本，提高工作效率。目前无人酒店仍处于探索阶段，大多酒店只是运用智能科技实现酒店居住空间的智能化，所谓的“无人”也还停留在基础服务上，无法面对不同特质的客人的不同需求。酒店最重要的职责是为客人提供温馨的服务体验，配备高科技机器人的无人酒店应该如何为顾客提供个性化、温暖的服务体验还有待探索，这使得无人酒店未来的发展充满着不确定性。

酒店业态是动态的、发展的，伴随着体验经济、共享经济和第四次工业革命的浪潮，现代酒店业态也会愈加丰富和多样化；各种业态相互交融，模糊边界，创造出了各种各样的酒店经营模式、酒店产品；除了上述业态之外，新的酒店业态还会出现并进一步发展：以特色服务和设施设备为主题的旅馆，如新型客栈、紧凑型宾馆、胶囊旅馆、智能型自助酒店；以特定市场为主题的旅馆，如残疾人旅馆、老年旅馆、婴儿旅馆、青年旅馆；以旅馆选址和建筑特点为主题的旅馆，如海底旅馆、太空旅馆、井下旅馆、冰屋旅馆、监狱旅馆；等等。

二、酒店的等级

酒店等级是指一家酒店的豪华程度、设备设施水平、服务范围和服务质量。对酒店进行等级划分，能够让客人对酒店的设施和服务条件有所了解，以便选择适合自己的酒店，同时也能够反映出不同层次宾客的需求。

(一)酒店等级划分

目前，世界上有 80 多种酒店等级制度。这些等级制度有的是各地酒店协会制定的，有的是各国政府部门制定的。由于各地区、国家的酒店业发达程度和出发点不同，各种等级制度所采用的标准不尽相同。酒店分级制在欧洲国家较为普遍。法国的酒店分为“1～5 星”，意大利的酒店采用“豪华、1～4 级”制，瑞士的酒店分为“1～5 级”，奥地利的酒店使用 A1、A、B、C、D 级，而有的国家和地区则采用“豪华、舒适、现代”或“乡村、城镇、山区、观光”或“国际观光、观光”等分等制，可谓形形色色。在美国，由于复杂的政治和社会结构以及酒店业的千姿百态，至今尚没有统一的酒店等级标准。

世界各地酒店分级制所采用的标准不尽一致，但其依据和内容却十分相似，通常是从酒店的地理位置、环境条件、建筑设计布局、内部装潢、设备设施配置、维修保养状况、服务项目、清洁卫生、管理水平、服务水平等方面进行评定的。

(二)我国酒店星级评定标准

我国借鉴国际上酒店星级评定制度的成功经验，结合中国酒店实际情况，制定了“1～5 星”由低到高的酒店星级评定标准。其中，一星级、二星级、三星级酒店被划分为有限服务酒店，对其的评价侧重住宿产品；四星级、五星级(含白金五星级)酒店被划分为完全服务酒店，评价更为全面。

从 1988 年的《中华人民共和国旅游涉外饭店星级标准》开始，到 2010 年颁布的《旅游饭店星级的划分与评定》(GB/T 14308－2010)。我国酒店评定标准从硬件和软件等方面对酒店进行综合考核评价，主要内容包括以下几部分。

1. 酒店星级划分条件

酒店星级划分条件又称为酒店必备条件，是酒店要达到某一个星级所必须具备的条件，它对一至五星级酒店所必须具备的硬件和应设立的服务项目做了详尽的规定。不同星级对应不同的标准，缺一项就可以否决该酒店的星级评定。

星级标准具体内容包括酒店的建筑、功能布局、装修氛围、客房数量、停车场、电梯、导向系统设置、采暖和制冷设备、通风情况、计算机管理系统、网站、预订、公共音响转播系统、设施设备维护保养、管理规范、服务规范、员工着装、员工培训、节能减排、突发事件应急预案等方面。

2. 设施设备评定标准

设施设备评定标准是评价酒店硬件水平的考核标准，它反映了一个酒店必备的硬件设施的好坏程度。这一项目是通过打分的形式来评价的，标准设置满分为 600 分。通常，一个酒店所得分数越高，这个酒店的硬件水平越好。评分标准规定了每一个级别的最低得分线。除对一星级和二星级酒店不做具体要求，三星级酒店至少应达到 220 分，四星级酒店至少应达到 320 分，五星级酒店至少应达到 420 分。具体评估内容包括设施设备的地理位置、周围环境、建筑结构、功能布局、公共系统、前厅、客房、餐饮、安全设施、员工设施、特色类别等。

3. 酒店运营质量评价

酒店运营质量是评价酒店的管理运营水平的考核标准。评价总分为 600 分。评分按照“优”“良”“中”“差”打分并计算得分率。计算公式为：

$$得分率=\frac{该项实际得分}{该项标准总分}\times 100\%$$

评分标准对每一个级别规定了最低得分线，主要针对前厅、客房、餐饮、其他服务项目、公共及后台区域 6 个大项进行评价，内容包括管理制度与规范、员工素养、服务质量、维修保养与清洁卫生等方面。除对一星级和二星级酒店不做具体要求，其他等级的酒店各大项最低得分率分别为：三星级70%、四星级80%、五星级85%。

(三)星级酒店评定标准的未来趋势

现行标准自实施以来，加强了酒店行业的规范引导，有效促进了行业的健康发展，得到社会各界的广泛认可。近年来，随着我国经济社会快速发展，创新经济模式不断涌现，酒店业市场经营日益多元化，给现行标准带来挑战。

为更好满足广大游客需求，加快旅游饭店业转型升级，积极适应市场变化、绿色经济和全域旅游发展需求，2018年国家文化和旅游部决定启动旅游饭店星级标准修订工作。修订工作重点围绕旅游饭店功能定位、科技创新、特色发展、品质提升、经营效益、社会责任、智慧平台建设等展开。

未来，星级饭店评定标准将朝综合化、特色化、品质化、科技化、信息化的趋势不断完善，将更加贴合社会实际，更加强调酒店的特色经营、科技创新、智慧平台的建设以及酒店所承担的社会责任，推动酒店行业迎合市场需求的变化而不断发展，建设更加便捷、舒适、智能的酒店，为顾客带来更加方便、舒适的住宿体验。

【知识链接】

《旅游饭店星级的划分与评定》(GB/T 14308—2010)

【实践应用】

行业调查：分组对所在城市的酒店进行调查，并完成如下任务。

1. 对调查的酒店进行简单介绍。
2. 依据所学标准对酒店进行分类并分析合理性。
3. 按照《旅游饭店星级的划分与评定》的标准尝试对酒店进行评分。

【项目小结】

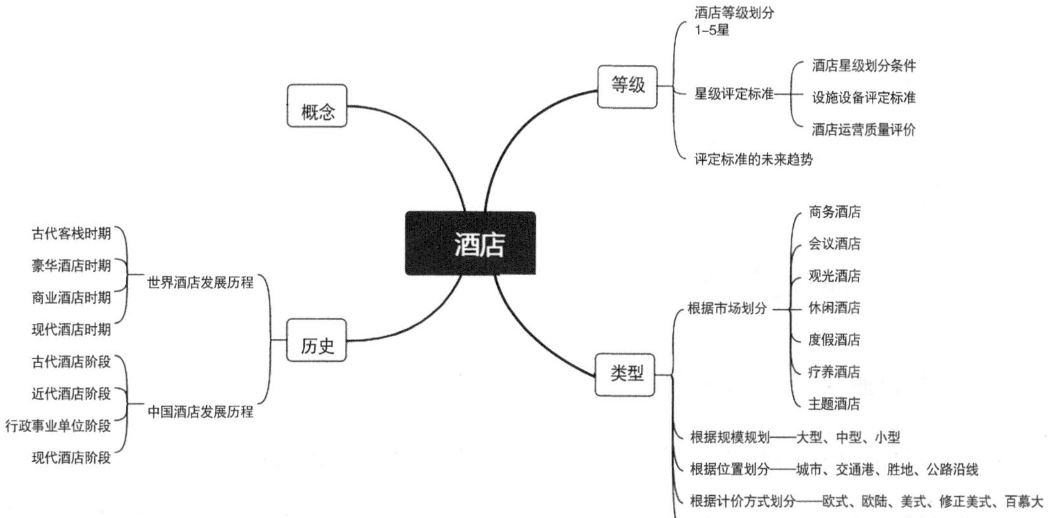

项目二　了解酒店业

【项目描述】

通过学习本项目，学生能够对酒店的地位和作用有清楚的认识，掌握酒店的特点，了解酒店未来的发展趋势，进而探析酒店的发展与社会发展及需求变化的关系。

学习目标	完成指标
知识目标	理解酒店的作用
	掌握酒店的特征
	了解酒店业的发展趋势
能力目标	能够分析酒店业的发展趋势
	能够分析酒店集团的经营优势
拓展目标	能够辨别知名酒店集团旗下品牌的市场定位

>> 任务一　浅析酒店业 <<

【学前导入】

2018 年全国星级饭店统计报告

【基础知识】

一、酒店业的地位和作用

(一)酒店业推动经济发展

酒店业是旅游业创收创汇的主要力量，是蓬勃发展的朝阳产业之一，随着生活水平的提高，人们对旅游的需求也不断提高，对于酒店的消费也将不断攀升。根据世界旅游业理事会(WTTC)的调查数据显示，近年来，旅游业对全球国内生产总值(GDP)的综合贡献占其总量的 10%。而在旅游业的产值中，酒店业几乎占据了半壁江山。酒店业对地区经济增长的贡献主要表现在：①缴纳税金；②赚取外汇；③促进消费(拉动其他行业发展)。中国经济的快速发展和巨大的旅游市场发展空间，既推动了中国酒店业的发展，同时也吸引了众多国际著名酒店集团前来投资布局，在一定程度上带动了当地经济和就业的增长。

(二)酒店业促进对外交往

随着现代社会的发展，城市、地区和国家间的交流越来越频繁。旅游业的繁荣，进一步推动了当地社会的政治、经济、文化诸多方面的发展。首先，酒店承担着重要的接待职能。现代酒店是旅游活动中吃、住、行、游、购、娱等多个要素的载体，除了可以为宾客提供食宿之外，还能够满足宾客的商务、会议、展览、休闲、度假、娱乐、康养、社交等各种活动的需求，是人们相互交往、接触和了解的社交活动中心。其次，酒店承担着重要的宣传职能。酒店的硬件设施条件、服务质量和经营管理水平直接影响客人的经历和感受。酒店的服务接待工作做到位，就可以给客人带来愉悦的感受、留下美好的印象。一个国家和地区酒店业的发展水平代表了其形象，反映了当地经济的发展水平和社会文明程度。有的酒店甚至从旅游活动的配套设施逐步发展成为具有吸引力的旅游地标，吸引着大批游客慕名而来，推动地区旅游业的发展。因此，酒店业的发展不仅有利于经济发展，还可以刺激和活跃当地社会的对外交往和文化交流，提高社会的文明程度。

(三)酒店业带动社会就业

现代酒店建设是创造社会就业的重要途径。酒店业能够为社会创造直接就业和间接就业的机会。据研究，每增加 1 间客房，可以提供 1.5 人的直接就业机会和 2 人的间接就业机会。同时，酒店业的带动作用很强，它还能刺激国民经济其他部门的发展，间接解决就业问题。按目前我国酒店的人员配备状况(即平均每间客房约配备 1.5～2 人)，一家拥有 300 间客房的酒店能创造 450～600 个直接就业机会，并为相关行业，如酒店设备、物品的生产和供应行业提供大量的间接就业机会。根据国际统计资料和我国近年来的实践经验，高档酒店每增加一个房间，可以直接或间接为 5～7 人提供就业机会；中低档酒店每增加一个房间，则可以为 4～5 人提供就业机会。

(四)酒店业推动服务升级

酒店业是我国最早对外开放的行业，一大批国际知名酒店集团进入中国，带来了国际标准的酒店服务与管理，令其品牌深入人心，如丽思卡尔顿酒店、瑞吉酒店代表着万豪酒店集团的高端品牌，雅乐轩、福朋喜来登则代表其中端简约品牌，酒店集团也应用品牌优势拓展其发展范围。与此同时，一大批中国酒店品牌崛起并快速发展，尤其是以经济酒店为代表的酒店集团。目前，锦江集团、华住集团、首旅集团已经跻身成为全球前十的酒店集团。随着酒店业的竞争与发展，酒店的服务管理水平不断提升，酒店接待服务礼仪、金钥匙服务等被广泛地应用到服务行业，促进了社会的文明交流。

（五）酒店业提升幸福指数

酒店业的发展水平在一定程度上可以反映一个国家和地区的文明和开放程度，也是反映人民幸福指数、社会和谐程度的标志之一。旅游、文化、体育、健康、养老被誉为五大幸福产业，在我国国民经济社会发展中的功能和作用日益凸显。

2016年，李克强总理在博鳌亚洲论坛年会开幕式发表重要讲话，指出旅游产业不仅仅是服务业，在新经济的发展过程当中，它已经覆盖一、二、三产业，本身就是综合性产业。加快旅游业改革发展，对于扩就业、增收入，推动中西部发展和贫困地区脱贫致富，促进经济平稳增长和生态环境改善意义重大，对于提高人民生活质量、培育和践行社会主义核心价值观也具有重要作用。

现代酒店业的发展能够推动地区经济、文化、社会等多方面的提升，从而提升地区居民的综合幸福指数。

【深入理解】

二、酒店业的特点

酒店是以提供劳务服务为主的服务性企业。酒店出售的产品是有形设施和无形服务的组合体，是实物与劳务相结合的复合形态产品。酒店业本质上属于服务业，其特点主要表现在以下几个方面。

（一）酒店行业经营的敏感性

酒店业经营的敏感性是指酒店业与一个国家和地区的经济、政治、文化、政策形势等因素密切相关，酒店的经营会受到这些因素变化的影响而出现波动。

酒店行业经营容易受到所在地的经济波动、政策变化等外部环境的影响，从图1-1全国星级酒店利润分布图中可以看到自1990—2018年全国星级酒店利润走势的情况，1998－2000年经历了亚洲金融危机，导致1999年出现亏损低谷；2009年受全球金融危机影响，星级酒店业绩出现亏损；之后酒店利润随着经济的复苏强势反弹，2011年，全国星级酒店利润达到61.43亿元，也反映酒店消费的刚性加强，此后随着五星级酒店日益增多，星级以上酒店的总利润未见好转，反而恶化至亏损；2013年星级酒店亏损20.88亿元，成为近10年来除2009年以外的首次行业亏损，2014年利润率继续大幅下降，创近10年最低，之后酒店业经营逐步恢复，至2018年创经营的新高。

2013—2014年酒店业经营的大幅度亏损，给酒店业从业者以深刻的反思，这对中国酒店业发展具有重要意义，主要源于两大因素：一是酒店行业风云突变、需求骤减，酒店业从消费结构到市场结构均发生了深刻变化；二是移动互联网的迅速发展冲击了传统行业，一大批“互联网＋住宿”的产品，如民宿、短租、主题酒店等加入酒店市场同台竞争。这两大因素对酒店业的冲击发生在同一时期有一定的偶然性，但它们并不孤立，且相互作用，因而对中国酒店业产生重大而深远的影响，也为酒店业的转型升级发展带来新的机遇。

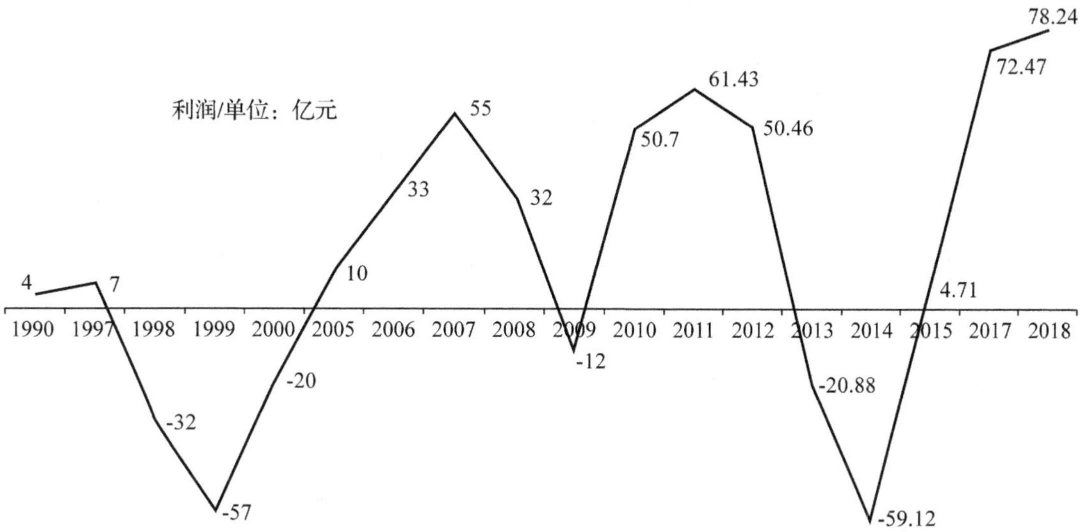

图 1-1　全国星级酒店利润分布图

(二)酒店产品构成的复杂性

酒店产品包含多个要素，从第一个层次而言，酒店产品是由有形产品和无形产品构成的，包括酒店设施设备、客房、餐饮等有形产品，以及服务、劳务等无形产品。这是最基本的对于酒店产品构成的划分。

从第二个层次而言，酒店产品是由酒店的三个使用价值构成的，即实物产品的使用价值(餐饮产品)，各种设备设施的使用价值(包括空间的使用价值等)，以及服务劳务的使用价值。酒店为顾客提供产品是在为顾客提供产品的使用价值。

从第三个层次而言，酒店产品是由客人的一段住宿经历构成的，是一个组合产品，包括有形的物质产品部分，如食品、饮料；感观感受部分，通过视觉、听觉、触觉、嗅觉等体会，分为有形和无形两类。无形的心理感受部分，即客人所得到的尊重感、地位感、舒适度、满意度等，通过酒店综合营造的服务环节体现。组合产品的每一部分都要令客人满意，才能使客人获得精彩难忘的住宿经历，才能不断培养忠诚顾客。

(三)酒店运营时空的特殊性

酒店运营时空的特殊性主要体现在三个方面。

1. 空间的不可移动性与多功能性共存

酒店的经营存在空间上的不可移动性，客房、服务设施等都只能在酒店范围内使用，为来店的客人服务。酒店可以提供多种产品，如多功能厅兼具宴会、展示厅、会议厅等功能，为顾客提供多元化的产品服务。

2. 时间的不可储存性

酒店的产品和服务不同于一般的实物产品，在时间上无法储存，酒店员工所提供的服务、酒店的客房、酒店的会议室等资源，一旦产生空置，其当下的价值将永远消逝，从而影响到酒店的收益管理，所以酒店都致力于减少空置率、提高入住率。

3. 时空组合价值的差异性

同样的空间在不同的时间其价值存在差异性，如淡旺季的差别等。将不同的时间和空间进行一定的组合，可以产生不同的效果，酒店经营者可以针对不同的时间制定不同的产品营销策略，比如在淡季更多地举办会议，从而拉动酒店综合消费，在旺季适当提升客房价格，从而提升客房盈利。

（四）酒店业务的综合协调性

酒店业务涉及诸多方面，需要各部门的协调配合，才能更好地为顾客提供服务，比如销售部联系会议和客人入住后，房务部需要及时跟进住宿安排，餐饮部需要及时跟进用餐安排等。

各部门需要具备以下几种意识：首先，各部门需要具备整体意识，即整体的利益高于部门的利益，有时候为了整体利益甚至要牺牲部门利益。如接待一个会议团的客人，在其总费用中包含房费、餐费，可能会减免其会议室相关费用等；提供会务服务的部门就需要有总体利益观念，同时酒店的绩效考核也应该从各部门的实际贡献来分配利益。其次，各部门需要具备补台意识，当一个部门因服务受到顾客的抱怨或投诉，其他相关部门应该积极配合，在客人消费的其他环节让客人满意，完成补台。最后，各部门还需要具备服务意识，上级支持服务下级，职能部门服务一线营运部门，这样才能提高工作效率，更好地服务客人。

（五）酒店业形象的强文化性

酒店的服务对象是人。人既是文化的创造者，也是文化的消费者。人们在出行时会产生了解异地文化的需求。当游客到达目的地时，就会在与目的地的互动过程中感受文化。而酒店正是互动过程中文化表达的重要载体，能够将不同国家和地区的丰富灿烂的文化展示给游客，以满足游客文化需求。同时，一个酒店所表达和传递的文化也能够帮助酒店迅速被游客识别和接受，甚至形成强大的吸引力。

酒店业形象的强文化性表现在地域文化和主题文化两个方面。世界各地文化迥异、风格奇特的主题酒店和特色酒店不胜枚举。如内蒙古、云南、西藏等地的民族特色酒店，澳门的博彩酒店，迪士尼的卡通酒店，长隆的企鹅酒店、熊猫酒店和马戏酒店，拉斯维加斯的音乐硬石摇滚酒店，以及圣城麦加的宗教型酒店等，都是根据某种地域文化和主题文化建设的酒店。

（六）酒店质量控制的困难性

1. 服务流程的分散性

酒店服务流程分散在多个部门，虽然有先进的设施设备可以供客人使用，但服务人员是通过一对一提供服务，酒店服务受酒店提供产品的特性所限，不像实物产品生产企业可以进行规模化大生产。

酒店客人的需求及消费随机性很强，客人在酒店的活动轨迹是不固定的，因而酒店生产流程显现出非线性特点，每一个服务岗位和环节都是酒店产品的一道生产工序，但各工序之间的上下关系却很难固定，一个点出现问题，就意味着整个产品存在缺陷。因此，酒店生产流程的管理是散点式进行的，人的独立作业有别于机器化生产，质量难以控制，这一特点决定了酒店管理必须注重目标管理，使各个岗位明确工作方向和预期目标，管理是否成功，只能以完成目标的程度来衡量。

2. 管理对象的复杂性

在管理活动中，人的管理是最复杂的管理，一般企业对人的管理只是针对员工而言，但酒店业是“人”的行业，对人的管理既包括对员工又包括对宾客的管理，二者必须同时兼顾。

服务人员既是酒店产品的生产者，又是酒店产品的组成元素，其形象、素质、气质都构成宾客对酒店产品的印象，是酒店产品不可或缺的一部分。每个员工的性格特征、知识结构、成长背景、工作能力、综合素质、追求目标都存在很大的差异，这种差异增加了员工统一管理的难度，管理的成功往往在于管理者能否激发和鼓励下属人员，员工工作的灵活性大，可安排员工提供针对性服务，以提高服务质量。此外，酒店客人也具有很大的差异性，其年龄、性格、兴趣、偏好、民族、习惯、出行目的都不尽相同，这些差异增加了服务的难度。酒店质量标准难以把控，客人主观感受也会影响酒店服务的质量，酒店管理的规范性要求与酒店客人的个性化需求之间存在许多矛盾。因此，要求酒店员工在为客人提供标准化服务的基础上，能够为客人提供一定的定制化、个性化服务，以更好地满足客人的需求。

>> 任务二　探析酒店业发展 <<

【学前导入】

消费升级背景下，酒店的宏观环境和消费需求也发生了较大的变化。酒店投资商和管理者应洞察酒店业发展趋势，及时调整投资和经营管理策略。

【基础知识】

一、酒店业发展趋势

(一)集团化

从 20 世纪末到 21 世纪，国际酒店业呈现集团化趋势，全世界 300 多家大型酒店集团主宰了整个国际酒店业，如美国的万豪集团、希尔顿集团、温德姆集团、精选国际酒店集团、凯悦集团、最佳西方酒店集团等；中国的锦江集团、华住集团、首旅集团、格林集团、东呈集团等；英国的洲际集团、法国的雅高集团、印度的 OYO 集团、西班牙的美利亚集团、泰国的 MINOR 集团、日本的 APA 集团等。

国际酒店业产业规模持续增长。国际酒店业作为集服务旅游与商务休闲消费、房地产投资、资产保值与增值等多重功效于一体的产业，其规模和水平已经成为全球消费服务产业的主体，国际酒店集团销售收入规模也进入世界前列。尽管全球经济在近年来持续低迷，但是酒店业发展仍然乐观，是新的经济增长点。

酒店集团凭借其品牌优势和市场优势，通过连锁经营、特许经营、管理合同及战略联盟等方式，加强其集团化的管理，减少企业投资风险，增加经营规模，提高市场占有率，酒店集团之同相互兼并重组，或强强联合，或强弱联合，或重新组合，使分散的酒店形成集团，小的集团变成大的集团，大的集团变成特大型集团。

例如，原来是世界第一大国际酒店集团的假日集团公司，曾拥有 40 多万间客房，结果被巴斯集团全部收购，成为巴斯集团旗下的成员。为了集中发展酒店业，巴斯集团又更名为六洲集团，再更名为洲际酒店集团，在全世界 100 多个国家和地区拥有、租赁、管理和特许经营 5 300 家酒店。如今，洲际酒店集团在大中华区的六大品牌拥有开业酒店及在建酒店总数已超过 450 家。其在北美与西欧拥有 10 家酒店以上的联号就有 3 000 多家，而且还在逐年增长。

近年来，亚太地区的酒店集团也在迅速发展，成为区域性的或国际性的酒店联号，如香格里拉酒店集团、半岛酒店集团等。2011 年，锦江酒店集团联合美国德尔集团收购美国洲际酒店与度假村集团，交易总额 3 亿美元，双方各占 50%股份。2014 年，海航集团购入西班牙 NH 酒店 5.5%股份。2015 年，锦江酒店集团宣布收购卢浮集团 100%股权，包括卢浮酒店集团旗下四大系列、七大品牌，覆盖经济型和高端酒店。

雅高集团成立于1967年，总部设在巴黎，截至2017年年底，集团拥有15.8万个员工，酒店业务涉及100多个国家和地区，是欧洲酒店、餐饮行业的领军企业，也是世界最大的酒店和服务集团之一。2012年，雅高酒店集团宣布以12亿澳元收购澳洲酒店集团曼特拉。2016年，雅高酒店管理集团宣布以约28亿美元收购费尔蒙酒店及度假村、莱佛士酒店及度假村和瑞士酒店及度假村。2018年，集团旗下已达约4 500家酒店和650 000间客房，从经济型到豪华型酒店，雅高提供了全系列不同档次的酒店服务，满足了不同需求层次顾客的需要。

从20世纪末至21世纪初，国际酒店业日益向集团化经营方向发展，通过多品牌战略占领国际市场，进行行业扩张，再通过兼并和收购，特别是跨国收购与兼并，实施集团化和国际化战略。特许经营和委托管理的方式越来越流行，品牌优势日益重要。酒店的兼并或收购可能与酒店物业无关，只是关系到酒店联号或品牌的买卖。

（二）品牌化

随着国际酒店市场的竞争日益激烈，个体酒店不敌连锁酒店，小型酒店集团又被大型酒店集团兼并或收购，品牌酒店压倒非品牌酒店。酒店品牌作用在国际酒店业中越来越明显，对国际酒店业的影响也越来越大。因此，当今酒店业的竞争，其实是品牌的竞争。有了优秀的品牌，有了知名度，就占有了市场份额，就有了取胜的基础。

例如，万豪酒店集团拥有万豪酒店、万丽酒店、万枫酒店、喜来登酒店、威斯汀酒店、宝格丽酒店、W酒店等约30个品牌。又如，洲际酒店集团管理的酒店遍及世界100多个国家和地区，拥有洲际酒店、皇冠假日酒店、假日酒店、智选假日酒店、英迪格酒店等多个品牌。

酒店的品牌代表了酒店的档次、星级、管理水平和服务质量，同时也代表了企业文化。比如假日酒店的品牌包括：假日酒店，属于中档酒店，是该集团最常用的品牌；假日皇冠，属于高档酒店，针对消费层次较高的商务客人或国际游客；智选假日，属于经济型酒店，提供比较大众化的消费；假日度假，适合家庭度假；假日俱乐部度假，秉持“高贵休闲”的经营理念。

在国际酒店业市场，仅仅靠酒店产品和服务不足以维持酒店的运营，要创造好的经营效益，就要有品牌策略，以品牌拓展市场，以品牌占领市场，创造品牌的净值，增加酒店品牌的附加值。

目标市场不同，使用的品牌也就不一样。国际酒店业的实践显示，单一品牌要向多种品牌过渡，以满足不同的细分市场客人的需求。许多国际酒店管理集团，不管是以高档酒店管理著称的，还是以中低档酒店管理著称的，都创立了不同档次的系列品牌，形成多品牌战略和系列品牌战略。在管理高档酒店的集团，会有中低档的品牌出现；在管理中低档酒店的集团，也有高档的品牌出现。

（三）生态化

20世纪90年代初，国际旅游组织在加拿大召开国际旅游大会，在会上提出加强旅游业的环保意识和生态意识。后来，国际酒店连锁集团又共同组建了“国际酒店绿色管理协会”，支持和指导国际酒店业对环境保护的重视和管理，并维护酒店业在国际环保中的重要地位。

1995年，加拿大酒店协会委托泰勒乔斯环境服务公司制定了世界上第一部酒店业的“绿色”分级标准，分为设施设备和经营管理两大部分，根据酒店节约水资源和降低能耗，循环使用废弃物品，危害自然环境物质的使用等情况，对酒店进行评级，由低至高分为一至五叶铜牌。

1996年，泰国酒店业协会和泰国国家旅游局联合成立了“泰国旅游业环境保护促进局”，在全国旅游业和酒店业推行绿叶认证制度；美国的酒店推行“绿色印章”活动；北欧的酒店则开展环境标志运动。由此，国际酒店业“绿色酒店”活动全面展开，形成国际酒店业的一股潮流。

1996年，雅高酒店管理集团发布《雅高酒店管理环保指南》；1997年，德国环保组织发布《德国绿色酒店标准》；1999年，加拿大枫叶环境标志组织颁布《大枫叶环境标志体系绿色酒店标准》；2002年，美国可持续发展国际中心在华寻求绿色酒店领域的合作；2003年，韩国与中国开展绿色酒店节能合作项目。

2003年，由中国酒店协会制定的我国第一个绿色饭店等级评定规定（SB/T 10356—2002）由原国家经贸委批准于3月1日起正式实施。中国酒店协会制定的国家行业标准，突破了绿色酒店概念的传统范围，把绿色酒店的概念由单纯的“环保型酒店”扩展为“安全、健康、环保”，为其注入了新的内涵。

自国家行业标准发布以来，中国酒店协会相继制定了一系列实施细则，从安全、健康、环保三个主要领域为酒店业提供了具有实际操作性的框架性指导意见，并不断根据实践进行补充和完善。2005年，商务部、国家旅游局、国家发展和改革委员会、国务院国有资产监督管理委员会、国家环境保护局、国家标准化管理委员会联合发布《关于开展创建绿色饭店活动的通知》；2006年，中国国家旅游局发布实施《绿色旅游饭店标准》。

国际酒店业重视对酒店生态环境的保护并通过推行“绿色管理”来创建“绿色酒店”。例如，香格里拉酒店集团设立绿色委员会，推广绿色活动，引导绿色消费，制定绿色酒店管理方法，成为亚洲首家通过ISO 14001国际环境认证的酒店集团。

酒店尽量使用污染较少的物品，如洗衣使用无磷洗衣粉，洗衣袋不用塑料制品，而用布袋，反复使用，客房用品改变包装，不必每天更换，减少浪费，降低环境污染程度。根据绿色管理的原则，一次性物品应尽量少摆放，以减少对环境的污染。在保证服务标准的原则下，尽可能地循环使用物品，减少浪费，变废为用，如将客房的破旧毛巾改为抹布，破旧床单改为洗衣袋，办公用纸两面使用，同一客人不必每天更换布草，只是脏了才换，在卫生间摆上布草筐，让客人将用过的毛巾放进去，而未用过的不必每天换。

根据美国绿色建筑协会统计，在美国，酒店占地总面积约 464.5 平方千米，客房数量达 5 000 000 间的情况下，每年能耗约达 40 亿美元。酒店发展对环境有着巨大的影响，酒店行业也在不断努力制定酒店可持续性发展新标准，提高酒店环保意识。生态环保成为酒店行业标准，国际酒店业将出现更多绿色产品和节能做法。

丹麦首都哥本哈根的皇冠假日酒店获“斯凯尔国际生态旅游奖”，是一家可由客人自己发电的酒店。当顾客健身时，特制的健身器材会把运动产生的能量收集起来并转换成电能存在电池里，再传回酒店供电系统。

纽约巴克莱洲际酒店 685 间客房全部实现风能供电，成为纽约市第一批 100% 风能驱动的酒店。风能发电为巴克莱洲际酒店提供超过 630 万度的电量，足以抵消该酒店全部的常规用电。这一数额的可再生能源电力能够支持美国 500 户居民一年的用电量。根据美国环保局的测算，巴克莱洲际酒店此举将减少 860 万磅碳排放，其购买风能所产生的环境效益相当于 869 位司机停用私家车、将 1 530 吨废弃物进行循环利用，同时也能支持美国国内的新经济和就业。

绿色酒店是指运用安全、健康、环保理念，坚持绿色管理、倡导绿色消费、保护生态和合理使用资源的酒店。安全是指酒店具有相应的公共安全设施和食品安全保证系统。健康是指酒店为消费者提供有益于身心健康的服务和产品。环保是指酒店经营减少对环境的污染、节能降耗，酒店每平方米面积的年用电量为 100～200 度，是普通城市居民住宅楼用电水平的 10 多倍；一家三星级以上的酒店平均每个客人每天的耗水量在 1 吨左右，而目前很多城市居民每人每月的用水量一般不会超过 5 吨。酒店使用变频或变流量来控制电梯、空调机组、通风盘管、冷热水的调节。还有一些酒店开始进行辅助冷水机组改造、照明整体改造，采用电分类计量表、补偿电容器、红外线感应器等节能设施。预计到 2030 年左右，光伏发电将在价格上与常规能源发电持平，并逐渐成为主流能源利用形式。

（四）个性化

酒店在设计上要有个性，不要千篇一律地建高楼，进门就是大堂，然后是电梯上楼。美国拉斯维加斯的酒店在设计上就很个性化，每家酒店都有自己独特的造型，如金字塔酒店，整个外观就是一座金字塔，充满埃及文化色彩；骑士酒店的外观像欧洲的古代城堡，让人领略欧洲的古代文明；纽约人酒店则是纽约的缩影，让人欣赏纽约的现代文明。夏威夷有一家倒装酒店，房子依山而建，错落有致，客人进大堂办了入住手续后，不是上楼进房间，而是下楼进房间。中国深圳的威尼斯酒店，外观是典型的意大利式，其设计风格充分利用了威尼斯水文化的理念。

酒店的个性化，多指服务方面的概念，个性化是相对标准化而言的，但两者不是对立的，是一个问题的两个方面。有了标准化，才有个性化，个性化是标准化的发展，在标准化的基础上做好个性化。

个性化服务要突出民族风格和地方特色，给客人一种与众不同的、难以忘怀的感觉。许多酒店在开夜床时，会在床头放置一粒巧克力糖，让客人就寝前感到一种甜甜的温馨。雨季时，在客人房间放一把伞，方便客人出门时使用。三亚的度假酒店会在客人入住的房间送一个打开的椰子，让客人品尝海南的特产。日本的酒店会摆上和服式的睡衣，客人换上和服之后，忍不住要去照照镜子，看看自己像不像日本人。

酒店的住客有各种不同的习惯，如有的客人喜欢用比较硬的枕头，不喜欢羽绒枕头；有的客人喜欢睡硬板床，而不愿睡太软的床垫；有的客人进房之后，不喜欢被打扰，也不喜欢开夜床；有的客人喜欢住能看海景或山景的房间，有的客人则喜欢住能看街景的房间。诸如此类的习惯，酒店服务人员都要了解，并尽量满足客人的需求，体现个性化的服务。

酒店开设商务楼层，满足商务客人的需求，为商务客人提供个性化服务。针对不吸烟客人，开设无烟楼层或无烟客房；针对女性客人，开设女性客房或女性楼层。根据住客需求，酒店增加健身设施和设备，除了游泳池之外，还开设网球场、保龄球馆、桌球室、乒乓球室、高尔夫球练习场等。

一些新颖的酒店类型还有：回归自然感受的“绿色酒店”(在这种酒店里，没有任何电子设备，客人可以真正摆脱现代社会的压抑，充分体验回归大自然的乐趣)；阿拉斯加的冰山酒店(将冰山挖空布置成客房，穿专用的御寒衣服入住)；佛罗里达州的海底酒店；可移动的酒店(挂在拖车后面，可到沙漠、戈壁、冰川中去旅游，产生的生活垃圾又可带回来，利于环境保护)；还可根据自己所需地理位置及现有资源来设计酒店，如用废弃的旧船、店铺和公寓等，由此，我们可以看出国际酒店业个性化的发展趋势，它必将为国际酒店业的发展带来活力和生机。

(五)智能化

电子技术、数码技术为国际酒店业形成产品和服务的数据化、网络化和智能化创造了条件。酒店从前台客人入住结账到财务控制系统、客房预订系统、仓库管理系统、采购管理系统、餐厅点菜系统、人力资源管理系统、歌舞厅点播系统，都已形成网络化和智能化的管理。随着现代科技的高速发展，客人对酒店的各种设施都提出了更高的要求，促使客房的设施向着智能化的方向发展。

传统的客房设备是电视、电话。现在随着科技的发展，为了满足顾客的需求，酒店客房一般配备了高清电视、便捷的网络服务、客房多媒体设备等。科技带来便捷，也让人们体验到更精彩的休闲时光，特别是对下榻酒店的商务客人而言，他们的时间更显得宝贵，体验活动应见缝插针，无论在卧室还是在卫生间，酒店客房都应该利用科技为客人提供休闲的便利，如提供浴室防水电视等。

如今，网络与客房电视也能进行连接，酒店浴室防水电视、镜面电视等让人眼前一亮。还有的酒店客房多媒体系统通过接入网络与电视接口，在普通电视上实现电视与网络功能的一键切换，并提供更多控制客房内功能的技术解决方案，客房环境控制包括控制温度、湿度、灯光、门窗、电视、电话、网络、远程控制等。

有的酒店客房设计了光线唤醒系统。由于许多人习惯根据光线而不是铃声来调整起床时间，新的唤醒系统将会在客人设定的唤醒时间前半小时逐渐增强房间内的灯光，直到唤醒时刻的灯光亮得像白天一样。光线唤醒是通过光线的作用让人在设定的时间自然地醒来。

有的酒店客房应用无匙门锁系统，以指纹或虹膜鉴定客人身份；设置虚拟现实的窗户，提供由客人自己选择的窗外风景；配置客房内虚拟娱乐中心，客人可在房间内参加虚拟高尔夫球、篮球等任何自己喜爱的娱乐活动；提供客房内健身设备，以供喜爱单独锻炼的客人使用。利用电子控制的床垫，可使不同的客人都得到舒适的床上感受；有的客房针对老年人，设置了触摸式可调节的灯光、更方便使用的把手、更好的淋浴设备等。

有的酒店在客房推行“白色噪声”，客人可选择能使自己感到最舒服的背景声音，帮助自己放松或睡眠。

与智能电视一样，随着人工智能和语音搜索技术的价格下降，酒店客房内可以看到更多的语音功能设备。拉斯维加斯的永利（Wynn）酒店在客房内安装了语音助手，客人可以通过语音命令来控制房间内的灯光、温度、窗帘、电视等设备。由洲际集团和百度公司合作建成的北京三里屯洲际酒店智能客房内，客人只需要和房间内一个集语音识别和音响播放于一体的智能设备对话，即可实现人机交互，通过这套系统，房间内开关窗帘、调节氛围灯光、点播电视节目、切换卧室模式、播放在线音乐等功能均可实现，此外也能直接呼叫酒店的客房、礼宾、餐饮等服务。如果客人想知道生活资讯、天气、交通状况、酒店周边等便利信息，智能设备还会调用其背后的百度搜索引擎，给客人提供信息。

万豪酒店集团在波士顿海港区的雅乐轩酒店以苹果的 Siri 为客房智能管家，又在三亚民生威斯汀酒店，与飞猪旅行合作推出了以阿里的天猫精灵为管家的智能客房。此外，微软和谷歌也分别在和多个酒店品牌合作类似的智能客房项目。在拉斯维加斯文华东方酒店，有一个机器人担任饭店的技术大使，在酒店的 23 层空中大堂迎接来往宾客并提供互动娱乐服务。1.2 米高的机器人有着会说话的大眼睛和丰富的动作及手势，可识别出客人的性别、大致年龄和心情，以自然的方式与宾客进行互动，通过检测对方的面部、身体和声音来提供个性化的交流。它可为宾答解答与酒店相关的特定问题、提供方向指引、讲故事、跳舞甚至摆出姿势供宾客拍照。

特肯尼公司开发了一个生态智能（EcoSmart）平台，酒店可以通过这个平台对酒店的能耗进行智能管控，不仅降低了能源消耗，节省了酒店运营成本，也为客户创造了新的体验。

借助客房智能化管理系统，酒店客房的员工可以随时了解客房的销售情况、客人姓名、身份证号码、收费比例(是否折扣)、预付房款数额、住宿类型；客房预订、保留、管制情况；客房打扫和维修情况等。客房智能化系统能够自动生成各类客房管理报表，对客房销售情况进行统计、分析和预测，达到有效利用客房资源，提高工作效率，改善服务质量的目的。

【实践应用】

调查了解世界知名酒店集团旗下各品牌的分布情况，分析其市场定位并形成分析报告。

【项目小结】

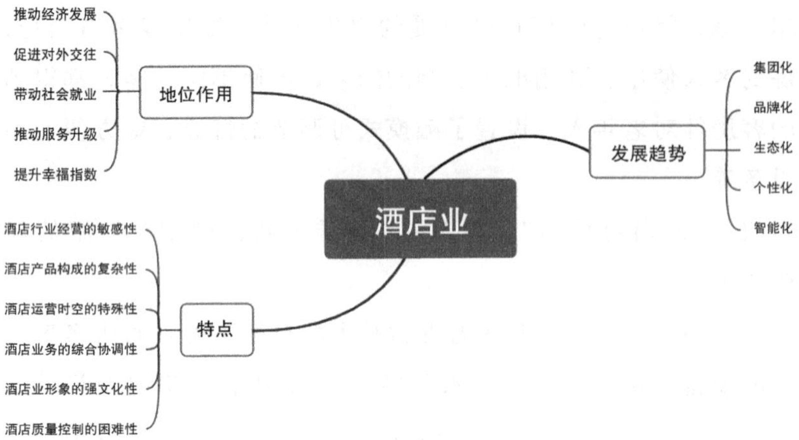

项目三　了解酒店管理

【项目描述】

通过学习本项目，学生能够理解酒店管理的概念，把握酒店管理的特征，熟悉酒店管理的内容、方法和理念。

学习目标	完成指标
知识目标	理解管理的内涵
	理解酒店管理的内涵
	掌握酒店管理的内容
能力目标	根据理论知识分析管理的性质
	能够辨别酒店管理的要素
	列举酒店管理的原则在实践中的应用
拓展目标	树立正确的酒店管理理念

>> 任务一　理解酒店管理概念 <<

【学前导入】

酒店业面临的最大挑战之一就是人才流失，特别是频繁的核心人员跳槽。这与酒店采取的激励手段的有效性不足是密切相关的。酒店应该重视激励手段和措施的创新，根据自身的一些实际情况综合运用多种“另类”激励手段，以达到预期的目标。

【基础知识】

一、管理的概念

管理活动自古即有，但成为一门学科，却是在19世纪末20世纪初。100多年来，随着管理学的发展，不同时期、不同学者赋予了管理不同的含义，这些管理的定义从不同侧面客观反映了管理的特性。现阶段，国内学界一般认为管理是指在特定的环境下，一定组织中的管理者依据一定的权力，通过决策、计划、组织、领导、控制等职能对组织所拥有的资源进行有效的配置，以期高效地达到组织目标的过程。

(一)管理的性质

管理具有科学性和艺术性。管理需要依据实际情况行事，具有科学的特点，以反映客观规律的管理理论和方法为指导，因此具有科学性。同时，管理还要掌握灵活运用知识、技能的技巧和诀窍，具有创造性和灵活性。管理的主体和客体主要是人，而人是具有主观能动性和感情的，是最难量化、模式化的，因此管理具有艺术性。

管理的科学性和艺术性并不相互排斥而是相互补充的，管理的科学性来自管理的实践，管理的艺术性要结合具体情况并在管理实践中体现出来，二者是统一的。

(二)管理的职能

管理的职能是管理过程中各项活动的基本功能，又称管理的要素，是管理原则、管理方法的具体体现。目前，学者们大多将管理的主要职能概括为以下几种。

决策职能：决策职能贯穿管理活动的全过程，无论进行计划、组织还是领导和控制，各项管理职能的开展都离不开决策。

计划职能：计划职能是管理职能中最基本的一个职能，组织职能、领导职能和控制职能是围绕着计划职能而展开的。

组织职能：组织职能是管理的一个基本职能，组织为管理工作提供了结构保证，它是进行人员管理、指导和领导、控制的前提。

领导职能：领导职能是领导的活动及其功能，只有通过卓有成效的领导，组织的目标才有可能实现。

控制职能：控制职能是保证组织目标实现必不可少的，只有通过控制职能的发挥，才能提高管理过程的有效性，才能真正形成一个完整的管理过程。

决策是计划的前提，计划是决策的逻辑延续。组织、领导和控制旨在保证决策和计划的顺利实施。

二、酒店管理的概念

酒店管理是指酒店管理者在了解市场需求的前提下，为了有效地实现酒店的规定目标，遵循一定的原则，运用各种管理方法，对酒店所拥有的人力、财力、物力、时间、信息等资源进行计划、组织、指挥、协调和控制等一系列活动的总和。这一概念包含了以下几个基本含义。

(一)酒店管理以市场为基础

酒店管理是从对市场的了解和调查开始的，酒店管理者要了解相关的市场状况，市场规律、客源渠道等，并根据市场需求来规定自己的管理行为，有的放矢。

(二)酒店管理以目标为导向

酒店管理是为了有效地实现酒店的规定目标的行为，它是要实现社会效益和经济效益双赢的良好效果。其中社会效益是前提，社会效益和经济效益的获得是相辅相成的。

(三)酒店管理以管理职能为手段

酒店管理是一个协调内部与外部的各种要素，通过有效地决策、计划、组织、领导、控制等职能高效地配置各种资源的过程，酒店管理的过程不可能离开管理的各项基本职能。

(四)酒店管理是系统性工程

酒店的生存和发展受到内外环境的综合影响和制约，酒店管理是一项复杂开放的系统工程，需要协调和处理各种不同的“关系”，达到一种动态的平衡。

三、酒店管理的要素

酒店管理的要素指酒店所拥有的人力资源、财力资源、物力资源、信息资源和时间资源等。

(一)人力资源

人力资源是酒店的主体，是酒店社会效益和经济效益的创造者，是酒店管理成功的关键。所以酒店必须拥有一批管理素质良好的管理者和行业素质良好的从业人员。在酒店管理中，不仅应考虑酒店所需要的人的数量和质量问题，更为关键的是要关注管理者自身的素质。

(二)财力资源

财力资源是酒店的资金运作状况，是酒店正常运转的基本保证。只有具备一定的财力，酒店才可以购置正常运转中所需的各种基础设施设备和原材料，才能支付员工工资及其他各种管理费用等。

(三)物力资源

物力资源主要指酒店运转所需的物资以及各种技术设备，如酒店的建筑物、电梯、空调、客用品、服务用品、原材料等。物力资源是酒店运转的基础。

物力资源和财力资源是紧密地联系在一起的，因为物力资源通常以固定资金和流动资金的形式表现出来。

(四)信息资源

信息资源是酒店管理者进行决策的基础，是酒店管理者制订计划的依据，也是酒店组织的重要手段，是质量控制的有效工具。尤其是在当今信息大爆炸社会背景下，随着大数据的不断发展和应用，信息的取得、整理、分析和利用已经成为酒店管理重要的要素之一。

(五)时间资源

在当今的信息化时代，时间就是生命，管理者对时间价值的认识决定了其对时间资源的有效管理，管理者对时间资源的有效管理可以提高酒店的工作效率、降低员工的劳动强度、提高酒店的服务质量。

四、酒店管理的特征

酒店是生产和销售服务的企业，酒店管理既具有一般企业管理的共性，又有其自身的特征，这些特征的形成主要来源于酒店产品的特点，主要表现为以下方面。

(一)管理对象的复杂性

酒店管理的对象尤其是人员管理的对象即包括员工又包括宾客，两者必须同时兼顾。酒店员工既是酒店产品的生产者，又是酒店产品的组成元素，这种双重性造成了管理的困难；酒店宾客的管理需要通过酒店的服务活动实现，而且客人也是千差万别的，这种差异增加了服务的难度。

(二)管理过程的分散性

酒店客人的需求及消费的随机性很强，客人在酒店的活动轨迹也是不固定的，导致酒店的服务流程呈现出非线性的特点，因此造成了酒店的各种服务环节的上下关系很难固定，每一个环节都是酒店产品的关键点，任何一个环节出错都有可能造成整个酒店产品的报废。

(三)管理协调的高难性

酒店产品是通过组合形成的整体性产品，是一个复杂的活动体系，需要各方位、各部门、各岗位紧密配合、协同连续地完成，而每一具体服务行为过程又是员工分散的个体单干形式，具有相对的独立性，因此酒店管理对协调的要求很高。同时，由于顾客的要求差异很大，随机性很强，甚至和酒店的管理制度、服务规范发生矛盾，这也增加了协调的频率和难度。

【知识链接】

酒店管理中的十大经典理论

>> 任务二　掌握酒店管理内容 <<

【学前导入】

酒店里的一切设备、设施的服务都是为了顾客的到来而准备的，所以应使顾客处处感到像在家里一样方便、舒适。要做到这一点，就需要服务员在多了解客人的习惯和个人喜好的基础上，献上一片爱心，使顾客产生一种“这是我住的酒店”的归属感。

【基础知识】

一、酒店管理的内容

酒店是由多种业务、多个部门综合而成的一个整体组织。酒店各部门的业务各不相同，这就形成了酒店庞杂的业务和繁复的实务。在酒店管理中，管理者必须抓住酒店管理的基本内容才能管理好酒店。

(一)组织管理

酒店组织管理，就是对酒店组织承担的任务在全体成员之间的分工合作中进行管理。主要包括：(1)根据酒店的经营定位建设合理的酒店组织结构，设置酒店各部门、各岗位，配备各级管理人员及员工。(2)确定各部门人员的责权范围，明确酒店人员之间的隶属关系、协调关系，形成酒店的统一指挥系统。(3)建立并完善相应的规章制度，根据需要不断改进和改善组织的相关内容。

(二)决策、计划管理

酒店组织的经营活动具有一定的方向和目标，需要管理者进行决策和计划管理。酒店决策酒店管理者在经营活动开展之前，做出如何行动的决定。决策的结果就可以形成计划，实质上，计划亦是决策。主要内容包括：(1)进行市场调查、分析、预测并整理出系统参考资料。(2)分析资料，确定经营目标。(3)围绕目标制订出若干可供选择的行动方案，并在备选方案中选择最优方案。

(三)业务管理

酒店是由多个业务部门综合而成的一个有机整体，各部门的业务各不相同。为了保证酒店业务的正常开展，酒店管理者必须对业务进行有效管理。酒店业务管理分为酒店业务管理和酒店部门业务管理。酒店业务管理主要在酒店层次上进行，包括进行业务决策；划分各部门业务范围；组织、指挥、控制酒店业务活动实施等。酒店部门业务管理包括部门业务形式、流程设计、业务实施的不同阶段的管理等。

(四)人力资源管理

人力资源是各种生产要素中最重要的要素。酒店人力资源管理就是通过各种管理手段让各岗位上的员工各尽其职，发挥每个人的最大作用。其管理的主要内容包括：根据酒店各部门和岗位要求编制定员、对员工进行培训、建立专业化的员工队伍、调动员工工作积极性等。

(五)市场营销管理

酒店企业组织是一个动态的开放系统，与外部环境有着密切的联系，酒店产品只有在市场上才能实现价值，酒店的生存和发展才能得到保证。酒店市场营销管理就是通过对市场营销要素的管理，促进酒店产品尽快进入消费市场，最终满足客人需求。主要内容有：正确选择目标市场、确定市场定位、制订营销计划、选择营销组合策略、管理营销合同等。

(六)服务质量管理

酒店服务质量是酒店的生命线，因此服务质量管理是酒店管理的中心环节，而且也是酒店管理者的一项经常性工作。酒店服务质量管理首先要让员工对服务质量的含义、内容等充分认识，树立全员服务质量意识；其次要制定服务质量标准并使其法制化；最后要不断督导、检查、控制标准的执行，总结完善，并加以改进，使酒店服务质量不断提高。

(七)工程设备管理

酒店工程设备的正常运转时整个酒店正常运转的基石。酒店工程设备管理由两个方面组成：一是酒店工程部对工程设备的直接管理；二是酒店各部门和工程部同时对工程设备的管理。具体包括设备购置、设备维护保养计划的制订和实施、设备更新改造等。

(八)安全管理

安全是酒店经营的前提保障。酒店安全管理一是要保护客人人身及财产安全；二是要保护酒店财产的安全；三是要保护员工在生产和服务过程中的安全。主要内容为树立安全意识、建立有效的安全组织体系、建立健全安全制度、配置必要的安全设施、制订酒店安全工作计划、紧急事故的妥善处理等。

【实践应用】

行业调查：分组对所在城市的酒店进行调查，并完成如下任务。

1. 对调查的酒店进行简单介绍。
2. 依据酒店管理原则对照被调查酒店执行情况。
3. 结合所学知识，分析被调查酒店管理存在问题。

【项目小结】

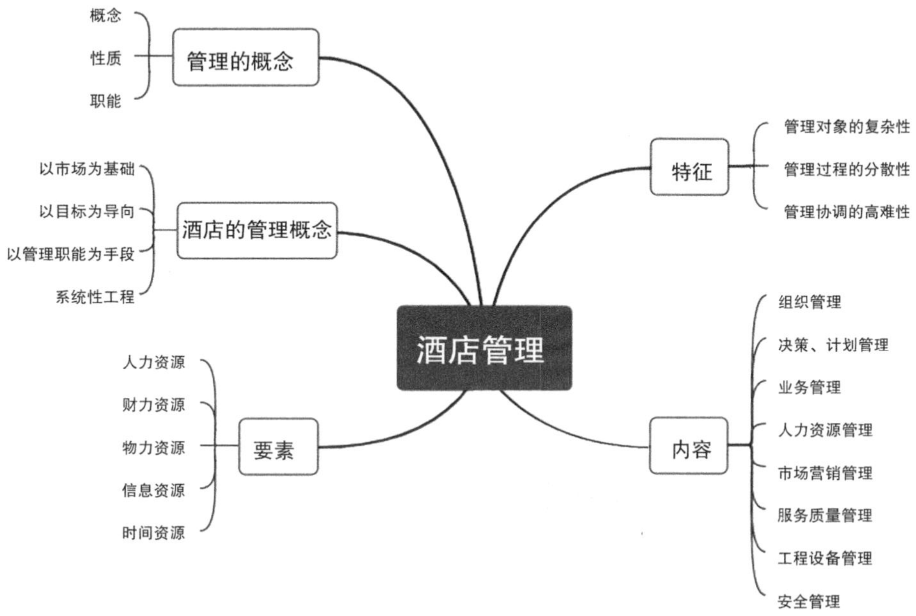

【练习测试】

1. 酒店经营面临哪些方面的挑战？
2. 新技术的发展对酒店业有哪些影响？
3. 酒店应如何进行功能和结构布局？
4. 试想你的职业生涯会从哪类酒店开始。
5. 思考适合大城市的酒店与度假胜地酒店运营管理的特征。

模块二　创建酒店组织

【模块描述】

酒店通过组织的方式整合各个生产要素，使得酒店的管理系统和产品生产系统得以运行，并最终生产出酒店产品。因此酒店的组织设计与管理是酒店良好运营的基础。本模块主要介绍酒店组织是什么，组织管理包含哪些内容，酒店组织结构如何设置，酒店制度包含哪些内容及酒店制度是如何制定和实施的。

项目一　了解组织管理

【项目描述】

学习目标	完成指标
知识目标	了解组织管理的概念
	掌握组织管理的内容
	理解组织管理的原则
能力目标	运用组织设计原则分析组织机构设置
	分析酒店组织中管理幅度与组织层级之间关系

>> 任务一　理解组织管理概念 <<

【学前导入】

金刚石与石墨

【基础知识】

一、组织

(一)组织的概念

人是社会动物，每个人都会存在于某种组织之中。企业、政府、学校、医院、甚至家庭等都可以被视为组织。组织构成了社会的单元。

现代组织理论代表管理学家巴纳德(C. I. Barnard)将组织定义为两个人或两人以上，用人类意识加以协调形成的活动或力量系统，强调了“协调”所产生的效益，从而完成组织目标。

(二)组织的特征

1. 组织需要有共同的目标

目标是组织凝聚人最根本的手段。可以说任何组织都是为了目标而存在的。组织目标是指一个组织在未来一段时间内要实现的目的，它是管理者和组织中一切成员的行动指南。

2. 组织是通过人际关系连接的

组织是人被安排在了一起，在巴纳德的定义中组织是两个人或以上的人形成的。人既是组织的创立者，又是组织的构成要素。每个人的角色定位在组织中不尽相同，在这样一个由人构成的系统中有合作需求的存在。

人际关系包括了组织内部各个层级间的关系、各个部门间的关系、员工之间的关系等。人际关系影响到了组织内部的命令和信息的传达，如领导的命令可否顺利地向下传达，员工所要反馈的信息可否让高层知晓。

组织是一个由人构成的系统，系统的运转是依赖相应的系统制度规则的。因此在组织系统中，制度规则成为约束和制约人行为、促成合作行为的基本手段。组织的每一位成员都要遵守相应的制度，来完成自己在组织中的角色。比如企业制度中的人事管理制度，就规定了在企业雇用员工的条件，员工晋升的一系列要求等。这些要求可以规范和敦促员工做出与企业利益一致的行为，从而完成企业组织目标。

【深入理解】

二、组织管理

(一)组织管理的概念

组织管理就是通过建立组织结构、规定职务或职位、明确责权关系，以使组织中的成员互相协作配合、共同劳动，有效实现组织目标的过程。美国著名管理学家哈罗德·孔茨(Harold Koontz)认为组织管理是为了使人们能为实现目标而有效地工作，因此必须设计和维持一种职务结构。

组织管理的工作内容，主要包括以下四个方面：

第一，确定实现组织目标所需要的活动，并按专业化分工的原则进行分类，按类别设立相应的工作岗位；

第二，根据组织的特点、外部环境和目标需要划分工作部门，设计组织机构和结构；

第三，规定组织结构重点各种职务或职位，明确各自的责任，并授予相应的权力；

第四，制定规章制度，建立和健全组织结构中纵横各方面的相互关系。

(二)组织管理的理论

组织管理理论包括了古典管理理论、行为科学理论、现代组织理论等。其中亨利·法约尔(Henri Fayol)作为古典管理理论代表人物，其撰写的《工业管理与一般管理》，标志着古典组织理论的形成。法约尔的一般管理理论也成为重要的组织管理理论。他对企业内部活动进行了组织设计，确立的14条经典组织管理原则也可以运用在酒店组织管理当中。

1. 劳动分工

劳动分工的出现属于社会的必然，是组织达成目标的最佳方式。劳动分工的目的是用同样的投入获得更多更好的产出，通过劳动分工员工所需要关注的目标减少，可以将更多精力投入到更少的产出目标当中，因此可以提高效率。劳动分工适用于一切类型的工作，但是同时也有局限性。

2. 权力与责任

权力是指下达命令让他人服从的能力。① 权力和责任是共同出现的，权力离不开责任，责任是权力的当然结果和必要补充。这就是著名的权力与责任相符的原则。

法约尔认为，权力的执行离不开奖惩，对于集体来说，有利的行为应当受到鼓励，而有害的行为应当被制止。同时权力、责任以及奖惩应该相符，确定了责任范围后才可以确定奖惩的程度。

3. 纪律

纪律就是公司与员工所签订的协议，其本质在外表现为服从、勤勉、干练、行为以及尊重。② 法约尔认为纪律包括了企业与员工之间的协议，以及人们对这个协议的态度以及对协议的遵守情况。其中纪律的指定不应单方面由雇主制定，而务必清晰并尽可能满足双方的需求。要维护纪律，应当对于纪律严格执行，并对各类员工做到一视同仁。

他认为制定和维持纪律最有效的办法是：(1)各级具备优秀领导；(2)协议尽可能清晰、公正；(3)合理应用惩罚措施。

4. 统一指挥

统一指挥是一个重要的管理原则，这个管理原则要求无论什么行动，一名与员工只能接受一名领导的指挥。双头领导是组织管理中的大忌，它会导致管理层的权力受到损害、纪律被破坏。双头领导会导致权力界限的模糊，导致下层管理或者员工无法获得清晰地行动指令，甚至获得完全相反的行动指令，造成组织的巨大分歧。

但是同时双头甚至多头领导的情况在企业中多有发生，比较好的应对方法是合理的职权分配。虽然不能完全消除双头领导带来的问题，但是可有效地减少影响。

---

① [法]亨利·法约尔：《工业管理与一般管理》，28页，北京，机械工业出版社，2013。

② [法]亨利·法约尔：《工业管理与一般管理》，29页，北京，机械工业出版社，2013。

5. 统一领导

统一领导可以表述为：一个团体拥有一个共同的目标，由以为领导统一指挥，执行一项计划。这是统一行动、协调力量以及集中优势的必要条件。①

统一领导原则讲的是组织机构设置的问题，即在设置组织机构的时候，一个下级不能有两个直接上级。而统一指挥原则讲的是组织机构设置以后运转的问题，即当组织机构建立起来以后，在运转的过程中，一个下级不能同时接受两个上级的指令。

6. 个人利益服从整体利益

个人利益服从整体利益是指：公司整体的利益高于个人或团队的利益；家庭的利益高于单个成员的利益；国家的利益高于公民个体或者团队的利益。

7. 人员的报酬

人员报酬是指服务的价格，这种服务指员工对于公司出卖的劳动。价格应当尽量公平并让员工和企业双方都满意。② 报酬分为工资、奖金、分红三种。

法约尔对于报酬所提出的三点是：(1)保证报酬的公平；(2)奖励有效的努力，激发热情；(3)不要超过合理的范围过度支付。

8. 集中

这里的集中式组织的权力的集中与分散。法约尔所提倡的，并不是权力集中一定会优于权力分散，而是指在不同的企业当中采取不一样的权力集中尺度，权力集中尺度即集中或者分散。

在小型企业，可以由上级领导者直接把命令传到下层人员，所以权力就相对比较集中；而在大型企业里，在高层领导者与基层人员之间，还有许多中间环节，因此，权力就比较分散。影响权力集中或者分散的因素主要有：第一，企业规模。通常企业规模越大那么组织架构也相应越大，权力就相对分散，反之亦然。第二，领导者的能力，法约尔提到，如果领导人的价值、精力、经验和思维速度允许他的活动范围宽泛，那么他就可以大力加强集中，让助手成为单纯执行者。相反，如果他需要更多地采用其他人的经验、意见和建议，还要保留全面领导的权力，那么可以广泛地分散权力。

9. 等级链

等级链是组织中从最高权力机构到最低级别员工之间的级别链。它表达的是领导关系和信息传递途径。在组织中决策和信息是通过等级链进行传达的，传达的方式包括纵向层次间的传达和横向层次内的传达。

在组织内部等级链信息传递过程中。要注重等级制度，同时也要注意建立灵活的横向联系以保证信息的有效传递。

10. 秩序

法约尔提到，每个物品都有一个位置，每件物品都在它的位置上；每个人有一个

---

① [法]亨利·法约尔：《工业管理与一般管理》，34页，北京，机械工业出版社，2013。

② [法]亨利·法约尔：《工业管理与一般管理》，37页，北京，机械工业出版社，2013。

位置，每个人在他的位置上。秩序原则是指组织中需要维持良好的物资和人的秩序。

11. 公平

法约尔认为，公平是资源公正和善良的结合。公平不排斥坚强和严厉，它是出于理性、经验和善意的行为。①

公平原则就是组织在不忽视规则损害集体利益的前提下，应当尽可能满足员工的需求。并且公平不是针对特定个人或特定群体的，在组织当中的所有人都应当享受公平。

12. 人员稳定

员工对于新的工作需要一定的适应性，同时组织内的各个岗位之间的协作磨合也需要相应的时间，因此员工在岗位上需要一定的稳定性，来保证员工的产出。处在组织中高层管理岗位的员工往往需要相对更长的时间，才可以胜任某个管理岗位的工作。因此保证人员的稳定性是组织的必然要求。

13. 首创精神

首创精神即鼓励创造。组织通过鼓励创造来获得新的活力，如产品的更新、制度的完善、生产技术的革新、工作方法的变化等。组织中，权威和规则在某种程度上会造成局限，限制了首创精神的发挥，那么组织就需要通过不同策略去激发这种精神。比如通过奖励的方式就可以很好地激发首创精神。

14. 团队精神

组织管理人员应当积极地促成组织内部员工之间以及员工和管理人员之间的团结协作。团结和协作关系可以有效地提高组织的工作效率和产能。在管理过程中，不应分化下属。

>> 任务二　了解组织设计 <<

【学前导入】

组织设计是构建组织框架结构、规定组织岗位和岗位职责并构建组织内部的沟通与协调机制的过程。进行组织设计的目的是让组织结构与组织的需求更为匹配，提高组织的运行效率和员工的工作积极性，最终为组织目标的达成服务。我们在下文中看一下组织是如何设计的，以及影响组织设计的因素有哪些。

【基础知识】

一、设计原则

酒店组织结构的设计可以遵循下列原则。

（一）分工协作原则

现代酒店企业由于岗位众多且涉及的酒店产品种类繁多，员工难以做到同时掌

① ［法］亨利·法约尔：《工业管理与一般管理》，50页，北京，机械工业出版社，2013。

握多种类型的工作技能，也难以同时胜任多个岗位。因此要根据不同的工作内容设置不同的岗位，让每名员工在相对有限的工作范围内有效率地从事自己的工作。分工协作有利于员工工作效率的最大化。

不仅酒店普通员工需要分工协作，酒店的管理者同样也需要分工。管理者的分工有利于提高管理效率，同时不同业务部门与职能部门都对专业性知识有一定要求。让专业的人去进行专业化的管理也是现代酒店管理中的普遍原则。

(二)为目标服务原则

组织成立的主要目的是完成组织目标。如果组织不能为组织目标服务，那么组织的存在便失去了意义。从这个角度上来讲，组织设计需要为组织目标的完成而服务。

组织设计的内容之一是设计岗位目标，因此岗位目标一定要与组织目标相匹配，即需要将大的组织目标进行分解，变成一个一个相对独立的小的岗位目标。这样员工可以更为清晰明确地掌握目标内容，同时也更利于岗位考核。如酒店市场营销部经理的岗位职责是：根据酒店需求制订市场营销部的工作职责；根据市场情况，进行市场情况预测，从而制订针对目标市场的营销计划；分析潜在市场宾客需求，制订市场拓展计划等。

(三)做到因事设岗而不要因人设岗

岗位的设计是通过组织需求获得的，因此岗位最终的服务对象是组织目标。因事设岗的意思是从组织职能出发，根据工作需要，结合组织实际，按照科学合理、精简高效的原则设置岗位。在确定岗位目标和岗位职责后，根据岗位的要求在组织内部或者外部进行人员招聘，最终获得合适的岗位人选。显而易见，因事设岗是获得符合岗位需求人才的最佳方式。但是在酒店中，常常出现因人设岗的问题。这样容易造成人员冗余，同时无效岗位增多。

(四)管理幅度原则

管理幅度是指每一级管理者的直接下属人数；组织层级是指从最高的管理者到最基层的员工之间的层级。由这两个定义不难看出，管理幅度和组织层级二者成反比，如图 2-1 所示，即一般情况下管理幅度越小则组织层级越多；管理幅度越大则组织层级越少。这两种形态对应的组织结构也不尽相同，一种是锥形组织结构，另一种是扁平化的组织结构。

锥形组织结构存在较小的管理幅度，因而每个层级的管理者对于下属的掌握能力和控制能力增强。同时锥形组织结构管理相对严密，对于每个层级的管理者要求并不是很高。锥形组织结构存在的问题是相对较多的组织层级造成管理人员增多，行政成本和人员成本上升；较多的管理层级也影响了上下级信息的传递，有可能造成信息的失真。

扁平化组织结构由于组织层级较少，相应的信息和命令传达相对要快。同时由于管理幅度较大，相对对于员工的控制就会较少，从而可以更好地激发员工的工作

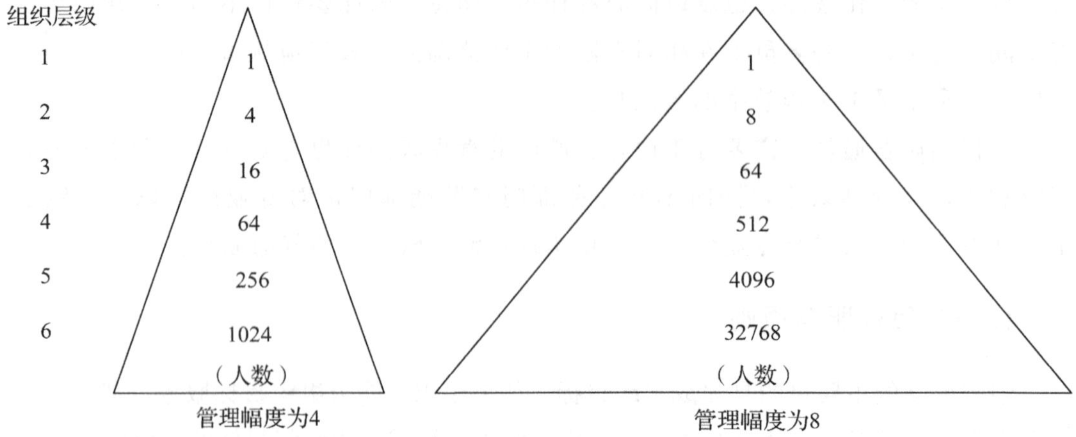

图 2-1　等级链示意图

积极性。相对少的组织层级会减少行政成本和管理成本，在人力资源成为酒店企业成本支出最重要的组成部分之一后，减少组织层级也成为酒店企业“节流”的重要手段。扁平化组织结构的缺点主要有：较大的管理幅度造成管理的难度增加，对于管理者能力的要求更高。同时由于同级别的下属增多，也会造成员工晋升的困难。

酒店行业作为劳动密集型产业，人力成本约占总成本的三成，属于主要成本支出项目。同时，受益于信息技术、网络通信技术的高速发展，办公自动化软件以及相应的管理方式在酒店企业内部被大量运用，通过这些辅助手段管理者管理能力也大大提高。因此酒店结构扁平化的改进在很多酒店成为主流。

（五）权责统一原则

权力和责任是一对双胞胎，存在了权力就必然有相应的责任。责任是一个特定角色或岗位上人需要去完成的相应的工作或者义务。权力是针对完成这项工作或义务所需要的对他人的影响力。因此权力的存在事实上是为了完成其责任的。在酒店管理中，如果拥有了权力却缺乏与之对应的责任，则会发生权力滥用的行为，如官僚主义、腐败等；相应地，如果缺乏与其承担责任相对应的权力，则会让工作难以推进、员工不会听命、打击管理者的工作积极性，最终导致目标无法完成。因此酒店组织设计中，权责统一可以很好地保证岗位职能的实现，从而实现酒店组织目标。

（六）稳定与创新原则

酒店组织结构应当在一定的时间内具有稳定性，这样可以保证组织任务正常地进行。但是为了适应不断变化的环境，组织结构应当具有一定的弹性来适应这种变化。我们可以将这种弹性的改变视作组织的创新，如适应新的信息技术条件下组织结构扁平化的改进就可以视为对组织结构的创新。

二、影响因素

（一）环境因素

环境包括一般环境和特殊环境。一般环境包括对组织管理目标产生间接影响的如经济、政治、社会文化及技术等环境条件，这些条件最终会影响到组织现行的管理实践；特定环境包括对组织管理目标产生直接影响的如政府、顾客、竞争对手、供应商等具体环境条件。[①]

环境的稳定和复杂程度决定了环境的不确定性，进而影响了组织结构的设计。针对环境这一影响因素的组织设计主要是为了增加对环境的适应性。

（二）技术因素

技术是组织将资源转化为产品的手段。在酒店组织中资源可以是资金、人力、生产原料等。技术发生变化则意味着产品或者服务的生产手段发生了相应变化，如前厅部采用了新的服务流程代替了原有的服务流程，则可能发生服务人员人数的变化、对这类服务的管理层级的变化、服务质量监督方式的变化等。组织结构对于这类变换，均需要做出相应的调整和改变。

（三）组织规模

组织的规模对于组织结构的影响很大。组织规模越大，则相应的人员越多，同时管理工作量增大，部门间相互协调工作量增加，则必然造成组织结构的复杂化，反之亦然。

如对于小型酒店，我们往往采用直线制或直线职能制组织结构，其特点是管理层级较少。然而对于中大型的酒店或者酒店集团而言，较少的管理层级必然会造成管理幅度过宽的问题，即一名管理者下属员工过多而造成管理不利等问题。

因此在进行酒店组织结构的设计时，规模是非常重要的影响因素。随着酒店组织规模的不断增大，组织结构也要随之进行调整。

（四）战略因素与生命周期

战略是实现组织目标的手段，因此组织结构应当适应经营战略，并随着战略的变化作相应的调整。酒店组织针对不同的市场环境或者酒店所处的发展阶段均会采用不同的经营战略，因而对于组织结构的设计也应当符合这些经营战略。

美国管理学家伊查克·爱迪思(Ichak Adizes)提出了企业生命周期理论。根据该理论，企业发展过程中会经历成长阶段、再生与成熟阶段和老化阶段。生命周期理论对于企业一点重要的启示是，在不同的阶段应当采取不同的企业目标和企业战略。因

---

① 周三多：《管理学》，135页，北京，高等教育出版社，2000。

此，随着企业目标和企业战略的改变，企业的组织结构也会做出相应调整和改变。

【项目小结】

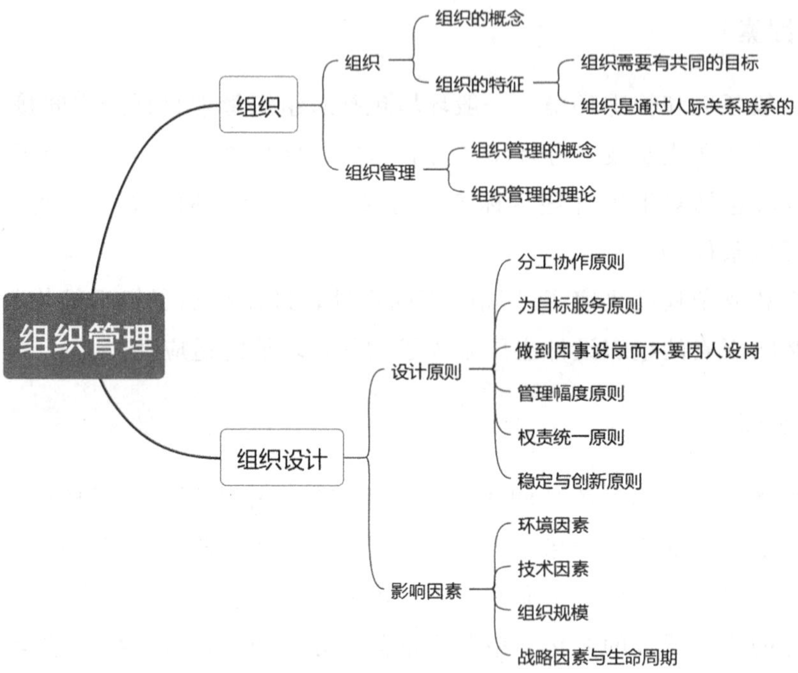

项目二　设置酒店组织结构

【项目描述】

学习目标	完成指标
知识目标	认识酒店组织结构类型
	熟知酒店部门的基本工作职责
能力目标	对比不同酒店组织结构类型之间差异
拓展目标	根据酒店组织的特征选择相应的组织结构

>> 任务一　了解酒店组织结构类型 <<

【学前导入】

事业部制改革

【基础知识】

不管是仅有十几名员工的小酒店，抑或是有数十万员工的跨国酒店集团，其中均有各个层级的领导以及员工之分。有了这些不同的职务，人与人之间的关系便建立起来。而这样的关系、信息传递的网络就是组织结构。组织结构确定酒店如何进行分工、分组以及协调。

一、直线制组织结构

顾名思义，直线制组织结构是以直线垂直领导的一种组织结构形式。直线制组织形式最早出现在古典企业当中，其发展演化是建立在传统的等级制度基础上的。直线制组织结构当中，权力沿着内部职位等级由上而下进行传递，最终到达基层员工。基层员工需要对自己的上级领导负责。由于缺少职能部门，经理需要从事组织运营、内部协调等公关事务，同时也要对细节进行管理。

直线制组织结构通常存在于规模较小、产品结构单一的酒店。比如我国目前存在的经济型酒店就常常采用这种结构。

直线制组织结构的优点是对管理机构设置要求简单，可以有效地降低行政费用；信息命令的传递迅速、准确，各个管理层级间的沟通十分便利；权责清晰明确，整个组织纪律容易维护。

直线制的弊端也尤为明显，就是对于管理者的要求很高，要求管理者对于业务要精熟，同时也要精于管理。由于信息传递方式的原因，基本上各类决策均会传递到管理者的层级，就造成了管理者事事均要亲力亲为。这样的模式在古典企业(人员少、规模小、管理人员即出资人、管理人员参与企业生产并对人和机器进行精细化管理)当中尚可行。但是在如今信息化时代，酒店企业往往以集团形式出现的情况下，对管理者这样要求就显得十分苛刻。人的精力是有限的，因此仅凭管理者的能力很难完成如此复杂的任务，同时由于环境变化以及企业的发展，极易出现管理中上下级关系紧张僵化。尤其是在管理权力进行代际的传递时，继承人(接替者)往往缺少创始人的号召力和影响力，在管理中会出现捉襟见肘的问题。

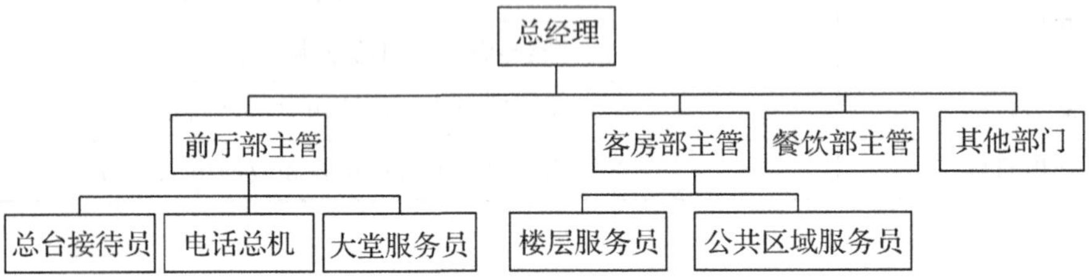

图 2-2　直线制组织结构图

二、直线职能制组织结构

直线职能制组织结构是从直线制组织结构中演化过来的，同时参考了职能制组织结构的优点，在直线制组织结构的基础上设计了职能部门，由职能部门对具体的业务从各自的角度上进行参考。在直线职能制组织结构当中，职权开始分为直线职权(line authority)和参谋职权(staff authority)。直线职权是指管理者直接指挥下属的职权，而参谋职权是向直线职权提供支持、帮助和建议的职位拥有的职权。① 在图中直线职权使用实线标注，参谋职权使用虚线标注(见图 2-3)。

直线职能制组织机构的特点是在保持了直线制组织结构中迅速、统一、高效的命令传递系统的同时，增加了相应的参谋机构。其中具体的命令下达是由各个上级领导部门完成的，而各个职能部门则提供相应的参谋作用。直线职能制组织结构结合了直线制和职能制的双重优点，在保证了命令统一、传递高效的前提下，又通过职能部门的专业性指导提升了业务能力。

直线职能制组织结构的缺点主要来自于职能部门的设置相对分散，这样会逐渐产生部门间的壁垒，不利于信息的横向传播，同时也容易造成内耗。其次，如果职

① [美]斯蒂芬·P. 罗宾斯:《管理学原理》，129 页，北京，中国人民大学出版社，2004。

能部门的权力过大则会形成多头领导，干扰到命令及信息的传播方式。同时由于领导和参谋位置的相对模糊，职能部门容易与业务部门产生矛盾，从而导致低效率情况产生，进而影响组织目标的达成。

直线职能制组织结构主要适用于中型酒店当中，也是目前业界较为广泛采用的一种组织结构类型。

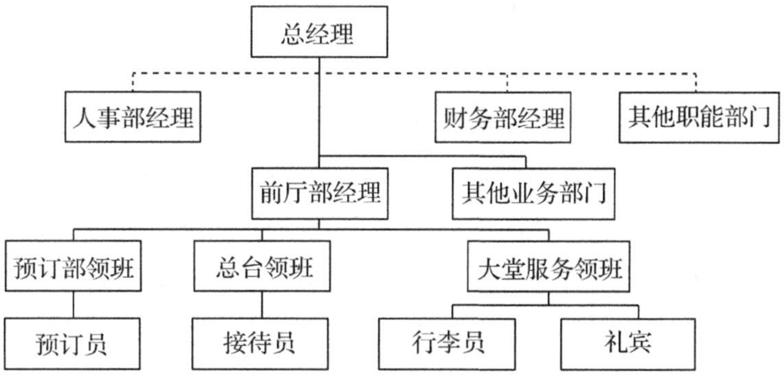

图 2-3 直线职能制组织结构图

三、事业部制组织结构

随着现代企业规模逐渐变大、人员和管理层级的不断增加，越来越多的企业开始进行多种类型产品的生产，其产品的销售市场也开始遍布全球。企业的中高层越来越难以进行微观的具体管理，同时信息和命令的传播也开始变得低效。由于出资人职能与古典企业产生了区分，如出资人不一定要在企业内进行具体事务的管理，出资人开始将资本投放到不同的领域当中，借以规避经营风险等，催生了职业经理人制度，同时企业内部也逐渐产生股东—董事会—经理的分权模式。事业部制的组织结构便是在这样一种背景下产生的。由于事业部制组织结构是以通用汽车总裁斯隆在通用开展的变革为开端，学界将这种组织结构称为“斯隆模型”或“联邦分权化组织结构”(见图 2-4)。

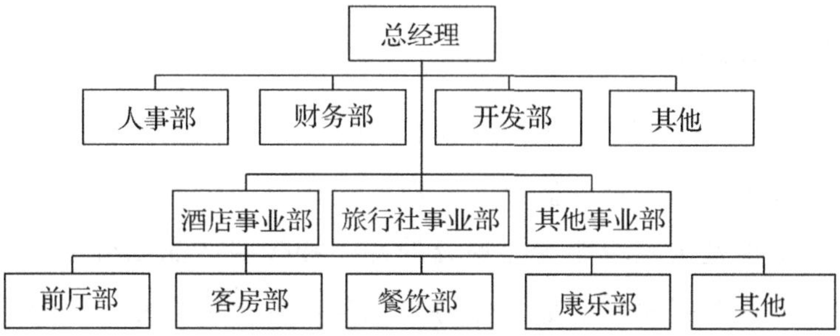

图 2-4 事业部制组织结构图

事业部制组织结构主要是在总公司下设“自主经营”的业务单位，即各个事业部。这些事业部可以针对某个产品、服务、产品组合、主要工程或项目、地理分布、商务或利润中心进行组织。根据企业组织在构造事业部时所依据的基础，事业部制组织结构可分为产品事业部制和区域事业部制。产品事业部制依据企业组织所经营的产品的相似性对产品进行分类管理，并以产品大类为基础构建企业组织的事业部；而地区事业部制则以企业组织的市场区域为基础，构建企业组织内部相对较大的自主权的事业部。①

事业部制的组织结构当中各个事业部在具体业务操作中是相对独立的，但是其行政管理依然依附于总部。经营方向和经营目标必须是在总部愿景和发展规划的引导下进行的。

事业部制的组织结构其优点主要在于：在庞大企业运行的过程当中，将高层管理人员由繁重的具体运营事务当中解放出来。他们将更注重企业战略层级的决策，而非日常管理。这样有利于在日渐激烈的企业竞争中更快地获得先机；由于各个事业部相对独立，事业部可以更好地发挥主观能动性，提高工作效率，增强产品的竞争力；由于部分决策信息的传递并不需要到达最高层的管理者，事业部可以针对大部分经营事项进行决策，更为迅速地把握市场需求的变化；事业部专注于一个方向的经营活动，增加了企业专业化程度，同时有利于相关人才的培养；各个事业部一定程度上自负盈亏，则可以有效降低企业经营风险，同时保证企业的收益。

事业部制组织结构其缺点主要有：各个事业部的相对独立容易产生离心力，即中心的控制力减弱，各个事业部陷入各自为政的境地，会由于大量的内耗造成企业资源的浪费，乃至恶性竞争的局面；由于组织庞大，在企业的总部和各个事业部间会有大量相同的职能机构出现，机构重叠，增加了行政成本；总部的信息、命令难以高效地传递，各个事业部对于总部命令的执行往往无法像总部所期望的那样。

一些大型酒店和酒店集团往往根据自身组织规模的大小进行，分立了不同的独立子系统，如下属的旅行社、汽车公司、物业等。这些子公司便构成了酒店或者酒店集团的事业部。同时酒店集团还可以根据自己在不同地区所拥有或者控制的酒店作为地区性分类的事业部。因此事业部制组织结构往往适用于大型酒店或者酒店集团。中小型的酒店则很难平销其产生的巨额行政成本。

四、矩阵制组织结构

20 世纪 50 年代，矩阵制组织结构的出现改变了直线制、直线职能制、事业部制组织结构的垂直体系。一种纵横交叉的新的组织模式产生(见图 2-5)。

矩阵制组织结构是按照职能部门划分的部门和按照产品划分的部门结合组成一个矩阵，同一名员工既同原职能部门保持组织与业务上的联系，又参与产品或项目小组的工作。②

矩阵制组织结构是一种动态演变的组织结构，不同专业技术的专业人才短时间

① 李培林：《管理学》，177 页，北京，北京大学出版社，2017。

② 李培林：《管理学》，178 页，北京，北京大学出版社，2017。

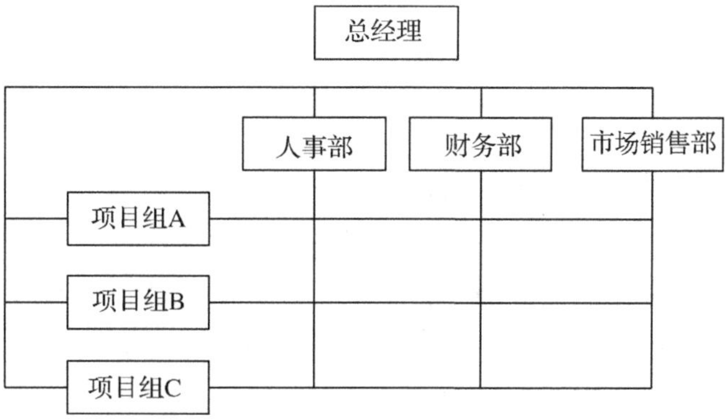

图 2-5　矩阵制组织结构图

组合成新的团队。每个团队均有自己的负责人，同时各个职能部门则可以提供纵向的管理。因此矩阵制组织结构呈现的是一种二元权力结构，员工接受的是两位主管人员的领导。

矩阵制组织结构呈现的优点相较之前的组织结构类型主要有：反应迅速，对于需求不稳定的市场和新的市场来说，企业采用矩阵制组织结构可以迅速地完成专业性的组织架构，进而有针对性地迅速占领市场；灵活性强，产生一个新的业务或任务，可以快速形成一个新的项目组。企业可以针对项目组的需求配备人员和发放相应的资源。待项目结束后，项目组即得解散，人员及相应其他资源得以被安排进其他项目组当中，避免资源浪费；促进资源共享，使得资源和信息可以在整个企业进行流通。

然而矩阵制组织结构的缺点也很明显：横向和纵向双重管理容易造成多头管理的弊端，即命令不统一。项目部经理和职能部门经理的意见可能会产生冲突，进而导致项目无法推进；员工缺乏归属感，适应所带来的成本增加。由于项目组产生的临时性，员工在短时间内参与项目组需要更多的时间与岗位磨合，同时容易产生懈怠的心理。

矩阵制组织结构多用于工业企业当中，以及某些技术发展迅速、产品迭代速度快、管理复杂的企业类型。部分酒店管理公司就采用矩阵制组织结构。

【实践应用】

选择本市较为熟悉的酒店，查找其经营规模、模式、部门设置、岗位设置等信息。为该酒店选择组织结构并绘制组织结构图。

>> 任务二　熟悉酒店各部门职能 <<

【学前导入】

“八部一室”

【深入理解】

一、前厅部

酒店前厅部位于酒店正门大堂内，并处于酒店大堂内最为显眼的位置上，因此客人在踏入酒店大门的时候，往往就可以轻易地找到前厅部。它是酒店最重要的对客服务部门，也是协调酒店服务的中枢部门，作为酒店的窗口存在。前厅部的工作内容庞杂，主要承担的是以客房销售为中心的一系列工作，包括销售客房、预订服务、接待宾客服务、收银服务、问询服务等。

前厅部主要业务特点有：第一，它是酒店对客服务的中心，协调不同部门的对客服务。前厅部的服务基本上均是围绕着对客服务展开的，这种服务贯穿了客人进入酒店至离开酒店的全程。同时，由于前厅部的窗口型特质，客人进入酒店后的大部分服务均依赖前厅部去协调解决；第二，酒店的营业窗口前厅部是酒店对客服务的中心单位，因此宾客对于酒店的服务评价是从前厅部的服务开始的，第一印象对于酒店的服务质量评价显得尤为重要。同时，前厅部被安排在客人进入和离开的必经之路上，客人往往以前厅部的服务水准和工作效率来衡量整个酒店所提供的服务水平，因此前厅部的服务质量反映了酒店整体的服务质量。

前厅部的主要职能如下。

(一)销售客房

前厅部最主要的工作就是销售客房。通常情况下客房销售收入会占到酒店收益的一半左右，销售客房这项工作的完成情况会直接影响到酒店的整体的经济效益。这项工作主要有预订客房、推销客房、接待宾客、办理入住、排房定价等工作内容组成。

(二)提供信息服务及处理投诉信息

前厅部的前台处于大堂中心，是客人与酒店服务人员接触最为频繁的区域。前厅服务人员应随时向客人提供其感兴趣的信息，解决客人的需求。客人对于前厅部的服务人员的期待往往要大于其他部门的服务人员，因此前厅部员工应增加和及时更新各类信息，以便提供满意的服务。客人的投诉信息往往也会最先向前厅部投诉，此外，前厅部还承担着处理客人投诉信息的职责。

(三)建立客账、客史档案

客人入住酒店后，前厅部会针对客人建立一个账户，目的是建立客人与酒店之间的财务关系，记录客人在酒店内的消费情况，同时方便客人购买各类酒店产品。如客人在房间内使用各种有偿的消费品、在餐厅内的消费、酒水的消费等可以通过记录到客账的方式建立消费记录。在客人离店后，还需要为客人建立客史档案。

(四)提供各类前厅服务

作为对客服务的集中场所，前厅部还是一个直接向住店客人提供各类相关服务的前台服务部门，如电话、商务、行李、接受投诉、邮件、票务代理、迎宾接站、物品转交、留言问讯等服务。

(五)处理和提供信息资料

前厅部每天都能接触大量的信息，如有关客源市场、产品销售、营业收入、客人意见等。因此，前厅部应当充分利用这些信息，将统计分析工作制度化和日常化，及时将有关信息整理后向酒店的管理部门汇报，与酒店有关部门沟通，以便其调整对策，适应经营管理上的需要。前厅部还应当将有关市场调研、客情预测、预订接待情况、客史资料等收存建档，以充分发挥这些原始资料的作用，真正使前厅部成为酒店收集、处理、传递和储存信息的中心。此外，前厅部的管理人员应亲自参与客房年度销售预测，进行月度、年度销售统计分析，向总经理提供有价值的参考意见，并亲自检查各类报表和数据，通过掌握大量的信息来不断改善本部门和酒店的服务工作，提高管理水平。

二、客房部

客房部是酒店经济收入的重要来源部门之一，客房部经营、管理的是酒店最为重要的资产。客房部承担了酒店客房及其他部分的清洁保养、客房的对客服务等工作。在部分酒店，客房部又被称为管家部。

客房部的主要职能如下。

(一)房间清洁保养、公共区域清洁保养

酒店客房的清洁保养工作主要是客房部的首要工作内容。作为酒店最为主要的资产和产品，客房部的清洁保养让客房时刻处于待出租状态，保证了酒店的经济利益，同时也维护了酒店的信誉。客房部专业化的清洁保养，可以提高工作效率、减少资源的投入。同时，高效的保养可以减少客房设施设备的折旧，延长了资产保值期。

客房部还承担了客房以外其他部分的清洁保养工作。

(二)提供客房的对客服务的工作

客房部被称为“管家部”，其中很重要的原因是客房部提供家一样的服务。让客人在酒店的休息、生活等有一种宾至如归的感觉。客房部给客人提供的服务有清洁房间服务、客房小酒吧服务、房餐服务、洗衣服务、擦鞋服务、托婴服务、借用物品服务等。很多酒店为了营造更好的住宿环境和氛围，也在大力拓展客房服务的内容和项目，不断深入地进行市场调查和研究，了解客户需求。

(三)酒店的布草及员工制服的保管和洗涤工作

布草指的是酒店内以布为原料的对客用品，包括床裙、床盖、床单、被套、被芯、枕套、枕芯、窗帘等客房布草；面巾、浴巾、方巾、地巾、浴袍等卫浴布草；

台布、桌布、餐垫、桌裙等餐饮布草；台套、台裙等会务布草；等等。

客房部负责所有的布草以及员工制服的保管、发放、洗涤以及修补。

（四）行政酒廊的运营

行政酒廊经常出现在全服务酒店中，针对入住行政楼层的客人免费开放，为行政楼层的客人提供休息和商务活动的场所，并在一定程度上集成了前台的部分功能。客房部也负责对行政酒廊的运营。

三、餐饮部

餐饮部是酒店中组织生产、销售食品饮料产品，提供餐厅服务以满足宾客对于饮食需求的部门。餐饮部是酒店重要的生产服务部门，也是酒店重要的经济收入来源之一。餐饮部的经营目标是为酒店宾客提供优质全面的餐饮、会议等服务。餐饮部的客户范围具有较大弹性，不仅限于住店客人。餐饮部的收入并不如客房收入一样相对固定，提供宾客满意的餐饮产品可以有效地增加酒店的收入。同时，餐饮部产品具有较强的专业性，不易被模仿，因此提升餐饮产品的水平，也成为提升酒店竞争力的重要手段。

餐饮部的主要职能如下。

（一）对目标市场进行调研以确定酒店餐饮产品市场定位

优质餐饮产品已经成为吸引宾客来酒店进行消费的重要手段，了解宾客的需求以及地区特色，结合酒店的市场定位去制定餐饮产品的类型，即酒店内包含哪些类型的餐厅。餐厅的种类决定了提供的餐饮产品的类型。经营策略、产品价格等决定了酒店餐饮产品占领市场的能力。

（二）编制餐饮预算

餐饮部需要拟订各餐厅收入、成本、费用、预计利润计划等，将该类预算纳入酒店预算内，最终由餐饮部组织实施。

（三）组织厨房进行产品生产

根据餐厅类型的不同，餐饮部对产品制定相应的“生产工具书”标准食谱，安排产品的生产流程，对餐饮产品质量进行监督和管理，从而保证相应的产品质量。

（四）食品原料的采购和储存管理

餐饮部需要根据业务需求，对食品原料进行采购、储存和领料发放等工作。食品原料的采购、供应在一些酒店有独立的部门进行管理。

（五）餐饮产品的销售管理和服务管理

各餐厅及宴会厅是酒店客人最为密集的区域之一，也是对客服务最为频繁的区域。在酒店餐厅的消费经历，会很大程度上影响顾客对于酒店的评价。提供优雅的就餐环境、优质的餐厅服务是满足客人需求的重要手段，也是餐饮部的重要工作内容。

(六)宴会服务与统筹

餐饮部同样负责宴会服务，包括宴会会场的布置、餐前准备、餐中服务、餐后服务以及设施设备的调整等。同样宴会服务往往涉及多个部门联动，如销售部、客房部、工程部等，因此餐饮部还需统筹各个部门。

(七)管事部工作

餐饮部的餐具和其他用具具有较高的价值，是重要的酒店资产。这类资产属于易耗品，因此对其的科学化管理、保管、发放和回收工作可以有效地降低其损耗情况。

四、人力资源部

酒店业属于劳动密集型的行业，酒店的一切产品和服务均是由员工展开的，因此人力资源可以说是酒店的重要资产，是酒店最基本、最重要、最核心的资源。人力资源的管理水平直接影响到酒店的产品生产、服务的提供。人力资源部的工作目标是建立专业的员工队伍，建立有效的员工管理制度，创造良好的员工工作氛围。

人力资源部的主要职能如下。

(一)负责酒店的人力资源计划

人力资源计划管理的目的是通过合理地调配劳动，选择合适的劳动组织形式，对人力资源进行科学的劳动分工并组织好协作关系，充分发挥和调动酒店人力资源的积极作用，合理协调地进行酒店各种服务活动，创造酒店价值。①

(二)招聘管理

人力资源部负责制订招聘计划，招聘计划是根据酒店的人力资源计划来制订的。招聘管理包含招聘、录用、考核、调动、离职管理等工作。招聘包含从计划招聘岗位、发布招聘信息、搜集应聘者简历、通知面试、按岗位任职要求筛选人员、通知入职的全过程。招聘并不仅限于从外部招聘，同样也适于内部符合条件的员工内部调动或者内部竞聘。

(三)培训管理

对于员工的培训是让员工成为符合酒店需求人才的重要手段，也是让员工获得对岗位的工作要求、酒店的基本知识、企业文化、管理要求最有效的方式。培训主要有新员工的入职培训、员工职业素质培训、酒店基础知识与技能培训等。

---

① 郑向敏:《酒店管理》，146 页，北京，清华大学出版社，2005。

(四)员工绩效考核与管理

酒店的绩效考核在酒店管理中占有很重要的地位，绩效考核是进行员工激励制度最为有效的方法之一，同时绩效考核方式的差异也体现了不同的企业文化。绩效考核可以评价人员配置和培训效果，适当的奖惩激励措施可以激发员工的工作热情。绩效考核可以从员工的品德修养、知识技能、工作态度、制度执行、完成业绩这几个方面进行定量考核。

(五)考勤管理

考勤管理主要指对员工出勤情况进行管理，包括假期的设置、班别的设置、相关考勤项目的设置，以及调班、加班、请假的管理、迟到早退的统计、出勤情况的统计等。

(六)工资管理

人力资源部根据酒店相关管理规定，对员工工资进行核算。

五、市场销售部

市场销售部负责酒店产品的对外销售工作，主要产品包括客房、会议、宴会、餐饮等项目，以及酒店对外的公关企划工作，主要包括酒店整体的对外形象和品牌宣传。市场销售部的工作决定着酒店的市场形象，工作责任大。工作人员在对酒店客房、餐饮等产品的促销中，负责长住客、旅游团、散客、会议客户的接待相处，协调对方与酒店的关系，提供售前售后服务，与前厅部、客房部、餐饮部一起树立酒店优质服务的形象，增加宾客对酒店的信任和满意程度。

市场销售部主要职能如下。

(一)市场调研分析

市场销售部定期进行本行业与本地市场调研，收集、分析市场信息，并向酒店总经理汇报，供决策参考，协助酒店确定、调整和完善本酒店的市场营销决策和计划，提出切合实际的建议，发挥参谋的作用。

(二)制订销售目标计划

市场销售部根据酒店总经理制订的经营目标和下达的销售任务，制订相应的中短期销售目标、市场策略和具体实施计划并组织实施，使酒店获得良好的综合效益。

(三)产品组合

市场销售部组合酒店产品，对酒店的地理位置、设备设施、服务项目与质量及对市场的把握进行合理组合，使推广工作更具针对性，最大限度地提高酒店的平均房价与有效收入。

(四)促销计划

市场销售部对酒店客房、餐饮、会议室及各类娱乐设施的出租运用各种营销手段进行推广，确保其时间价值得到充分、合理的实现，同时提高酒店的社会美誉。

六、财务部

财务部是整个酒店经营管理工作的参谋和管家，负责酒店资金核算，监督和指导业务部门进行资金运用和财产管理，增加营业收入，节约费用开支，具体职能如下。

(一)记录分析酒店资金流动情况

财务部记录、分析酒店经营活动、资金动态、营业收入和费用开支的资料，定期向酒店管理层报告。了解同行业信息和市场动态，得出改善经营管理的提高经济效益的建议及措施，供酒店管理层作决策参考。

(二)组织各部门编制收支计划

财务部根据董事会的指令，结合酒店的情况，根据各部门编制收支计划，进行综合平衡，编制酒店的月、季、度营业计划和财务计划，定期对执行情况进行分析，并作出书面报告呈董事会。

(三)财务管理

财务部严格执行国家的会计准则和财务制度，根据董事会的要求完善和执行公司财务制度；进行收支核算、编制营业成本、费用、利润，编制财务报表；管理和控制各项资金，做好资金收支计划；对公司物资采购供应进行核算；负责本部门员工的业务技能培训及业务监督指导工作。

七、工程部

工程部根据酒店各部门营业需求，负责保证公司的能源供应(供电、供热、制冷、供气等)正常运行，并尽可能做到节能降耗；负责酒店设施设备保养，对设备进行日常检修，从而减缓酒店固定资产的折旧，增加使用时间；负责酒店设备的更新，以保证酒店可以正常提供各类酒店产品。

八、安保部

安保部主要负责酒店的安全保卫工作，避免由于意外而产生的人员和财产损失。主要的工作内容有制定和完善安全保卫相关制度；负责酒店日常安全保卫工作，包括注意和防止酒店内犯罪活动，进行治安和警卫工作、安全防火工作；负责酒店住客户籍、证件物品管理和访客登记工作；排查安全隐患工作；负责对员工的安全教育、培训和宣传工作等。

【项目小结】

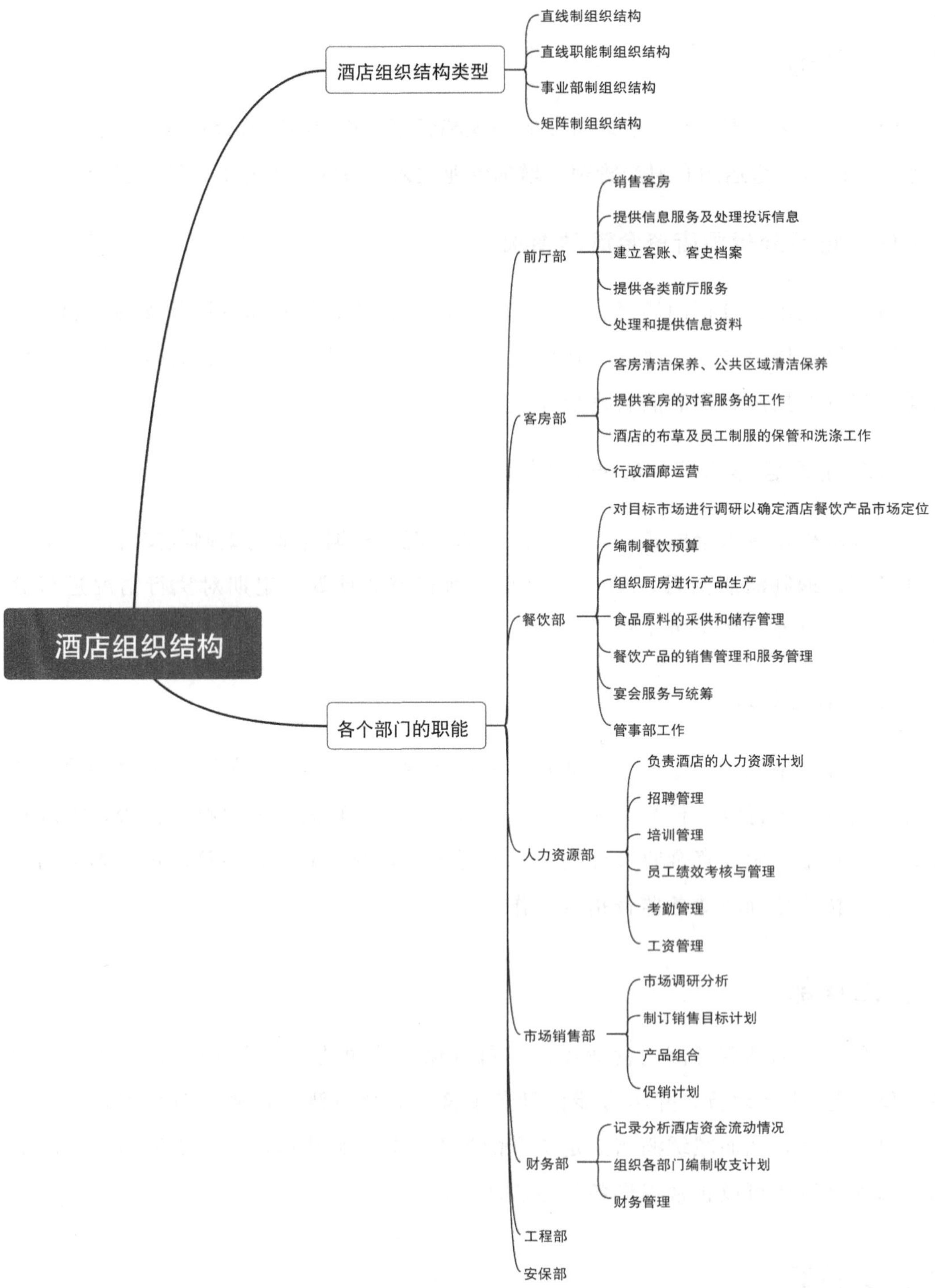

【练习测试】

1. 酒店组织结构的设计原则是什么？
2. 什么是等级链？管理幅度和组织层级之间存在怎样的联系？
3. 分析事业部制的组织结构的优缺点。
4. 酒店的“八部一室”分别是什么？其职能都是什么？

模块三　开发酒店人力资源

【模块描述】

酒店人力资源管理是酒店管理的重要内容，本模块阐述酒店人力资源管理工作的内涵、特点、原则和内容体系，使学生对酒店人力资源管理形成初步了解。通过对酒店人力资源管理的重要环节——招聘、培训和激励工作的详述，让学生能够更细致地了解上述工作的程序、方式与价值，从而深入把握酒店人力资源管理的重要意义与特点。

项目一　概说酒店人力资源管理

【项目描述】

通过学习本项目，学生能够准确把握人力资源管理的相关概念，理解酒店人力资源管理的主要特点；了解酒店人力资源管理体系的基本内容，掌握管理体系中各环节的要点，形成对人力资源管理工作的初步了解。

学习目标	完成指标
知识目标	理解酒店人力资源管理的内涵
	了解酒店人力资源管理的特点与目标
	掌握酒店人力资源管理的内容
能力目标	能够基于酒店长远发展看待人力资源管理的价值
	能够正确理解酒店人力资源管理的重要性与工作范围
	能够结合实际提高人力资源管理水平
拓展目标	能够分析酒店人力资源管理的现状及发展趋势

>> 任务一　了解酒店人力资源管理<<

【学前导入】

人力资源管理的刚与柔

【基础知识】

现代管理科学认为，人力资源是企业各项资源中的核心要素，管理的核心问题在于解决人的问题。由于酒店劳动密集型的服务性行业特点，人力资源应为酒店中最基本、最宝贵的资源。酒店业的竞争，归根到底是人才的竞争。无论酒店的规模多么庞大、设施多么完善，如果员工没有工作热情和动力，那么它也不能成为一个好的酒店。因此，人力资源管理是酒店经营管理中的最重要一环，也是酒店行业面临的重要课题。对酒店员工进行招聘、安排、培养和激励，使得人尽其才、各得其所，充分调动员工的工作积极性，以实现组织与个人目标的统一，是人力资源管理的意义所在。

一、酒店人力资源管理的概念

人力资源管理不同于传统的人事管理，它的含义更为丰富和深刻。人力资源管理也不再是劳动人事部门的工作，而是酒店所有管理者的职责。世界各大连锁酒店集团都非常重视人力资源管理工作，具有比较成熟、系统的人力资源管理体系，培养出一批素质优秀、经验丰富的专业人才。

酒店人力资源管理就是科学地运用现代管理科学的计划、组织、领导、控制等职能，对酒店的人力资源进行有效的开发、利用和激励，使其形成最优化组合和最大限度发挥积极性的一种全面管理。现代酒店人力资源管理在传统人事管理的基础上拓展了内涵与外延，是包含员工的培训开发、合理配置、沟通激励等一系列工作的全面管理，以最大限度使员工的积极性和能力得到发挥。

二、酒店人力资源管理的特点

【案例分析】

我们以绅士淑女的态度为绅士淑女们忠诚服务

酒店业是劳动密集型行业，相比于财、物、信息等其他资源，人无疑是最重要的资源。人具有复杂的心理需要和自觉的能动性，而酒店产品质量很大程度上取决于员工的服务态度与技能。酒店人力资源管理工作具有较为明显的特点，主要表现在以下方面。

(一)人本性

人本管理是把人作为管理的首要因素，以人作为管理的出发点和归宿的管理，人本管理思想在酒店人力资源管理中意义重大。酒店产品是以无形服务为核心的产品，员工是酒店服务的主体，“只有满意的员工，才能产生满意的顾客”，酒店服务的质量与员工的工作态度和服务技能密切相关。酒店人力资源管理是以人为对象的全面管理活动，必须以人为本、形成全面的人力资源培养开发规划，以达到员工胜任工作和提高素质的目的。“以人为本”要求酒店把每一位员工看作宝贵的资源，深刻认识到“人”的特殊属性，他们具有复杂的心理特点和需求，通过人性化的管理手段使员工感受到酒店的尊重与爱护。绝大多数员工都有发挥自身能力和实现职业抱负的愿望，酒店要从个人需求出发，为员工搭建一个适合发挥才能的平台，让他们在努力工作与追求自我实现中，获得较高的工作绩效。因此，酒店人力资源管理活动不仅包括为酒店招聘和选拔人才，还包括提高员工的素质能力、创造良好的工作环境、调动员工的工作积极性、发展员工的潜在能力等各项职能。

（二）全员性

酒店人力资源管理工作不仅涉及人力资源部门对所有员工的管理活动，也包括所有管理者对其下属和员工的督导和管理。每一位酒店管理者都应该了解并掌握人力资源管理的理论与方法，对员工合理组织、安排和使用，做到职责分明、人尽其才、才尽其用，形成精干、有序、高效的劳动组织。尽管很多管理者都意识到人力资源的重要性，但是还没有充分认识到人力资源管理也是各级管理者的重要职责。只有全体管理者都能合理地培训、开发和利用人才资源，才能提高酒店员工的素质和工作热情，使酒店拥有一支高效优化的人才队伍。

（三）动态性

管理者不仅要根据酒店的整体目标选拔合适人才，对酒店员工的录用、培训、奖惩、晋升和退职等全过程进行管理，更要注重员工工作过程中动态的管理，即重视员工的心理需求，了解员工的情绪变动和思想动态，并采取相应措施调动员工的工作积极性，使全体员工充分发挥出潜在的各项能力。

（四）科学性

酒店人力资源管理是一项复杂的、综合性的系统工程，由录用系统、培训系统、使用系统、奖惩系统、离退系统等子系统组成。人力资源管理工作应该进行科学的管理，逐步实现标准化、程序化、制度化和定量化。标准化是酒店工作要按照既定的程序、方法、质量、时间等具体要求实施，确保酒店产品质量；程序化是指将工作过程划分为若干环节，并具体规定每个环节的标准、任务、目标等；制度化是酒店人力资源管理工作要以科学、严密、合理的制度为依据；定量化是对员工进行管理时，注重定量分析与管理。

三、酒店人力资源管理的目标

酒店人力资源管理的根本目标在于通过对人力资源的合理组织和有效管理，提高员工的工作效率，达成组织目标。酒店人力资源管理具体包括以下内容。

（一）凝聚人力资源优势，促进组织目标实现

酒店良好的效益目标，需要一支优秀的员工队伍去完成。酒店通过科学的人力资源管理手段，对人力资源进行合理组织、安排和使用，使得人适其岗、各尽所能，提高酒店的竞争优势，保证酒店经营与管理目标的实现。

要构筑先进合理的人力资源管理体系，体现“以人为本”的理念。关注员工的需求，激发员工追求自我实现的向上动力，有效培养和开发员工的潜能，给员工创造一个积极向上、开放和谐的工作氛围，鼓励支持员工与企业共同成长。

为保证酒店拥有充分、持续的人力资源储备，要有计划地吸引、培训、利用和激励人力资源。基于酒店发展目标考虑，要在人力资源方面做好长期规划，通过内部培养和外部吸引，实现人力资源的数量、质量与结构上的合理配置，达到人尽其才、岗得其人的目标。充分发挥团队协同作用，形成保障酒店系统正常运转的高效的人力资源管理系统。

（二）促进员工职业发展，提高工作生活质量

工作生活质量（Quality of Work Life，QWL）是根据“生活质量”引申而来的概念，起源于20世纪30年代的“霍桑实验”。组织中所有员工通过与组织目标相适应的公开的交流渠道，有权影响组织决策与改善自己的工作，进而带来更多的参与感、更高的工作满意感和更少的精神压力。工作生活质量的提高决定着员工在工作中能否有满意感和动力、能否积极地投入工作。酒店管理者要让员工全身心参与企业发展，就要将组织目标与个体目标结合起来，通过改善员工的生活福利和工作环境，增加参与决策程度，达到提高生产率和员工满意度的目标。工作生活质量要求企业不仅要追求生产效率，还要更加重视每个组织成员的个人价值在工作中的体现，通过个人价值的实现促进组织效率的提高。因此，酒店人力资源管理工作要重视员工的个性化需求，创造员工参与决策的制度环境，构建畅通的沟通渠道和授权机制，使工作能够成为员工的快乐之源、动力之源，最大限度地发挥员工的聪明才智。

>> 任务二　掌握酒店人力资源管理的内容 <<

【学前导入】

优秀雇主的管理理念

【基础知识】

酒店人力资源管理的最终目的是通过有效利用和开发人力资源，实现企业的效益目标，因此酒店的人力资源管理实践必须围绕经营目标开展各项工作，为员工充分发挥潜力提供所需要的各种支持。酒店人力资源管理具体包括七方面的内容（见图3-1）。

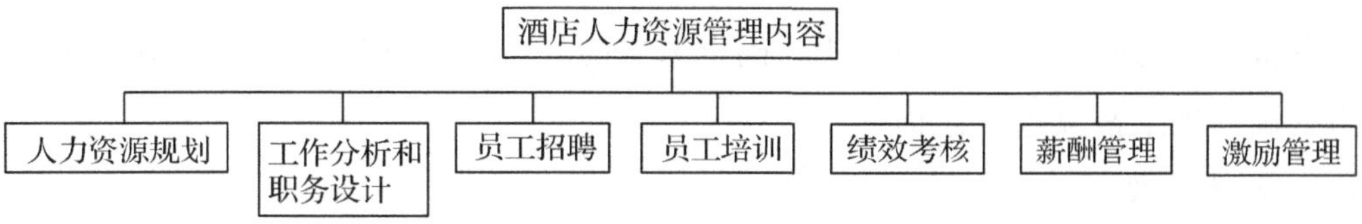

图3-1　人力资源管理的内容

一、人力资源规划

人力资源规划是人力资源管理的基础性工作，是酒店计划管理的组成部分。根据酒店的发展战略与任务，人力资源部要对酒店的人力资源供需状况做出分析，并据此制定人力资源规划，使酒店的人力、财力、物力、信息等资源协调运行，保证酒店系统总目标的实现。

(一)酒店人力资源规划的概念

酒店人力资源规划，是指为保证酒店目标的实现，评估现有的人力资源状况，预测未来酒店的人力资源需求，据此制订的人力资源供需平衡计划，具体包括人力资源配备规划、培养开发规划、薪酬规划、职业生涯规划等部分。人力资源规划的宗旨，是根据酒店发展战略和内外环境变化等因素，将酒店对员工数量和质量的需求与人力资源的有效供给相协调，制订一套相适应的人力资源计划。

(二)酒店人力资源规划的主要内容

1. 战略目标

确定酒店人力资源管理的原则、方针和目标，指导人力资源管理工作。

2. 职务编制

包括酒店的组织结构、岗位设置、职务资格要求等内容。

3. 员工需求

阐明需求的职务名称、员工数量、任职条件、希望到岗时间等内容。

4. 员工招聘

确定招聘方式、内外部招聘渠道、实施计划、薪资条件等内容。

5. 培训上岗

包括培训目的、培训内容、培训形式、培训考核等内容。

6. 投资预算

上述各项计划的总费用预算。

(三)酒店人力资源规划的步骤

1. 准备阶段

分析酒店内外环境因素的变化，确定酒店的经营战略和发展规划，对酒店现有人力资源的供给情况进行评估。

2. 预测阶段

在充分了解信息的基础上，对酒店所需人力资源进行需求预测。

3. 实施阶段

对需求预测和供应预测进行分析，确定酒店对人力资源的实际需要，从而制订出具体的人力资源计划，使酒店人力资源供求得到平衡。

4. 调整阶段

最后对人力资源规划实施进行跟踪、监督和调整，对规划的有效性进行把控，以便及时引导人力资源的供求状况发展，使其符合酒店的内外环境变化和经营需求。

二、工作分析和职务设计

工作分析和职务分析即根据酒店工作的实际情况，对酒店各项工作的内容、特征、规范、要求、流程作出规定，明确完成此工作对员工的素质、知识、技能的要求。其目的是研究酒店中每个职位是做什么工作的；明确这些职位对员工有什么具体的从业要求，以此判断应聘者是否符合该项工作的要求。

三、员工招聘

员工招聘是根据酒店的经营目标和相关政策，依据人力资源规划和工作分析的结论，通过各种方式从酒店内部、外部招聘酒店所需人员，补充酒店空缺职位的过程。员工招聘工作主要由招募、选择、录用、评估等一系列活动构成。招聘方式分为内部招聘和外部招聘。内部招聘一般包括晋升和转换岗位，可以降低酒店的经营成本，对员工起到激励的作用；外部招聘可以通过拓展引进渠道，为企业网罗人才。综合审查和测试的结果，严格挑选出符合酒店岗位要求的人员，并商议确定工资、待遇，通过审查批准，确定正式录用。

四、员工培训

员工培训是针对酒店的发展目标和岗位要求，综合运用科学方法，促使员工在知识、技能、能力和态度等方面得到提高的全方位培训。酒店是劳动密集型服务企业，竞争优势是由员工的素质决定的。酒店必须对员工开展经常性的培训，通常对操作层员工侧重于技能方面的培训，对于管理者则侧重分析问题、解决问题的管理能力方面的培训。酒店建立科学的培训体系，一方面，可以让员工更好地完成所承担的工作，提高员工的服务水平和管理人员的管理能力，提高服务质量，提高酒店竞争力；另一方面，可以提高员工素质，为员工自身的职业发展提供条件，开发优秀的人力资源。

五、绩效考核

为公平评价员工的工作表现，要建立系统的考核制度体系，定期评估员工的工作表现和工作成果，并给予奖惩的管理活动。绩效考核是酒店人力资源管理部门根据设定目标和标准，对员工完成工作目标或执行酒店各项规定的实际状况进行考查、评估，并作为奖惩的依据。酒店应建立科学的绩效考核体系，并根据酒店的发展进行合理的调整，以适应酒店内外环境的变化。科学合理的考核体系能给员工指明努力的方向、提高酒店的工作效率，从而实现酒店的经营目标。

六、薪酬管理

薪酬管理是酒店人力资源管理的重要内容。薪酬是酒店给予员工的各种财务报酬，包括直接报酬(工资、奖金等)和间接报酬(集体福利、补助、带薪假期、保险等)。这项工作的范围很广，包括确定工资级别和水平、福利与其他待遇的制定、各种补贴的发放、奖励和惩罚的标准与实施，以及工资的测算方法等。所以，酒店应根据国家法律法规、社会收入水平、职位的相对价值、劳动力市场供求、酒店财务状况及员工绩效考核情况选择适当的工资形式，实行合理的薪酬管理制度，提高员工满意度，激励员工努力工作。

七、激励管理

员工激励是酒店人力资源管理中非常重要的一环，是贯穿招聘、培训、薪酬管理、绩效考核全过程的管理活动。酒店是典型服务型企业，人力资源的工作素质与积极性影响深远。酒店人力资源管理的目标是拥有合适和充足的人力资源，使酒店资源协调配合，实现酒店的效益目标，实现企业与个人的双赢。员工激励在人力资源管理举足轻重，同时也面临许多待解的难题。员工激励应根据酒店的发展目标，结合员工在不同阶段的需求特点，采取对应有效的激励措施，形成系统复合的激励体系，帮助员工实现职业目标，有效激发员工积极性，才能充分实现提高劳动生产率和完成组织效益目标的目的。

【项目小结】

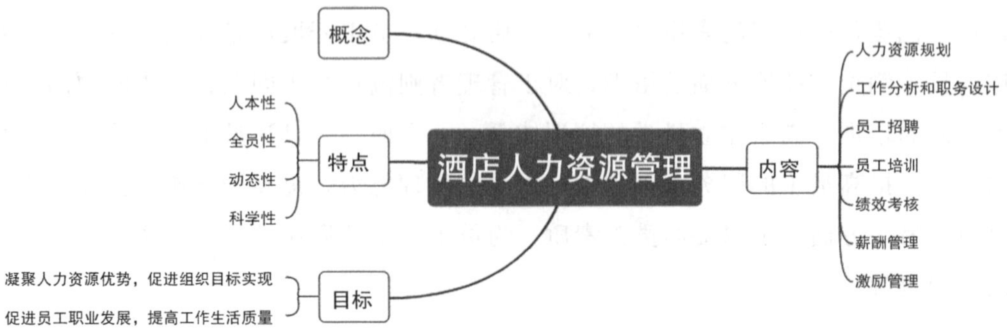

项目二　开展酒店人员招聘

【项目描述】

通过学习本项目，学生能够对酒店招聘工作有一个较为系统的了解，理解酒店人员招聘的目标与具体程序；认识酒店不同招聘方式的特点，从而可以正确处理酒店人员招聘实践的具体问题，实现理论与实践的结合。

学习目标	完成指标
知识目标	了解招聘的含义与要求
	了解内外部招聘的特点
	掌握酒店招聘工作的程序和考核方法
能力目标	能够根据酒店需求制定员工招聘方案
	能够设计合理的员工招聘渠道和甄选方法
拓展目标	能够分析怎么为酒店选择“对”的人

>> 任务一　了解酒店人员招聘程序 <<

【学前导入】

波特曼酒店的用人之道

【基础知识】

市场经济中，企业之间的激烈竞争加剧了人才流动，酒店业员工流动率逐年加大，尤其是经济发达地区的员工流动率更大。酒店人力资源存在供求不平衡现象，有学历、有能力的高素质人才供不应求，尤其是优秀的管理人才匮乏。许多酒店管理者认为，高级酒店管理人才越来越难找。人才缺乏、稳定性差，成为酒店业最大的问题之一，也给人力资源部门提出了难题。如何招聘到合适的人才？如何留住人才？成为酒店各级管理者都要考虑的问题。

一、招聘目标

(1)通过系统化的招聘管理保证酒店招聘工作的质量，为酒店选拔出合格、优秀的人才。

(2)明确人员需求、招聘渠道、考核程序及录用程序，以保证招聘工作满足酒店需要，并有效控制人员成本。

二、招聘程序

招聘管理是一个系统化的操作过程，具体的招聘工作可以包括三个阶段：招聘准备阶段、招聘实施阶段、招聘评估阶段。

(一)招聘准备阶段

招聘准备阶段要确定招聘的方向与目标，对后续的招聘与录用工作有引导作用。酒店及各部门在酒店经营环境分析基础上，根据业务发展需要，制订人力资源需求计划。人力资源部根据各部门的人力资源需求计划，汇总分析，制订出酒店总的招聘计划，并明确需求岗位、岗位要求、任职条件等内容。

1. 确定招聘目标

酒店的招聘目标要与酒店的发展目标、实际状况相符，还要综合考虑外部环境、人才供求等因素，经过分析评估确定合理的招聘计划。一方面，要选择合适的渠道和方式为企业寻找到适合的优秀人才，招聘信息的发布、过程的设计要明确、妥当、高效，体现出酒店良好的形象；另一方面，要树立科学的用人观，根据为所招聘的特定人员提供合理的政策与平台，不能“重选人、轻用人”。要通过科学的引进机制，为入职员工搭建安心、舒心的工作环境。

2. 分析供求状况

酒店人力资源的供求状况，直接影响到酒店的招聘政策。酒店人力资源供给的影响因素比较复杂，不易把握，且酒店业在吸引人才方面没有明显优势，“招人难、留人难”一直是酒店管理者的难题。要想吸引优秀人才进入酒店工作，首先要尽可能全面客观地了解人力资源的供求状况，加强酒店人才吸引的力度和措施，制定出相应的员工招聘政策和方案，增加酒店对他们的吸引力，让更多的人向往到酒店工作。

3. 确定招聘方案

在方案制定过程中，要明确招聘涉及的各项具体问题，包括需求岗位、工作职责、招聘人员数量和质量要求、招聘信息和渠道、审查考核方法、预算要求、薪金福利等内容。人力资源部门要根据酒店经营现状、发展目标和人力资源供求状况设计招聘方案，确保招聘人员的数量和质量与人力资源需求相符合。根据外部招聘与内部招聘的不同情况，保持和提高员工队伍的工作积极性。

(二)招聘实施阶段

招聘实施阶段是招聘过程的核心环节。要做好具体实施阶段的过程管理，保证招聘活动实现既定目标，满足酒店的人力资源需求。

1. 招聘信息发布

招聘宣传应注重针对性，要根据需要招聘人员的特点，选择适当的招聘渠道发布信息，吸引特定应聘者，达到预期效果。招聘信息必须客观真实、清晰明确、重点突出，能够让招聘对象清楚把握招聘岗位、应聘条件、录用标准、考核方法等重要信息；同时应显示酒店企业的实力与特点，通过有效的发布渠道、个性化的内容设计吸引人们的关注，激发求职者的兴趣。招聘信息的发布渠道包括报纸、杂志、广播、电视、互联网等，不同的平台具有相应的优点，必须综合评估其影响力、实效性与成本。

2. 资格审查

资格审查是对求职者是否符合招聘岗位基本要求的一种初步审查。审查的对象主要是求职申请表格和个人资料，也包括目测和简单交流等。人力资源部对应聘资料进行收集审核，按照所需岗位的职位要求做出筛选，挑选出符合岗位基本要求的人员。资格审查的目的是把明显不符合任职条件的人员排除在外，节省招聘的时间和精力。审查中要对应聘者提供的资料进行认真分析和核实，以判断其是否符合岗位要求。

3. 考核录用

考核录用阶段是招聘工作的关键内容。考核是根据酒店的用工要求和招聘条件，对应聘者进行全面的符合性考查。一般应根据岗位要求确定不同的考核方式，主要包括面试、笔试等考核方法。酒店应根据不同的岗位要求，选择适合的考核方法，除了面试、笔试之外，还可以结合心理测试、情景模拟、小组实验等手段来综合测评员工的素质、性格、能力等。

通过综合评定各种考核结果，全方位比较与筛选，选择各方面表现突出者，确定录用者名单和工作分配。录用决策确定后，要以礼貌恰当的方式通知应聘者，对拟录用员工阐明报到的相关事项，表达出酒店对录用员工的欢迎与重视。拟录用人员与酒店达成工作意向，建立劳动关系。

(三)招聘评估阶段

招聘完成后，还要对后续情况进行跟踪评估，为以后的工作提出借鉴。首先要对招聘结果进行成效评估，对招聘成本、录用人员的数量和质量进行评价，还要对本次招聘的方案计划进行评估，对成功与不足之处进行总结，提出工作改进的建议与意见。

【实践应用】

结构化面试是提前准备好问题和可能的答案，要求应聘者按照问题进行回答。结构化面试根据招聘者相关情况和职务分析做出设计，力求对招聘者的素质潜力、岗位匹配度等状况进行全面准确的了解。表 3-1 是比较简单的招聘结构化面试表格，请同学们根据表格做情景模拟，分别从面试考官和应聘者的角度了解招聘活动。

表 3-1 结构化面试表

工作兴趣						
你应聘的部门和职位是什么？						
为什么应聘这一职位？						
认为自己具有什么样的任职条件？						
为什么选择本酒店？						
学习和工作经历						
工作和学习经历有哪些？						
为什么离开原工作岗位？						
学习和工作经历对于你有哪些帮助？						
性格与特长						
有哪些兴趣特长？						
业余爱好是什么？						
性格优缺点评价如何？						
个人意愿方面						
是否愿意出差？			是		否	
是否愿意派驻外地？			是		否	
怎样看待加班？						
面试考官评价	一般	较好	好	很好	评语	
外在特征评价						
学习、工作经历评价						
沟通能力评价						
是否胜任岗位评价						

面试考官：　　　　　　　　　　　　　　　日期：

>> 任务二　明确酒店人员招聘类型 <<

【基础知识】

酒店员工招聘有内部招聘和外部招聘两种方式，两者各自具有不同特点和程序。酒店应当结合内部选拔和外部引进两种方式，充分发挥各自的优势，保证酒店人力资源的有效利用与开发。

一、内部招聘

内部招聘是通过各种选拔方式，从员工中选择确定适合岗位要求的人员。酒店岗位出现空缺时，应首先考虑从现有员工中确定人选，公平竞争、选拔录用。这种方法的优点在于：(1)能够激励员工。培养员工对企业的忠诚度，形成内部积极向上的工作氛围；(2)降低招聘成本。内部招聘可以简化招聘程序，节约招聘培训费用，降低管理成本；(3)降低招聘风险。酒店对于员工情况有比较全面客观的了解，可以减少对求职者缺乏了解带来的风险。缺点是人员选择范围有限，不利于引进新人才，容易形成“近亲繁殖”，产生不公正现象。内部招聘要特别注意选拔过程的公平性。尽可能选择确定公正合理的考核方式，全面考查竞争者的工作业绩、工作态度、道德品质、工作经验等方面，严格按照“才、德、职相称”的原则进行考核，做到任人唯贤。将考评指标尽量转化为可定量比较的事实，减少主观因素的影响，将考评过程和结果向员工公示，使员工感受到竞争的公平性。

二、外部招聘

外部招聘是酒店面向社会选择适合岗位的人员，满足企业人力资源需求的过程。管理者通过对酒店供求状况的了解，在酒店内部无法或不适宜解决职位空缺问题时，选择从社会上招聘员工的方式。外部招聘的途径有很多，主要有人才市场招聘、媒体公开招聘、校园招聘、职业中介、猎头公司等。外部招聘的优点是招聘范围广泛，有利于企业广纳良才；缺点是对于应聘者了解不够全面，招聘费用相对较高。要充分做好招聘准备，根据酒店所需岗位要求确定合适的招聘渠道，科学设计考核方法，为社会人员提供一个公平竞争的机会，准确把握应聘者的工作能力和关键品质，从而快捷、有效地完成招聘。

【项目小结】

项目三　实施酒店员工培训

【项目描述】

通过学习本项目，学生能够了解酒店行业培训工作的重要性，并对酒店培训的内容有具体的了解；理解针对不同层级的员工实施培训的区别；根据酒店员工培训的目标与要求，掌握培训计划的制订，为酒店人力资源管理的“用人”“育人”打好基础。

学习目标	完成指标
知识目标	掌握酒店员工培训的重大意义
	掌握培训计划的制订与实施
	掌握酒店员工培训的内容与方法，各种方法的作用
能力目标	能够根据培训需求制订合理的培训计划
	能够选择恰当的方法进行培训
拓展目标	理解酒店员工培训的特点与发展趋势

>> 任务一　了解酒店员工培训 <<

【学前导入】

快乐员工

【基础知识】

酒店员工培训是酒店根据不同岗位要求，按照酒店发展的实际需求，通过各种途径对员工的知识、技能、态度、职业道德等方面进行培养和训练，提高员工综合素质的活动。

一、酒店员工培训的意义

(一)有利于提高酒店服务质量，增强酒店竞争力

酒店业竞争日益激烈，消费者对服务质量的要求越来越高，高质量的酒店服务

需要由高素质的员工队伍提供。培训可以使员工树立正确的服务意识，更新完善行业知识与技能，有效提高服务质量。同时，培训可以激发员工的积极性和创造性，增强酒店企业的凝聚力，生产出专业、优质、高效的服务产品，提高宾客满意度，大大增强酒店的市场竞争优势。

（二）有利于降低劳动力成本，减少损耗，提高经济效益

酒店缺少培训，员工会因为不具备相应的观念、知识和技能而产生较低的工作绩效，工作中的损耗和浪费也会相应增加，员工对工作缺乏满意感，继而有懈怠、离职的倾向。多层次、多类型的有效培训一方面可以改善员工的工作态度与能力，降低损耗，增加酒店收益；另一方面有利于员工了解和接受酒店的发展目标与企业文化，形成明确的职业规划，提高从业满意度和成就感，积极投入工作。

（三）有利于员工自身素质的发展，为酒店培养人才

培训对员工自身的发展也有积极意义。现代员工，尤其是年轻员工，都有不断提升自己的愿望，希望职业空间有不断上升的可能。通过培训可以帮助员工充实更新专业知识和技能，增强工作的创新能力，进而为个人发展提供必要的条件。

二、酒店员工培训的类型

根据培训对象和培训内容的不同可以将酒店员工培训分为如下类型。

（一）根据培训对象划分

1. 高级管理层

高级管理层主要是酒店的总经理、各部门总监及部门经理。对于高级管理层而言，主要培训重点是针对经济动态，树立市场与竞争观念；经营决策和销售战略的分析与制定；成本预算与控制等等宏观问题。

2. 督导管理层

酒店的督导层主要包括部门经理以下的管理人员，如主管、领班等。督导管理层的培训重点是管理概念与能力的训练，沟通激励、宾客关系等管理技巧，酒店专业知识的培训等。

3. 基层操作层

基层操作层主要是酒店的服务人员，培训内容主要是专业知识、业务技能与服务意识等方面的培训，以提高酒店的产品与服务质量。

（二）根据培训内容划分

1. 入职培训

新员工入职培训是培训的重要内容。入职培训主要包括介绍酒店概况、规章制

度、岗位职责、工作纪律、安全要求、发展前景等。

2. 职业素质培训

职业素质培训的内容包括酒店行业信息、仪容仪表、服务礼仪、职业道德等。

3. 部门实务培训

部门实务训练主要是酒店各部门对部门员工的工作技能培训，这种培训应该是长期的，贯穿在酒店经营管理的日常工作中，旨在改进员工的工作表现，提高专业素质与技能。

4. 酒店服务和管理技巧专项培训

酒店服务和管理技巧专项培训属于针对性较强的专项培训，主要包括酒店营销技巧、公关技巧、督导技巧、服务技巧等，以提高管理与服务的工作质量。

【实践应用】

随着酒店对员工素质要求越来越高，围绕如何打造一支训练有素、爱岗敬业的员工队伍，某酒店计划制订全面的员工培训计划。以下是其中几个培训设想，请根据各类型培训的对象与内容，分组设计出合理的培训方案。

1. 新员工入职培训

培训对象：新上岗的员工。

培训内容：以《员工手册》和《酒店管理制度》为主，介绍酒店的过去与未来、经营理念和服务宗旨、酒店概况与前景、酒店的管理制度；介绍酒店的礼仪礼貌、服务意识、消防安全知识等。

2. 礼仪礼貌培训

培训对象：全体员工。

培训内容：仪容仪表、礼貌用语、交谈礼节、问候礼节、称呼礼节、应答礼节、迎送礼节、习俗禁忌等。

3. 沟通交流培训

培训对象：全体员工。

培训内容：礼貌规范、沟通障碍、言语沟通、非言语沟通、倾听技巧等。

4. 民俗导游知识讲座

培训对象：全体员工。

培训内容：以当地文化知识为主，包括地理人文、历史民俗、名胜古迹、游览事项等。

>> 任务二　实施酒店员工培训 <<

【学前导入】

洲际酒店的员工培训体系

【基础知识】

酒店员工培训是一种有计划、有步骤的人力资源管理活动。在实践中，酒店员工培训一般要经过分析培训需求、制订培训计划、实施培训计划、评估培训效果四个步骤。

一、分析培训需求

首先要确定对哪些人员，进行什么内容的培训。根据酒店需求与员工目前状况的对比，确定培训的人员、内容、方式等。确定培训需求是要明确培训的必要性与目的，提高培训的针对性和效果，降低不必要的培训成本。

二、制订培训计划

在分析和确定培训需求后，要按照一定程序制订培训计划，内容包括培训内容、培训时间、培训对象、培训内容、培训方式、费用预算等。

三、实施培训计划

培训工作的具体实施主要由酒店人力资源部门组织进行，并由培训师协作完成。

四、评估培训效果

培训活动结束后，要及时收集反馈信息，了解员工掌握程度，为以后的培训活动积累经验；还要进行培训效果的评估，包括教师教学效果考评、培训人员学习成效反馈等，以便为培训活动的调整完善提供帮助。

【项目小结】

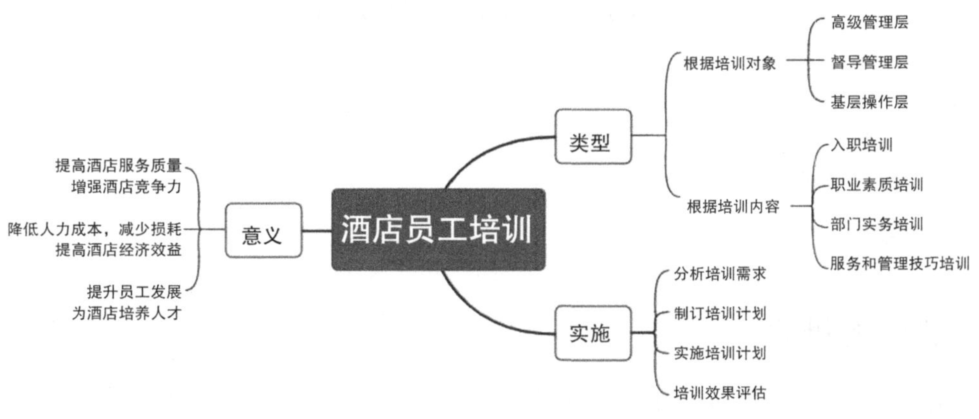

项目四　控制酒店员工激励

【项目描述】

通过学习本项目，学生能够对人力资源激励管理与酒店激励实务有较为全面的了解与把握；理解酒店人力资源激励的重要价值，了解酒店员工激励的现状与问题。对激励理论的深入理解有助于学生树立正确的激励管理理念，并把握具体激励措施的作用，有效开展激励管理活动。

学习目标	完成指标
知识目标	了解激励的特征与作用
	掌握不同类型的激励方法
	掌握运用激励手段的注意事项
能力目标	能够分析把握酒店员工的需求
	能够采用有效的员工激励方法
拓展目标	能够结合现实分析酒店员工激励的现状与解决办法

>> 任务一　了解酒店激励 <<

【学前导入】

员工会用忠诚回报企业

【基础知识】

一、激励的概念

激励是激发人的动机，使人产生内在动力朝着一定目标行动的过程。简言之，它是调动人的积极性的过程。激励的效果与三个要素有关，激励时机、激励程度和激励频率。恰当的激励时机和频率，与绩效相对应的激励程度，三者相结合才能取得良好的激励效果。

二、激励的功能

美国学者弗朗西斯说过："你可以买到一个人的时间，你可以雇到一个人到指定的岗位工作，你可以买到按时或者按日计算的操作技术，但你买不到创造性，你买不到全身心的投入，你不得不设法争取这些。"这句话充分反映出激励对于一个企业的重要性。在现代企业管理中，激励管理不仅是一门科学，也是一种管理艺术。有时候一句鼓励的话语、一个真诚的微笑，对人的激励作用比金钱更有效，这也说明了激励无论成本大小，只要使用得当，就能发挥出巨大的作用。在酒店人力资源管理中，有效的激励可以激发员工的工作动力，增强员工的归属感和凝聚力，使员工愿意为组织目标达成奉献自己的聪明才智。

(一)有利于提高员工的积极性，提高工作绩效

有研究表明，人在受到有效激励的情况下，可以发挥出全部潜力的80％～90％，而在没有受到有效激励时，只能发挥出潜力的20％～30％。可见，工作绩效与有效的激励有密切关联。在了解员工心理需求的基础上进行有效的激励，可以使员工为满足自己的利益需求，而最大限度地努力去实现酒店企业的效益目标，从而使个人目标与酒店目标统一起来。

(二)有利于提高酒店服务质量，实现组织目标

酒店效益的实现有赖于全体员工强大的凝聚力，有赖于全体员工在组织目标的引领下共同努力。酒店服务产品具有质量不稳定的特点，与其服务主体的能力、态度、个性、情绪等主观因素有密切关系。要保证对客服务质量，就必须要对员工的服务质量进行有效控制，有效的员工激励可以使员工对企业目标达成共识，对实现目标产生强烈的成就感和责任感，从而始终如一地给顾客提供高质量的、稳定的服务产品。

(三)有利于开发员工潜力，促进员工自身发展

充分有效的激励，可以使员工产生强烈的工作热情，积极主动地提高工作能力潜力，表现出高水平的工作绩效，从而使员工自身各方面的能力得到全面的挖掘和提高。

三、激励的原则

在实施激励政策时要注意遵循一定原则，有助于提高激励的效果。

(一)激励要因人而异

人的需求包括生理需求、安全需求、社会需求、尊重需求和自我实现需求等若干层次。当一种需求得到满足之后，主导需求就会转向更高层次，由于每个员工的

需求各不相同，对某个人有效的奖励措施可能对其他人就没有效。应当针对员工的差异对他们进行个别化的奖励。比如，有的员工可能更希望得到更高的工资因为这样可以使他觉得自己享有地位和受到尊重。由于不同员工的需求不同，相同的激励政策起到的激励效果也会不尽相同。即便是同一位员工，在不同的时间或环境下也会有不同的需求。激励取决于内因，是员工的主观感受，所以，要因人而异。在制定和实施激励政策时，首先要调查清楚每个员工真正需求的是什么，并将这些需求整理归类，然后制定相应的激励政策，帮助员工满足这些需求。

(二)激励要奖惩适度

奖励和惩罚不适度都会影响激励效果，同时增加激励成本。奖励过重会使员工产生骄傲和满足的情绪，失去进一步提高自己的欲望；奖励过轻起不到激励效果，或者让员工产生不被重视的感觉。惩罚过重会让员工感到不公，或者失去对公司的认同，甚至产生怠工或叛逆的情绪；惩罚过轻会让员工轻视错误的严重性，可能还会犯同样的错误。

(三)激励要公平公正

公平性是员工管理中的重要原则，员工感到的任何不公待遇都会影响他的工作效率和工作情绪，并且影响激励效果。取得同等成绩的员工，一定要获得同等层次的奖励；同理，犯同等错误的员工，也应受到同等层次的处罚。如果做不到这一点，管理者宁可不奖励或者不处罚。管理者在处理员工问题时，一定要有一种公平的心态，不应有任何的偏见和喜恶。在工作中，一定要一视同仁，不能有任何不公的言语和行为。在设计物质激励的过程中最重要的是要体现“公平”原则，以公司发展战略和经营计划为导向，以每位员工创造的绩效大小为依据，制定基于绩效的物质激励体系，充分体现“多创造价值多得回报”的理念。

在激励中要注意两点：一是激励只有满足员工内心的需求，才会有较好的效果。每个员工的需求不同，因此一本证书、一天假期、一本好书、一张音乐会票、一张球票、一次讲座、一次出游等，只要给对了人，都能取得理想的激励效果。二是激励要以正面激励为主，当然也不排除恰当的批评和处罚。激励常见的方式有需要激励、目标激励、内在激励、形象激励、荣誉激励、兴趣激励、参与激励、情感激励、榜样激励、惩罚激励等。总之，要使激励取得较好的效果，一方面要采取多种激励方式，另一方面也要力求做到公平、公正、适度、及时等。

【案例分析】

员工激励

【深入理解】

根据国外一项管理研究报告，员工实际的工作效率只有他们能达到水平的40%～50%。提高员工工作效率，除了要有完善的管理制度外，良好的激励政策也很重要，比如：选择合适的人进行工作决策；充分发挥办公设备的作用；工作成果共享；让员工了解工作的全部；鼓励工作成果而不是工作过程；给员工思考的时间；等等。

>> 任务二　把握酒店员工激励方式 <<

【基础知识】

酒店对员工的激励方法一般包括物质激励和精神激励两方面。物质激励对激发员工的积极性具有非常重要的作用。物质激励方式多种多样，要根据岗位特点和员工需求采取相应的方式，才能达到最好的激励效果。精神激励对激发员工的积极性具有长远的影响。精神激励是一种投资甚小，却获益巨大的激励方式。通过给予员工赞扬、荣誉、培训、晋升、挑战性工作等，让员工感受到被尊重和重视、工作成就感和责任感，从而全身心地投入工作。酒店工作任务繁忙，时间也不确定，企业更要善于创新激励方式，设计科学系统的激励体系，充分激励员工积极性。下面从物质激励和精神激励两方面对激励方法进行认识，才能让我们意识到激励机制的作用。

一、物质激励

物质激励在员工激励中是一种基础性激励因素。物质激励包括为员工提供的工资、奖金、福利等，物质激励决定着员工生存需要的满足状况，也影响员工进一步提高生活质量的需求。物质利益是员工工作的基本动力，物质激励缺失，会严重影响员工的激励效果。物质激励的效果不仅取决于其绝对值大小，还取决于其公平性效果，物质激励要能全面反映员工的学历、能力、资历、工作绩效等，并让员工与同行业横向比较有公平感。物质激励可以分为正激励和负激励，正激励有发工资、奖金、补贴、福利等；负激励有罚款、降薪等措施。

(一)正激励

奖励是指酒店组织对员工的良好行为或工作表现给予的肯定与表彰。奖励作为员工激励的一种手段，目的在于促使受奖励的员工将他们的模范行为加以保持和发扬，并成为全体员工的表率，对振奋士气起到积极的作用。

(二)负激励

惩罚就是一种负激励，是为了纠正员工工作中的不良行为采取的一种强制处罚措施。应用得当，可以对不妥行为取得很好的威慑作用。但不可以惩罚为主，惩罚只能作为一种辅助手段，否则就会适得其反。

二、精神激励

美国管理学家皮特曾经指出，重赏会带来副作用，因为高的奖金会使彼此封锁消息，影响工作的正常开展，整个行业的风气就会不正。从人性假设观点来看，人不仅是经济人，也是社会人、自我实现人，因此企业不能仅依靠物质激励手段，还要结合精神激励，激励效果也能更有效、更长久。

(一)成就激励

成就激励是一种精神激励，是员工热爱所从事工作，把对工作表现具有成就感的主观感受作为员工行为的激励因素。比如，榜样激励、荣誉激励、工作激励、绩效激励等都属于成就激励。成就激励可以激发员工的斗志，从内心深处自发自愿地努力工作。

(二)目标激励

为员工设定一个明确的、稍具难度的工作目标，通常会使员工创造出更高的绩效。目标会使员工产生压力，激励他们朝向目标努力工作，如果这个目标可以与员工需求和个人目标相联系，那么激励效果会更加显著。在目标激励过程中，管理者要及时把阶段性成果反馈给员工，使员工知道自己的努力水平是否足够、行为是否需要调整改善，从而有益于他们更高效地完成预期目标。

(三)沟通激励

沟通是激励管理中的重要方式，沟通可以了解员工的内心想法，帮助管理者更好地激励员工、改善管理方式，而且沟通本身就是对员工情感的尊重，使员工可以真切感受到被企业尊重和认可。每个人都希望得到别人的尊重和认可，一个优秀的管理者，要善于通过有效的沟通满足员工的精神需求，影响或者改变员工对工作的态度，从而表现出工作的自发性、创造性。

企业效益目标的实现离不开有效的激励管理，为了达到最大化的激励效果，要善于把物质激励和精神激励有效结合起来，针对员工需求不断创新激励手段，用多种激励方式构建全方位的激励体系。

【项目小结】

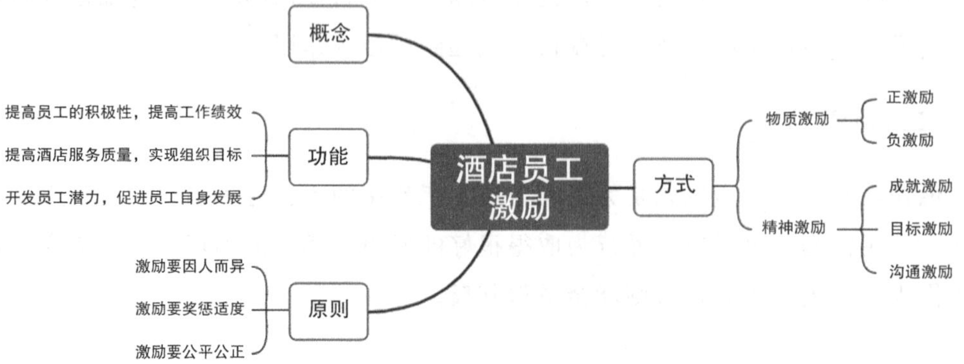

【练习测试】

1. 酒店人力资源管理的特点是什么？
2. 人力资源管理体系的主要内容有哪些？
3. 酒店员工招聘包括哪些基本步骤？
4. 酒店员工培训包含哪些内容？
5. 酒店员工培训的意义是什么？
6. 员工激励的意义是什么？
7. 酒店员工有效激励的方式有哪些？

模块四　开展酒店市场营销

【模块描述】

市场营销活动是连接酒店和市场之间的桥梁，只有通过有效地开展营销活动，酒店才能获得发展所需的动力。因此，开展酒店市场营销模块是酒店管理的重要组成部分。本模块阐述了酒店市场营销的基本含义、酒店营销观念的演变历程、酒店市场营销环境、酒店市场细分、定位酒店市场等基本理论知识，介绍了酒店市场营销最新理念和营销组合策略，使学生意识到酒店市场营销是一个根据顾客的需要而展开的产品、价格、销售渠道及促销策划和实施的全过程。

项目一　了解酒店市场营销

【项目描述】

通过学习本项目，学生能够准确理解酒店市场营销的含义，把握酒店营销与推销的区别；熟悉酒店营销观念的演变；掌握酒店营销任务和酒店市场营销新理念，并能准确判断酒店的营销理念。

学习目标	完成指标
知识目标	理解酒店市场营销的含义
	熟悉酒店营销观念的演变
	掌握酒店营销任务和酒店市场营销新理念
能力目标	根据理论知识分析酒店营销与推销的区别
	运用营销观念等理论知识去分析评价酒店的营销状况
	能够对酒店产品特点进行梳理、提炼并进行推介
拓展目标	初步构建系统的酒店市场营销思维体系

>> 任务一　理解酒店市场营销含义 <<

【学前导入】

问题：从万豪酒店的内容营销战略，我们可以学到什么？

【基础知识】

一、酒店市场营销的含义

酒店市场营销就是酒店以顾客的需求为中心，通过采取相应的手段推出能满足顾客需求的酒店产品，并在顾客满意的基础上为实现酒店的经营目标而开展的一系列有计划、有组织的活动。具体来讲，酒店市场营销就是酒店在激烈的竞争和不断变化的市场环境中如何识别、分析、评价、选择和利用市场机会，开发出产销对路的酒店产品，最终实现酒店预设的经营目标。简言之，酒店市场营销的目的就是让顾客知晓酒店、喜欢酒店、偏爱酒店，最终选择入住酒店。

二、酒店市场营销的作用

酒店盛衰的关键在于能否顺利、连续地实现从商品到货币的转变。不能顺利地实现这一转变，就意味着人力、物力形同虚设，资金周转困难。而市场营销活动作为酒店经营管理的重要组成部分，是联结酒店和顾客之间的桥梁。只有通过开展营销活动，酒店才有可能将潜在的交换转变成现实的交换，才有可能在实现酒店产品交换的基础上实现经济效益和社会效益，才能获得发展所必需的基石和动力。

(一)发现市场机会

顾客的广泛性及其购买行为的复杂性增加了酒店发现市场机会的难度，要求酒店以专业的眼光和超凡的睿智来分析和研究客源市场。而市场营销的立足点就是分析顾客的多样性需求并预测顾客的需求变化趋势，从供给和需求的差距中发现市场空缺。借助市场营销活动对顾客的不同需求和酒店市场营销环境的动态变化进行分析，发现酒店经营管理的市场机会，已然成为酒店管理的必然选择。

(二)实现经营目标

酒店作为一个经济组织，其经营管理的最终目的是盈利。随着社会经济的快速发展，简单创造利润的经营模式终将被淘汰。“以顾客为中心”的营销理念，强调酒店市场营销的首要任务是发现顾客需求，并通过整合和改进酒店产品，来适应和满足顾客不断变化的需求，从而将酒店经营目标的实现建立在满足顾客需求与增加顾客满意度的基础之上。

(三)有效调节供求关系

酒店产品不能储存的特点决定了酒店经营管理是有明显的淡季。淡季时酒店产品的供给大于需求，就会造成酒店设备设施与员工的闲置，因此，市场营销就成为调节供求关系的重要手段。通过对顾客现在需求和潜在需求的调查、了解和分析，充分把握和捕捉市场机会，积极开发相应的产品，建立更多的分销渠道并采用多样的促销形式，将酒店产品的信息传递给顾客，吸引更多的顾客购买酒店产品，从而使酒店产品的供求关系保持稳定的状态。

(四)提升酒店竞争力

只有具备核心竞争力，酒店才会在激烈的市场竞争中脱颖而出。因此，酒店要充分利用营销具有的市场调研功能，一方面要加强对目标市场的持续跟踪调研，另一方面要及时了解中国酒店行业的发展变化趋势，不断研发和设计出酒店的特色产品。通过采取差异化营销策略，酒店能针对性地向顾客提供独具特色的产品。要运用好市场营销规律，在规范化和科学化的营销环境中更好地实现创新经营。

【深入理解】

三、酒店市场营销活动的任务

酒店市场营销活动是以满足顾客的需求并实现酒店经营管理目标为前提，因此，酒店市场营销活动的任务就是通过对目标市场进行调研，了解目标市场的需求和欲望，并在这些基础上通过设计合适的酒店产品来满足顾客的需求。

(一)通过质量让顾客满意

酒店数目众多、竞争激烈，顾客可选择的自由度就高，所以，要想在众多的竞争对手中凸显出来，酒店就必须提供有竞争力的产品。否则，顾客就会快速地选择其竞争对手。现在的顾客受教育程度较高，对酒店产品质量的期望值也在不断提高。只有酒店所有部门的员工通力合作，营销部门才能有效地开展市场营销活动。

(二)通过服务让顾客满意

酒店服务是一项系统工程，从顾客订房、机场迎接、行李服务、办理入住、开房以及餐饮服务等，服务过程是环环相扣、井然有序地运转，要让顾客感受到标准化、规范化、完整的服务，顾客才会对酒店的产品满意。在酒店业日益激烈的竞争情况下，各个酒店之间的差别越来越小，酒店追求的目标是通过向顾客提供优质的个性化服务来增加顾客的满意度。

(三)通过价值让顾客满意

顾客是价值最大化的追求者，在选择酒店之前他们会形成一种期望价值，并根据期望价值做出购买决策。影响顾客做出购买决策的因素主要有：(1)顾客让渡价值。菲利普·科特勒认为“顾客让渡价值”是指顾客总价值与顾客总成本之间的差额。(2)顾客购买总价值。增加顾客购买总价值的途径之一是让顾客获得更大的让渡价值，酒店可以通过增加产品价值、服务价值与形象价值来提升顾客购买的总价值。(3)顾客购买的总成本。顾客的总成本是由货币成本、时间成本与精力成本等组成，要实现最大限度的顾客让渡价值，只是创造价值是远远不够的，还应设法降低顾客购买的总成本。

【实践应用】

组织学生分组前往指定酒店进行调查，并完成如下任务：

1. 了解该酒店市场营销的目标。

2. 评价该酒店的市场营销水平。

3. 分析并概括出不同星级酒店营销水平的差异。

>> 任务二　更新酒店市场营销理念<<

【学前导入】

了解新媒体营销方式

【基础知识】

随着酒店市场的日益成熟、竞争日趋国际化的新形势下，出现了全新的营销理念。这些营销理念的出现，丰富了酒店市场营销管理的内容，令酒店市场营销活动推陈出新。

一、绿色营销理念

(一)内涵

绿色营销是酒店在充分意识到顾客日益提高的环境保护意识和由此产生的对清洁型无公害产品需求的基础上，发现、创造并选择市场机会，通过一系列理性化的营销手段来满足顾客以及社会生态环境发展的需求，实现可持续发展的过程。

绿色营销理念遵循环境保护的生态原则，即保护生态环境，防治污染，充分利用并回收再生资源，对社会负责。绿色营销的出现是酒店市场营销活动的进步，它使得酒店的市场营销活动披上了浓厚的社会责任色彩，尤其是环境保护色彩。

(二)特征

绿色营销的特征表现为三个方面：(1)从战略高度确定酒店市场营销目标。绿色营销理念从战略的高度来看待酒店的市场营销活动，认为酒店在开展市场营销活动不应该狭隘地以经济利润最大化为其目标，应该寻求酒店与社会的可持续发展。(2)从社会范围确定酒店市场营销对象。绿色营销认为酒店应该把整个社会看作营销对象，在社会背景、环境背景下研究顾客的消费行为。(3)从发展角度研究酒店的市场营销活动。绿色营销对顾客需求作了全新的诠释，认为不仅要让顾客在消费产品时的个人需求得到满足，还要考虑顾客个人需求得到满足后，其他人和社会的需求是否也得到满足。

(三)营销策略

开展绿色营销活动是一项系统工程，关键从以下几个方面着手：(1)做好酒店员工理念转变工作。酒店本着自上而下的原则，对从高层管理人员到基层普通员工都进行培训。强调在市场营销活动过程中，要积极倡导绿色消费理念，加强酒店的社会责任感和历史使命感。(2)建立和健全组织体系。酒店绿色营销活动的顺利开展有赖于健全的组织体系保障。为切实推进绿色营销活动，酒店在管理机构上做相应的调整，可视实际情况，增设环境部或任命重创专职经理。(3)加强废物的处理和控制，是酒店进行绿色营销活动最为直接的实际行动，酒店可以从坚持4R活动着手，加强废物的处理和控制。即减量化(Reducing)：如提供半份菜、不再向宾客赠送贺卡等；再使用(Reusing)：如将用剩的肥皂头用做洗涤、清洁拖把；替代化(Replacing)：如用布袋或藤篮代替原先塑料的洗衣袋；用消毒筷子代替一次性筷子、用纸罩代替口杯上的塑料罩；循环使用(Recycling)：如大床单破损后可改制成小孩床单、枕套或吸尘器套；破旧毛巾当抹布。

二、网络口碑营销理念

(一)内涵

口碑是影响顾客做出购买决策最重要的因素，被广泛应用到酒店领域的有效传播方式。口碑是人类社会最原始、最直接的信息交流方式，是消费者之间利用口头语言进行的面对面的关于某个品牌、产品或服务的非商业性的信息交流。① 酒店网络口碑营销是指顾客在住店期间和离店之后，在没有特意加工处理的情况下，借助于网络对感知到的酒店做出综合评价，将酒店产品信息传递给他人，引起潜在顾客关注的一种营销方式。

(二)特征

与传统的营销方式相比较而言，网络口碑营销能够有效缩小顾客预期价值与体验价值之间的偏差，降低顾客购买决策风险。其特征具体表现为：(1)内容直观化。网络口碑营销以互联网为平台，通过文字、图片、动画、视频等多种形式进行交流，生动、活灵活现地将酒店完整、直观地展现在潜在顾客面前，对顾客具有更强的冲击力与更高的可信度。(2)影响扩大化。网络口碑营销在传播速度、扩散范围、持续时间等方面远远超过传统的口碑营销。传播者通过互联网借助于微信、博客、旅游论坛等网络资源，在虚拟社区通过创造标签形成具有共同爱好和兴趣的交友圈。(3)方式娱乐化。随着互联网的发展，网络口碑营销表达方式呈现出娱乐化趋势：第一，鼓励顾客参与酒店信息资源的创建，使网络口碑营销更具吸引力。第二，增强服务的个性化与互动程度。许多酒店论坛提供在线讨论平台，使表达方式日趋娱乐化。(4)表达连续性。网络口碑营销通过文字、图片、视频等在互联网平台上进行传播，发布与观看可以同步，也可随时反复观看，不受时间空间的限制。

---

① Arndt, J., "The Role of Product-related Conversation in the Diffusion of a New Product", *in Journal of Marketing Research*, 1967(4), pp. 78-94.

(三)营销策略

因酒店产品具有不可转移性、不可储存性、同步性等特点，顾客在选择酒店时提前获得相关产品信息就显得非常必要。营销策略主要包括：(1)完善的营销体系。酒店网络口碑营销管理部门在借助微信、博客、酒店论坛等互联网平台开展口碑营销的同时，还需要完善酒店的网络口碑营销体系。(2)良好的酒店形象。良好的酒店形象是网络口碑营销的基础。要想顾客在酒店体验感知结束后作正面的、积极的宣传，酒店要重视为顾客提供具有特色、富有创造性的入住体验。(3)优秀的营销推手。信息传播者的公平性和专业性是影响受众对口碑信息接收程度的重要影响因素。所谓营销推手就是活跃在社交传播网站上的酒店专业人士、旅游达人、美食爱好者等，借助于网络平台分享自己的入住体验，对受众的酒店购买决策产生重要的影响。(4)有效的营销监控与管理。要对酒店网络口碑营销进行有效监控与管理，动态地了解网络口碑传播效果，及时地调整网络口碑营销的方式与手段。

三、文化营销理念

(一)内涵

文化营销是基于目标市场的目标消费群的文化，挖掘产品或企业文化中能满足消费者的文化内涵，使消费者在消费产品的过程中，既可以满足物质需求，又能满足产品或企业文化所带来的文化需求。① 酒店作为市场营销活动的实施主体，通过识别、培育顾客的文化需求，将文化内涵融合到酒店的市场营销活动当中，以实现酒店营销目标。在物质需求得到满足的前提下，顾客开始追求高层次的精神需求。文化营销就是在了解顾客文化需求的基础上，挖掘酒店文化内涵。

(二)特征

文化营销提供给顾客的文化体验越独特，酒店就越容易给顾客留下深刻的印象。其特征有：(1)导向性。文化营销的导向性主要表现在两个方面：一是从较高的精神层面与顾客进行沟通，引导顾客在酒店的消费理念和行为；二是体现在对酒店营销活动的规范上。文化营销的导向性突出地表现为市场营销活动的完成需要各部门的紧密协调合作。(2)时代性。不同的时代会有不同的主题精神文化，顾客的文化需求是随着时代主题精神文化的变化而在不断地发生着变化。文化营销活动要适应目标市场文化需求的变化，积极汲取时代主题精神文化的精华，才能赢得顾客对酒店文化内涵的认可。(3)地域性。文化营销的地域性有助于酒店实施差异化战略，便于酒店从众多竞争对手中被快速识别出来；有助于酒店树立品牌，实现文化

① 张党利、郗芙蓉：《文化营销的概念及其实施研究》，载《中国管理信息化》，2008(1)。

营销的经济效益；发掘不同文化融合的契合点，针对性地开展文化营销活动。(4)互动性。互动性是文化营销的核心与本质，体现出酒店与目标市场的文化交流。其最终目的是通过文化内涵的传递缓和酒店文化与目标市场本土文化的冲突，实现文化价值观认知的统一性。

(三)营销策略

文化营销策略：(1)精准定位文化内涵。酒店可以有多种文化并存，但只有最主要的特色文化才能在激烈的市场竞争中凸显优势。要想实现对酒店文化内涵进行精准定位，需做好以下工作：第一，关注国家文化政策性文件，及时了解不同阶段国家文化发展的重点；第二，合理利用媒介传递酒店文化信息，尤其是具有成本低、传播速度快、信息大等特点的网络传播途径。(2)准确认知文化营销。首先，要以发展的眼光来看待文化营销活动给酒店带来的经济效益。其次，正确认识文化营销的系统性。要意识到营销是一个由调查、策划、实施、反馈、修正、再实施等组成的系统工程，单独的营销部门不可能承担全部的工作，要保证各个部门的及时顺畅沟通。最后，认识文化的动态性。酒店只有保证对文化内涵挖掘的动态性，才能保证酒店文化的内涵与目标市场文化需求变化趋势一致。(3)突出文化营销的差异性。差异性是在保证内涵与需求一致的前提下，将核心文化内涵进行凝练，是为了使酒店在市场中与众不同，具有明显的可识别性。

【深入理解】

四、情感营销理念

(一)内涵

美国巴里·费格教授首次把情感全面引入营销理论中，并将其称之为情感营销。他认为形象与情感是营销世界的力量源泉，了解顾客的需要，满足他们的要求，以此来建立一个战略性的产品模型。情感营销把消费者个人情感差异和需求作为企业品牌营销战略的情感营销核心，借助情感包装、情感促销、情感广告、情感口碑、情感设计等策略来实现企业的经营目标。①

通过情感营销，可以提升酒店的核心竞争力，增强顾客对酒店的认同感，形成偏好和品牌忠诚度。在体验经济背景下，顾客的情感需求比重增加，更加关注在酒店入住过程中心境、情感等多方面的满足。

(二)特征

在顾客消费行为表现从“量的需求”“质的需求”向“情感需求”转变的过程中，酒

---

① 许红格、林美珍、陈秋萍：《情感营销对顾客感知服务质量的影响研究》，载《企业活力》，2012(1)。

店情感营销已成为一种取得竞争优势的有效营销模式。其特征：(1)对象性。一是以顾客情感需求为营销对象。二是酒店情感营销的主体。接受过情感培训的酒店营销人员能及时准确地为顾客提供个性化的情感服务，增强顾客对酒店的认同感与信任感。(2)认知性。收集、对比、选择相关信息与资料时，顾客会对接受的酒店信息进行筛选并保留其感兴趣的部分，这是顾客对酒店进行肯定或否定评价的认知过程。(3)趋向性。酒店要将"以情动人"的理念贯穿于情感营销活动的整个过程，将情感融入营销体系中去考量，让顾客产生积极的情感趋向。(4)移情性。首先，策划情感营销活动本身就是酒店移情的表现，无形中会增强顾客对酒店的移情性感知。其次，充分考虑顾客的个性化需求，给予顾客表达情感的机会，会使顾客更易于认同酒店的营销活动。最后，酒店员工要体贴地为顾客服务，提升顾客对酒店情感营销的感知。

(三)营销策略

情感营销强调将情感依附于酒店功能要素，以产品(服务)为载体实现情感的差异化。营销策略：(1)情感设计。情感营销的设计要站在顾客的立场上，进行差异化的酒店功能要素设计与组合，使顾客在求异、求新、求奇的旅游体验过程中，获得精彩的体验和难忘的经历。(2)情感宣传。综合运用多种营销渠道及时、准确地把酒店的体验价值传递给顾客，重点放在酒店产品对顾客情感需求的适应度以及由此产生的差异情感体验上。(3)情感服务。服务是影响顾客情感体验质量的重要因素。酒店要设身处地地站在顾客角度精心设计全方位的情感服务。(4)情感管理。酒店情感营销是建立在对顾客类型进行详细分析和把握的基础之上的，要针对顾客不同的情感诉求实施不同的营销组合，使顾客的情感认知向酒店认同实现正向迁移。

五、新媒体营销理念

(一)内涵

联合国教科文组织将新媒体定义为进行信息传播的一种媒介，它是以数字技术为基础、以网络技术为载体的。① 新媒体营销是酒店以自己的官网、搜索引擎、App 客户端、微信、微博、博客等新媒体为传播平台，将相关产品信息精准地传递到目标市场中，以最大限度地满足顾客的需求，保证酒店市场营销目标的实现。新媒体营销的中心任务是发现顾客的需求，利用新媒体满足其需求并实现经济效益。

(二)特征

与传统媒体营销模式相比较，新媒体营销在渠道选择、产品要素展示、传播模

① 钱珺：《危机传播中的新媒体研究》，硕士学位论文，南京师范大学，2007。

式、市场营销活动跟进等方面都存在较大的差异，主要表现为：(1)营销对象国际化。以互联网技术为基础的新媒体突破了传播的时空性，为酒店在全球范围内开展营销提供了可能。(2)营销方式柔性化。指营销部门根据已掌握的顾客需求信息，隐秘、含蓄、委婉地为顾客提供酒店产品信息，使顾客在不知不觉中浏览营销内容，并接受与认同酒店产品。(3)营销沟通简洁化。新媒体通过文字、照片、声音、图像、视频、现实模拟等多种形式将酒店产品信息创造性、直观地传递给顾客，使沟通变得简洁而高效。(4)营销模式互动化。酒店通过新媒体传递产品信息时，顾客也可以通过新媒体分享心情、发表观点，参与营销活动的交流与讨论。

(三)营销策略

酒店利用新媒体进行营销，还未形成规范的营销模式，在实际营销推广活动中，应当注意：(1)构建新媒体营销体系。酒店将传统媒体营销组织进行重构，整合传统媒体和新媒体资源，成立新的营销中心，下设策划中心、执行中心以及信息中心。(2)加强对新媒体的信息管理。第一，及时完善与更新酒店官方网站信息。官方网站在顾客收集信息的来源中具有较高的可信度。第二，高效利用新媒体营销数据。新媒体平台积累了大量的数据，酒店可以从平台获取顾客的性别、年龄段、客源地、关注热点等相关数据，以便更好地提供有效信息。(3)推进社区网络营销活动。酒店可以在酒店消费点评权威的网站中挖掘有影响力的意见领袖，引导他们发布酒店信息或对酒店信息进行正面的点评，增加其他顾客对酒店的好感和认可。(4)开展 VR 虚拟现实营销。VR 虚拟现实营销是利用计算机生成酒店产品要素的模拟环境、交互式的多源头信息融合的三维动态视景进行营销，访问者通过听觉、视觉、触觉、味觉、嗅觉等感知酒店。

六、危机营销理念

(一)内涵

危机营销是酒店针对已经发生或即将发生的危机，进行非程序化的市场营销活动，以期最大限度地降低危机对酒店的负面影响和损失，最理想的结果是将“危险”转化为“机遇”。危机营销的目的在于帮助酒店在短时间内重新树立良好的形象并获得顾客的认同。酒店危机营销的内容包括危机意识、发现危机、控制危机。

(二)特征

跟其他营销方式相比较，危机营销的特点表现为：(1)突发性。酒店营销部门很难对危机发生规模、破坏程度、时间、地点等做出准确的预测，无法提前做好准备。所以，危机一旦发生，酒店势必马上启动危机营销方案进行应对。(2)紧迫性。

危机一旦爆发，就会快速地传播和发展。酒店营销部门必须在24小时之内制定出相应的危机营销方案。最理想的状态是遵循“黄金一小时”法则，快速启动危机营销预警机制，以期扭“危”为“机”。(3)导向性。危机营销的导向性表现在两个方面：第一，关注顾客安全需求。危机的发生使顾客更加关注住店的安全和健康，危机营销以顾客安全需求为导向，推出安全、健康的酒店形象。第二，真实实时地公布相关信息。酒店要通过多种渠道不同媒体实时公布危机的进展情况，避免不实报道和谣言对酒店的不利。(4)动态性。一是酒店营销部门根据危机的潜伏期、发生期、复苏期等不同阶段，针对性地采取不同的危机营销策略；二是危机的发展态势受多种因素的影响，危机的不利影响可能会消除也有可能会扩大。

(三)营销策略

危机营销策略的内容：(1)植入危机意识，强化危机预测。在酒店日常的管理状态中，要居安思危，时时刻刻不忘植入危机意识，便于危机发生时，能快速控制危机事态的发展，利于采取补救措施。(2)即时双向沟通，增强受众信心。危机一旦发生，酒店需要在危机处理的黄金一小时内展开危机营销，由指定的新闻发言人即时通过电视、报刊、官方旅游网站、合作平台等媒体多渠道、高频率、透明地将危机的相关信息传递给受众。沟通注重双向性，针对受众关注的内容去提供有效信息，既要防止因大量信息重复传播引起公众的恐慌心理，又要预防因信息太少或沟通不畅引起公众的无端猜疑。(3)注重危机营销，提升酒店形象。酒店要注重危机营销，及时出台有助于恢复正常秩序的优惠政策。同时，做好酒店危机营销策划活动，制定一系列优惠政策吸引目标市场的顾客前来入住。(4)完善预警机制，提高管理水平。为了将危机扼杀在萌芽时期，酒店要主动采取预防与监控措施，保持对危机高度的警惕性。

【项目小结】

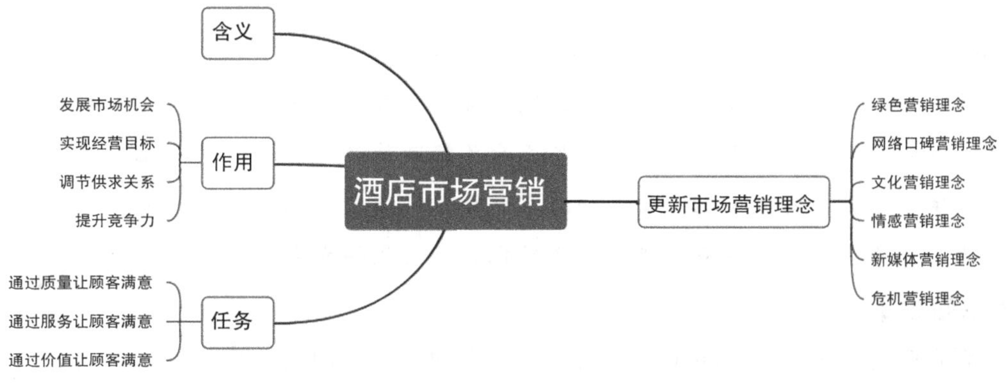

项目二　熟悉酒店市场营销环境

【项目描述】

通过学习本项目，学生能够准确理解酒店市场营销宏微观环境的含义，把握酒店业微观市场的构成因素，熟悉酒店业宏观市场分析的方法，掌握酒店业SWOT分析法以及宏微观因素对市场营销活动的影响，能够运用正确的方法分析不同类型、档次酒店的市场环境和竞争状况。

学习目标	完成指标
知识目标	理解酒店市场营销宏微观环境的含义
	熟悉酒店业宏观市场分析的方法
	掌握酒店业SWOT分析法
能力目标	根据理论知识分析酒店宏微观环境因素对市场营销活动的影响
	运用相关理论知识去分析评价不同类型、档次酒店的市场环境
	能够运用SWOT分析法对酒店所处的市场营销环境进行判断
拓展目标	能够针对酒店市场营销所处的不利环境提出解决对策

>>任务一　分析酒店市场营销宏观环境<<

【学前导入】

近年来，各省文旅部门致力于乡村民宿资源开发和服务质量提升，一批有地域特色、有地方风情、有家乡情怀的精品民宿已经跃然呈现。独特的乡土文化为文旅行业提供了养分，与现代化的需求和游客综合性的体验相结合，民宿正以其独特的吸引力和竞争力，走出一条品牌化、连锁化、产业化的发展道路。

【基础知识】

酒店市场营销能否成功主要取决于两个方面：一是酒店的市场营销组合；二是酒店所面临的市场营销环境。前者是酒店完全可以控制的，后者则超越了酒店的可控范围，部分是不受控制，但可以被影响，有些则是既不受控制，又不可以被影响的。酒店市场营销环境是指影响酒店市场营销活动及其目标实现的各种内外因素。

按对营销活动影响范围可分为宏观环境因素和微观环境因素。

酒店市场营销宏观环境是酒店运行的外部大环境，主要包括政治法律环境、经济环境、社会文化环境、人口环境、自然环境和社区环境等方面。酒店的市场营销人员必须根据外部环境中的各种因素及其变化趋势制订营销策略，以达到经营管理目标。

一、政治与法律环境

政治与法律环境是指影响酒店市场营销的重要宏观环境因素。政治因素像右手，调节酒店市场营销活动的发展方向；法律则像左手，规范酒店市场营销活动的行为准则，两只手缺一不可，共同对酒店的市场营销活动发挥作用。

(一)政治环境

政治环境是指能给酒店市场营销活动带来影响的政治形势以及国家方针政策的变化情况。酒店的市场营销活动既受本国政治环境的影响，也受客源国政治的影响。在任何社会制度下，酒店营销工作受到政治局势、政策法律等因素的影响。政局是重要的政治因素之一。政局稳定是酒店市场营销得以正常进行的基本条件，一个国家的政局不稳定，首当其冲受到影响的是酒店业。政局是否稳定，涉及顾客安全是否有保障和酒店经营安全问题，其风险往往是酒店市场营销最大的外在风险。战争、动乱等大的变动都会给酒店的市场营销带来不利影响。各个国家在不同时期，根据不同需要颁布一些经济政策、制定经济发展方针，这些方针、政策不仅会影响本国酒店的营销活动，而且还会影响国外酒店在本国的市场营销活动。

(二)法律环境

对酒店来说，法律是评判酒店营销活动的准则，相关法律法规明确规定了酒店市场营销活动的形式与内容，是酒店开展市场营销活动的准则。只有依法开展市场营销活动，才能受到国家法律的有效保护。因此，酒店开展市场营销活动，必须了解并遵守国家或政府颁布的有关经营、投资等方面的法律法规。如在国际上从事市场营销活动，酒店除要遵守本国的法律法规外，还要遵守客源国的法律制度和国际法规、国际准则以及国际惯例。此外，法律法规的主要目的是为了维护酒店自由和公平竞争、保障酒店的合法权益，监督和惩罚酒店的不法行为，并且保护顾客权益与社会利益不受侵害。

酒店的市场营销是在一定的法律制度和道德规范下进行的。从约束力的大小看，法律约束对酒店市场营销约束力最强，其次是制度性约束，再次是商业道德约束；从约束的层次看，酒店市场营销最起码的标准是守法经营，较高层次不仅要求守法经营，而且要求遵守相关制度，最高境界是恪守商业道德。

二、经济环境

经济环境是指对酒店市场营销活动产生直接或间接影响的外部社会经济的运行状况及发展趋势，包括经济发展水平、地区与行业状况、城市化程度、顾客的收入水平、消费支出模式和消费结构等多种因素。一般来讲，社会经济越发达，酒店市场规模也会越大。

(一)经济发展水平

经济发展水平是酒店经营和发展最直接的影响因素，酒店的市场营销活动受到一个国家或地区的整体经济发展水平的制约。与经济发展水平联系的经济变量包括国民生产总值、税率、通货膨胀、失业率以及汇率等。不同地区经济发展水平是不一样的，酒店所采取的市场营销策略也应是不同的，酒店应当关注目标市场所在地区经济发展水平的变化，把握时机，主动迎接挑战。

(二)地区与行业状况

由于我国地区经济发展的不均衡，形成了东部、中部、西部三大地带和东高西低的发展格局。同时，不同省市的不同地区，还呈现出多极化发展趋势。这种地区经济发展的不平衡，给酒店的投资方向、目标市场选择以及市场营销战略制订都带来巨大影响。同时，商业、交通、金融等行业的快速发展给酒店市场营销带来较大影响。因此，酒店一方面要加强与相关部门的联系，另一方面要根据与酒店业务联系紧密的行业发展状况，制订切实可行的营销措施。

(三)城市化程度

城市化程度是指城市人口占本地区总人口的百分比，它是一个国家或地区经济活动的重要特征之一。城市居民一般受教育较多，容易接受新生事物，而农村市场相对闭塞，消费观念较为保守。因此，酒店的新产品往往先被城市居民所接受。随着我国城镇化进程不断加快，城镇化水平越来越高，酒店在开展营销活动时，要充分关注城乡消费的差别。

(四)顾客收入水平

顾客的收入水平决定了顾客的购买力，是影响酒店市场营销的最主要因素之一。购买力只是顾客收入的一部分，在研究顾客收入时，还要了解收入、可支配收入、可自由支配收入的内涵。酒店能够满足人们追求享受和发展的高层次需求，因此，分析个人可自由支配收入对酒店市场营销的影响更有价值。通常情况下，当个人可自由支配收入越高时，酒店市场机遇也随之增加。

(五)消费支出模式和消费结构

随着顾客收入水平的变化，顾客的消费支出模式也会相应地发生变化，整个国家和地区的消费结构也会产生变化。西方的经济学家常用恩格尔系数来反映这种变化：食物支出占总支出的比重越大，恩格尔系数就越高，则顾客的生活水平就越低；反之，食物支出所占比重越小，恩格尔系数就越小，顾客的生活水平就越高。这种消费支出模式不仅与顾客的收入有关，而且还受到顾客的家庭生命周期所处阶段和家庭所在地区的影响。如果顾客的食物支出比重在总支出中不断下降，意味着顾客在酒店方面的消费可能会增加。

三、社会文化环境

社会文化环境是指受社会地位和社会文化长期熏陶而形成的宗教信仰、价值观、生活方式和行为标准。社会文化是在一种社会形态下已经形成的价值观念、宗教信仰、道德规范、审美观念以及世代相传的风俗习惯等被社会所公认的各种行为规范，具有很强的持续性。文化因素对顾客的需求和购买行为的影响是非常重要的。顾客的不同文化修养与素质影响其对周围事物的认知，如对自由、幸福、自尊、民主、平等都会有不同的评价，这必然影响其生活方式与行为方式。个人爱好不同，消费结构与习惯不同，消费结构与习惯不同，则需求也不同。

在酒店所面临的各类环境中，社会文化环境是较为复杂的，酒店市场营销活动受消费者的教育水平、宗教信仰、传统习惯等文化环境的影响尤为明显。因此，酒店的市场营销人员应充分了解、分析和研究社会文化，不仅要储备不同文化的具体知识，还要对抽象文化具有一定深度的洞察力，要思考顾客对酒店产品的需求。在进行市场营销活动的时候，针对不同的文化需求采取不同的营销策略和措施。同时，在研究社会文化时，还要重视亚文化群对顾客消费需求的影响。每一种社会文化的内部都包含若干亚文化群。酒店市场营销人员在进行社会文化环境分析时，可以把每一个亚文化群视为一个细分市场，提供符合顾客需求的产品和服务，满足顾客需求。随着国民对传统文化、二次元文化的追崇，在酒店产品的设计上充分挖掘历史文化元素、打造特色主题酒店，是产品走向差异化、精品化发展的有效途径。

四、人口环境

人是社会生活中最为活跃的要素，具有购买力和购买欲望的顾客是酒店客源市场的主体，与酒店市场营销的关系十分密切。目标市场的人口数量、年龄结构、婚姻状况、出生率、死亡率、人口密度、人口流动性以及文化教育程度等人口特征，都会对酒店的市场营销格局产生深刻影响，直接影响酒店的市场营销活动和酒店的经营管理。因此，酒店要重视对人口因素的研究，密切注视人口特征及其发展趋势，不失时机抓住市场机会，当出现威胁时，及时、果断地调整市场营销策略以适应人口环境的变化。

人口环境对酒店市场营销的影响：(1)影响酒店目标市场的规模。目标市场是由想买酒店产品并且具有购买力的人构成的。人口数量越多，目标市场的规模就越大。(2)影响目标市场的需求特点。由于独生子女家庭的结构特点，处于不同年龄段的独生子女对家庭消费结构的影响在不断扩大。如满月酒、升学宴、婚礼等所产生的消费逐渐成为酒店餐饮部门的营销热点。(3)影响酒店业人才的供给。酒店是劳动密集型行业，需要大量的不同层次的人才，尤其是营销人才。中国人口数量在下降，独生子女选择酒店行业作为未来职业发展方向的数量在下降，酒店也面临人才短缺的难题。

五、自然与社区环境

自然环境是自然界提供给人类的各种形式的物质财富，包括自然资源环境和物质资源环境。酒店业的发展依托于一定的自然环境，良好的自然条件可以给酒店的市场营销提供良好的机遇。对于观光度假型酒店而言，自然环境的优劣是酒店能否成功经营的决定性因素之一。自然环境好的地区，也是度假型酒店建设规划的首选区域。但是自然环境的变化，如自然灾害或者人为活动导致的破坏，也会为酒店的市场营销带来危机。

社区环境通常包括社区阶层状况、交通状况、市容市貌、社区规划、污染状况及商业配套设施等。对于商业酒店或市郊酒店而言，社区阶层高，商业配套设施齐全，交通状况好，酒店的档次也要高，酒店的竞争力才会强；反之则不适宜建酒店。

目前，应对温室效应，提倡低碳生活方式，发展循环经济成为人们的共识。这种共识在顾客对酒店的选择上表现得愈加明显。因此，酒店一方面要从长远的发展考虑，利用新能源产品(如风能、太阳能等)；另一方面可以从创造特色考虑，在营销活动中利用特色吸引顾客。例如，酒店在规划设计、建造中一定要考虑到对自然环境的影响，酒店可以采用环保设备及绿色用品。

>> 任务二　分析酒店市场营销微观环境 <<

【学前导入】

问题：你了解印度品牌酒店 OYO 吗？它的迅速发展带给我们哪些思考？

【基础知识】

酒店市场营销微观环境是指与市场营销活动直接发生关系的各种因素，它是决定酒店生存和发展的基本环境，主要由酒店内部环境、中间商、顾客、供应商、竞争者以及公众等构成。酒店要定期地对面临的微观环境进行分析，以便根据微观环境的变化，适时地调整市场营销策略。

一、酒店内部环境

酒店内部环境是酒店自身对市场营销起重要作用的各种因素，包括酒店的使命和目标、酒店组织结构、酒店文化等。良好的内部环境对酒店市场营销活动的展开具有积极的推动作用，而恶劣的内部环境则阻碍了酒店市场营销活动的开展。

(一)酒店的使命和目标

酒店的使命和目标是酒店市场营销运作的导向性力量。使命是酒店存在的理由或目的，决定了酒店的经营目的和应承担的社会责任。而目标则是酒店使命的具体化，将酒店使命分解成若干个具体可行的、阶段性的目标，可为市场营销奠定工作基础。准确而有远见的酒店使命和目标将对酒店市场营销产生巨大的推动力。

(二)酒店组织结构

酒店组织结构是酒店管理系统和运作系统的具体组成形式，包括职能部门和业务部门、管理人员和服务人员、管理人员和服务人员的职权范围，以及员工之间正式和非正式的关系网络。组织结构是否合理有效，对酒店的市场营销活动有很大的影响。另外，酒店营销部门的设置也直接影响着营销活动的开展。酒店的市场营销活动一般是由市场营销部和销售部管理的，由品牌经理、市场营销研究人员、广告及促销人员、销售经理及销售代表等组成。在制订市场营销计划时，必须考虑到酒店各部门的协调。

(三)酒店文化

酒店文化是员工所共有的信念、期望和价值观念的表达形式，渗透着一种无形的凝聚力，散发着一股强烈的感召力，体现为一种崇高的价值观。酒店文化具体表现为精神文化、技术文化和物质文化三个层次。精神文化是酒店文化的核心，主要内容包括员工的进取意识、敬业精神、协作精神。技术文化决定酒店的服务风格和特色，表现为员工的操作技能和服务技巧、专业素养。物质文化是酒店的硬件、规模设计和其他物品所体现的文化特色和品位。酒店文化能给员工以自信，让员工发自内心地热爱酒店，令顾客有宾至如归之感。

二、中间商

中间商是指协助酒店寻找顾客或直接与顾客交易的中介企业，包括经销商、代理商、营销服务机构和金融机构等。中间商对酒店产品从生产领域流向流通领域具有极其重要的影响。经销商包括批发商和零售商，其购买酒店产品是为了获得经济利益。代理商不取得酒店产品的所有权或使用权，而是根据一定的价格条款，按售卖数量的多少，从酒店取得佣金。营销服务机构协助酒店选择最合适的目标市场，并向选定的市场销售产品。金融中介机构为酒店经营活动提供信贷资金和结算服务，包括提供保险服务的银行、保险公司等，虽然不直接参与酒店企业的运营，但对其经营过程会产生很大影响。

在选择销售中间商时，酒店要考虑中间商的类别、声誉及其贡献的大小。在组合营销渠道时，酒店可以开辟新的营销渠道，也可以通过与中间商签订合同来阻止他们选用竞争对手的产品。酒店在与中间商建立合作关系后，要随时了解和掌握其经营活动，并可采取一些激励性合作措施，推动其业务活动的开展。而一旦中间商不能履行其职责或市场环境变化时，酒店应及时解除与中间商的关系。

三、目标市场

酒店目标市场由顾客市场、中间市场和机构市场三种市场构成。顾客市场是指最终购买并消费酒店产品的家庭和个人，包括国内顾客市场和国际顾客市场。中间市场是指购买或代理酒店产品不是为了自身消费而是通过转卖获利的企业或个人，即中间商。机构市场主要包括政府机构市场和企业机构市场。不同的市场具有不同的消费需求与购买使用方式，表现出来的购买行为是不一样的。顾客市场与机构市场的购买行为差异如表 4-1 所示。

表 4-1　顾客市场与机构市场的购买行为比较

顾客市场	机构市场
可以不提前预订	通常需要提前预订
购买频率高，但多属小型购买	购买次数少，但一次性购买数量大
购买产品是为了消费	购买产品是为了“生产”，属生产性消费
需求弹性大	需求弹性较小
非专家购买	专家购买

酒店应分析目标市场的需求、购买力、消费结构、消费方式等基本购买行为特征，结合自身的产品与实际营销能力，向不同的目标市场提供不同的产品，便于提高市场营销的针对性和有效性。

四、供应商

供应商就是指给酒店提供满足其经营活动所需各种资源的企业或个人。供应商给酒店提供的资源主要有基本设备设施，易消耗品（拖鞋、信笺、洗发液、香皂、牙膏、牙刷、卫生纸、消毒液、玻璃杯等），棉织品（床单被罩、窗帘、毛巾、浴巾等），食物原材料，酒水饮料，调味品以及其他各类能源等。供应商对酒店的市场营销活动有较大的影响，其所提供资源种类、数量、质量、时间、价格等将会直接影响酒店产品的成本、定价和利润。酒店要对供应商的信誉和市场影响力有着准确的判断，与其保持良好的合作关系。

供应商对酒店市场营销活动的影响主要表现在：(1)供货的及时性与稳定性是酒店顺利开展市场营销活动的前提。只有当供应商及时、顺利、保质保量地供应资源，才能使酒店的生产与经营活动正常开展。供应短缺与不足，都会影响酒店的对客服务。(2)资源的价格。资源的价格直接影响到酒店的生产成本。如果供应商提高原材料价格，酒店将被迫提高产品价格，可能造成酒店产品的销售量和利润空间下降。(3)资源的质量。资源的质量直接影响到酒店产品的质量。因此，酒店在选择供应商时，要充分考虑其所供应资源的规格、价格、质量、供货时间及供应商的资信等方面，选择能够提供品质优良、价格合理、交货及时、信誉良好、质量和效率各个方面都信得过的供应商，并且要与主要供应商建立长期稳定的合作关系，保证酒店生产资源供应的稳定性。

五、竞争者

在酒店产品供大于求的背景下，顾客掌握了主动权。酒店面对为数众多的竞争者，想在目标市场上占有一席之地，就必须比竞争者更好地满足顾客的需求。酒店所面临的竞争者，主要有同业竞争者和其他行业竞争者。

(一)同业竞争者

同行业竞争者是指提供相同或相似酒店产品去满足同一目标市场需求的其他酒店，是本酒店所面临的最强有力的竞争对手。同业竞争者通常都通过完整的市场营销方案跟酒店争夺顾客，抢占市场份额，对酒店造成极大的威胁。改革开放以来，我国酒店业经过 40 多年的发展，与发达国家相比，行业整体连锁化率还不高，单体酒店仍占据行业的主要部分。

市场竞争十分激烈。酒店必须对同行竞争者的地理位置、所占市场份额、经营业务、目标市场结构、市场营销方针等有充分的了解。因此，酒店不仅要针对顾客需求，还要根据同行竞争者的情况对本酒店的市场营销策略做出相应调整，争取在知己知彼的前提下，以快取胜、以优取胜、以新取胜，充分发挥自身的优势，推出更能吸引顾客的有竞争力的产品。

(二)其他行业竞争者

其他行业竞争者是指提供的产品部分能取代酒店产品的其他行业或个人，如娱乐中心、健身中心、高级洗浴中心、美容中心等。随着顾客需求结构的变化，酒店需要表现得比其他行业竞争者更具有吸引力。酒店通过不断地调整市场营销策略与方案，在市场营销活动中加强宣传，引导顾客的消费结构与消费方向，使顾客在酒店进行更多消费。

六、公众

公众是指直接或潜在地关注酒店的生产经营活动，并对酒店实现营销目标具有一定实际或潜在影响的组织或个人。酒店的公众通常包括政府公众、媒体公众、金融公众、民间团体公众、社区居民公众、一般公众以及内部公众等。酒店的经营活动影响着公众的利益，公众必然会关注、影响、监督、制约酒店的发展。因此，公众的存在，有可能利于酒店实现自己的营销目标，也可能阻碍酒店营销目标的实现。大多数的酒店会成立公共关系部门，负责收集公众关于酒店的态度和意见，通过发布信息与公众沟通，将公众的言论引向对酒店的正面宣传，以筹划建设好与各类公众的关系，进而树立酒店良好的社会形象。

【实践应用】

选择本地的一家酒店，根据其地理位置、档次规模等条件，分析其客源市场组成。与酒店营销人员座谈交流，并请酒店营销人员予以指导与评估。

行业调查：分组对所在地区的某一酒店进行调查，并完成以下任务：

1. 了解所调查酒店面临的宏观与微观环境。

2. 运用 SWOT 分析法分析出所调查酒店开展市场营销活动的优势与劣势、机遇与威胁。

3. 提出相应的对策。

表 4-2　酒店市场营销环境调查表

序号	营销环境	环境要素	具体情况	优势	劣势	机会	威胁
1	宏观	政治法律					
2		经济					
3		社会文化					
4		人口					
5		自然和社区					
6	微观	内部环境					
7		中间商					
8		目标市场					
9		供应商					
10		竞争者					
11		公众					

对　　策		
内部 外部	优势	劣势
	1. 2. ……	1. 2. ……
机会	SO	ST
1. 2. ……	1. 2. ……	1. 2. ……
威胁	WO	WT
1. 2. ……	1. 2. ……	1. 2. ……

【项目小结】

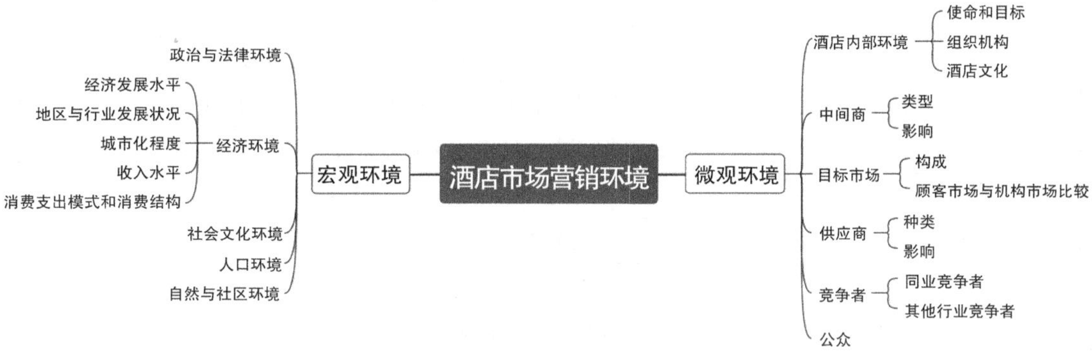

项目三　掌握酒店市场细分与定位

【项目描述】

通过学习本项目，学生能够准确理解酒店市场细分与定位的概念，把握酒店目标市场的内涵、酒店市场定位的步骤；熟悉酒店市场细分的依据与步骤、酒店目标市场模式；掌握酒店市场细分的原则要求、酒店目标市场营销策略，并能准确判断酒店的市场定位策略。

学习目标	完成指标
知识目标	理解酒店市场细分与定位的概念
	熟悉酒店市场细分的依据与目标市场模式
	掌握酒店市场细分的原则与目标市场营销策略
能力目标	根据理论知识分析酒店市场细分的依据
	运用理论知识去分析评价酒店的目标市场结构
	能够辨别不同酒店的市场定位策略
拓展目标	能够深入分析酒店的市场结构与需求特征

>> 任务一　细分酒店市场 <<

【学前导入】

在美国，许多市场营销专业的学生最熟悉的市场细分案例之一就是“万豪酒店”。这家酒店针对不同的细分市场推出了一系列品牌：Fairfield（万枫）、Courtyard（万怡）、Marriott Marquis（万豪侯爵）等。在早期，他们服务于销售人员、销售经理、公司高级经理等不同的顾客。后来，万豪酒店对市场进行了进一步的细分，推出了更多的旅馆品牌。

【基础知识】

一、酒店市场细分的定义

酒店市场细分是指酒店以一种或几种因素作为市场细分变量将整个市场划分为

若干个细分市场的过程，其目的是使分类后的细分市场在一个或几个方面具有相似的购买行为特征，以便采用相应的营销组合尽可能地满足不同顾客群的需要。

酒店市场细分依据是影响顾客需求和购买行为的因素，细分的结果是不同的细分市场具有异质性，而同一细分市场具有一定程度的同质性。因此，酒店市场细分作为一种有效鉴别市场的方法，是一个求同存异的过程。它是在真正认识到差异的基础上，把具有相同需要的顾客组合成群体，形成具有鲜明特征的细分市场，以便酒店针对性地开展市场营销活动。如中高档酒店以商务顾客及豪华观光度假的旅游者为主要目标市场，而经济型酒店则以团体观光旅游者作为主要目标市场。

二、酒店市场细分的原则

酒店进行市场细分时要遵循一定的原则，才能保证市场细分的有效性与实用性。

（一）可衡量原则

可衡量原则又称为可区别性原则，即细分后的市场具有明显的差异性，为开展市场营销活动提供可靠的依据。一是细分酒店市场所选择的标准要能被定量地测定，以便能够明确地划分各细分市场的界线；二是所选择的细分标准要与顾客的某种或某些购买行为有必然的联系。

（二）可进入原则

可进入原则又称为可接近原则，要求细分出来的市场是通过开展市场营销活动酒店产品能够进入，从而对顾客产生影响并能占据一定市场份额。包括客观上有接近的可能(如购买力强、市场规模大)和主观上有开发的实力(酒店具备人、财、物等条件)。

（三）可盈利原则

可盈利原则要求细分出来的市场在顾客人数和购买力上足以达到有利可图的程度，即要求细分市场具有可开发的经济价值。理解本原则有三个要点：(1)市场细分不能失去规模效益；(2)细分市场的规模或购买力足以达到盈利水平；(3)与开发成本有关。

（四）稳定性原则

有效细分市场是一项复杂而又细致的工作，因此，细分后的市场在一定时期内必须是存在的，具有相对的稳定性，才能保证酒店市场营销活动的顺利完成。如果变化太大或太快，会给酒店带来经济损失。

(五)合法性原则

细分后的市场必须是国家的法律、政策或社会道德所允许的，不得与法律、政策以及社会道德相抵触。否则即使有利可图，也不适合将其确定为酒店的目标市场。

【深入理解】

三、酒店市场细分的依据

由于顾客的需求受性别、年龄、居住区域、收入、社会地位等因素的影响，只有正确地选择影响因素，才能有效地对酒店市场进行细分。酒店常用的细分市场依据主要有地理因素、人口因素、心理因素、行为因素、忠诚度因素。

(一)按地理因素细分

地理因素通常包括地理区域变量、气候变量、空间位置变量，依据地理因素可将酒店市场进行细分(见表4-3)。

表4-3　市场细分地理变量构成表

细分依据	细分变量
地区	国内：华东 华南 西南 中南 西北 华北 东北 国际：欧洲 北美 亚洲 拉美 非洲
人口密度	城市　农村
城市规模	大城市　中小城市　城镇
地形	山区　平原　高原　盆地
气候	热带　亚热带　温带　寒带

(二)按人口统计因素细分

人口统计因素主要包括年龄、性别与家庭生命周期、收入、职业、受教育程度与社会阶层等，如以年龄为依据，可将酒店市场进行细分(见表4-4)。

表4-4　不同年龄消费群的消费特征

细分市场	特　征
青少年市场	年轻、活泼，喜欢刺激、新颖的产品，消费水平较低，发展前景好
中年市场	比较理智，人数多，潜力大，商务居多，消费水平高，逗留时间短
老年市场	怀旧，喜静，收入稳定，时间充裕，比较关心酒店服务质量

(三)按心理因素细分

心理因素主要包括顾客的生活方式、性格特征、态度、态度、兴趣和动机等，如以生活方式、性格为依据，可将酒店市场进行细分(见表 4-5)。

表 4-5　市场细分心理变量构成

细分依据	细分变量
生活方式	传统型　新潮型　简朴型　奢侈型　潇洒型　高雅型
性格	内向型　外向型

生活方式不同的顾客对酒店产品有着不同的需求。在营销实践中，越来越多的酒店根据顾客不同的生活方式，设计相应的酒店产品，有针对性地进行酒店市场营销组合。

(四)按行为因素细分

行为因素主要包括购买动机、偏好程度、使用频率及消费行为等，以行为因素为依据，可将酒店市场进行细分(见表 4-6)。

表 4-6　市场细分行为变量构成

细分依据	细分变量
购买动机	观光 商务 会议 文化民俗 度假 其他
购买数量	团体　散客
偏好程度	极度偏好 中等程度偏好 摆动偏好 无偏好
购买时间	旅游淡季　旅游旺季 旅游平季
购买次数	一次购买　重复购买
购买行为特征	理智型 冲动型 积极型 猎奇型 享受型

(五)按忠诚度因素细分

以顾客对酒店的忠诚度为依据，可将酒店市场细分为铁杆品牌忠诚者、有限品牌忠诚者、游移忠诚者、非忠诚者四类。

顾客对酒店忠诚度的高低，可用顾客重复选择的次数、所挑选的时间、对价格的敏感程度等标准进行衡量。酒店通过对以上四类细分市场进行分析研究，便于发现问题，采取适当措施改进市场营销活动中的不足。

【实践应用】

选择本地的一家酒店，根据其地理位置、档次规模等条件，分析其客源市场组成。与酒店营销人员座谈交流，并请酒店营销人员予以指导与评估。

表 4-7 酒店调查表

序号	酒店名称	目标达成率	收入	费用比率	市场拓展达成率	客户满意度	客户稳定性	流失率	备注
1									
2									
3									
……									

>> 任务二 选择酒店目标市场 <<

【学前导入】

在全球酒店行业中，希尔顿酒店是最早注意到单身女性顾客的特殊性的。早在1974年，美国希尔顿酒店开辟了女子专用楼层。

在希尔顿女子专用客房中，所有的设施设备和装饰色调都从女性的生理特点和旅途需要出发，不仅配备有特制的穿衣镜、各种牌号的洗涤剂和沐浴用芳香泡沫剂，同时还提供女士睡袍、挂裙架、卷发器和其他女性专用产品。客房通常会被装饰成温馨的色调，在床头柜或小茶几上还有专供女性阅读的书刊和最畅销的妇女杂志。

【基础知识】

一、酒店目标市场的概念

酒店目标市场是酒店在市场细分的基础上，即将选择并通过提供产品满足其需求的顾客群。也就是酒店根据自身的资源条件，确定市场营销活动所要服务的对象。

目标市场最主要的特点是针对性。酒店的市场营销活动是围绕目标市场而展开，准确地选择目标市场，是保证酒店正常运转、实现酒店经营管理目标、提高经济效益的重要手段。因此，选择目标市场是酒店企业市场营销中的一项重要的战略性工作。

二、酒店目标市场选择的模式

酒店进行市场细分的最终目的是有效选择一个适合自己发展并能进入的目标市场。主要有产品—市场集中化、产品专业化、市场专业化、选择性专业化、全面覆盖五种模式可供酒店选择，酒店以此确定目标市场覆盖范围。

(一)产品—市场集中化模式

产品—市场集中化模式又称为密集单一市场模式，酒店只提供某一类产品去满足某一类顾客群的需求，如图 4-1 所示。

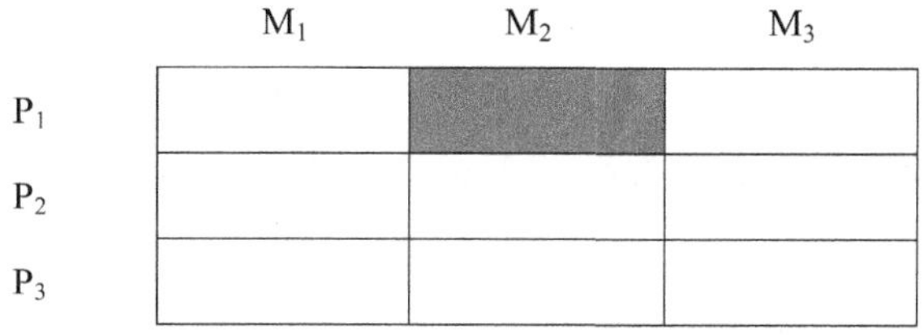

图 4-1 产品—市场集中化模式

酒店只提供一类产品 P_1 去满足一类顾客群 M_2 的需求。采用产品—市场集中化模式，酒店市场营销活动的针对性、适应性较强，有利于将产品做好做精、打造酒店品牌，但由于市场营销活动的市场范围窄，经营风险较大。

(二)产品专业化模式

酒店只提供某一类产品去满足各类顾客群的需求，如图 4-2 所示。

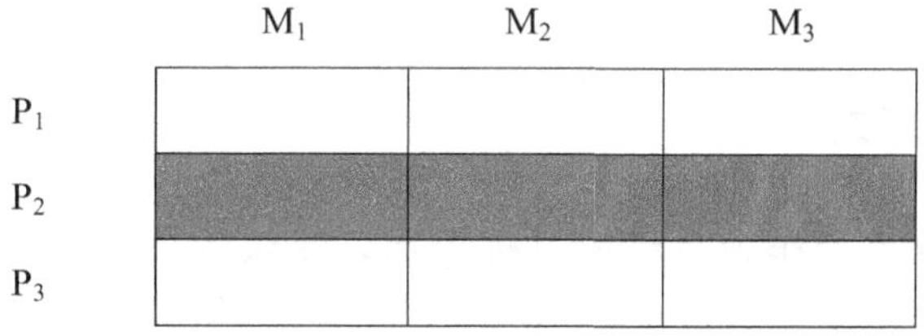

图 4-2 产品专业化模式

表明酒店只提供一类产品 P_2 去满足各类顾客群的需求。采用产品专业化模式，有利于酒店把产品做好、做精、做特，但只提供某一类产品去满足目标市场的需求，很难让所有顾客都满意。

(三)市场专业化模式

酒店为满足某类顾客群的需求而提供其所需要的各类产品，如图 4-3 所示。

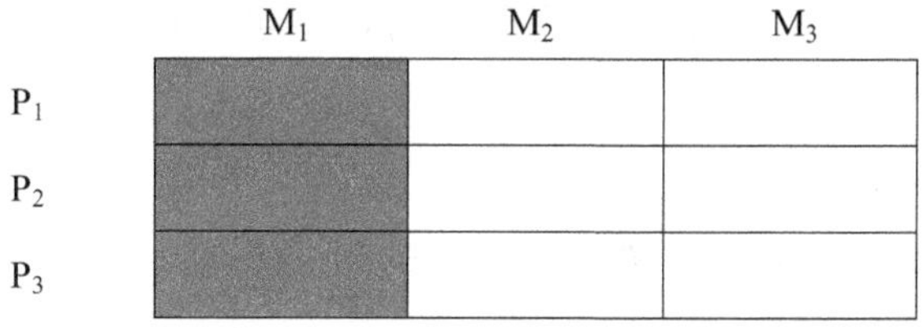

图 4-3 市场专业化模式

酒店提供各类产品 P_1、P_2、P_3 去满足某类顾客群 M_1 的需求。采用市场专业化模式，有利于酒店充分满足某类顾客群的需求，充分挖掘该类市场的潜力，但由于提供的产品种类繁多，不易把产品做好做精，一旦这类顾客群的购买力下降，酒店的收益也会下降。

(四)选择性专业化模式

酒店选取两个或两个以上的细分市场作为自己的目标市场，并为所选定的目标市场分别提供满足其需求的不同类型的产品，如图 4-4 所示。

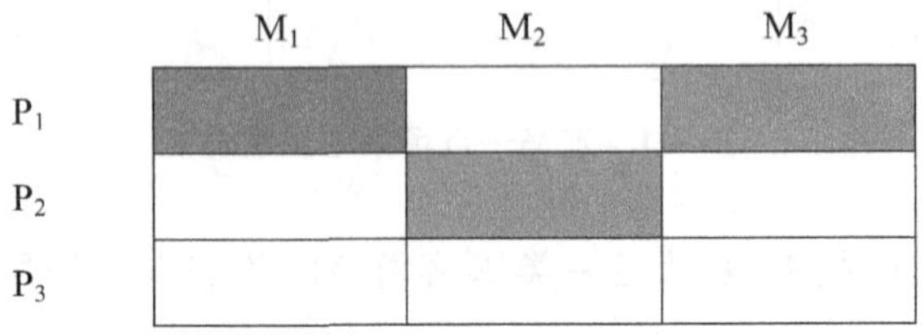

图 4-4　选择性专业化模式

酒店选取了其中的 M_1、M_2、M_3 三个细分市场作为自己的目标市场，并为 M_1、M_3 市场提供产品 P_1、为 M_2 市场提供产品 P_2来满足其需求。采用选择性专业化模式其实质就是多元化经营，有利于分散酒店的市场营销风险。同时，要求酒店具有较强的实力，资源能一定程度地分散使用。

(五)全面覆盖模式

酒店将所有细分市场作为自己的目标市场，提供各种产品，满足所有顾客群的需求，如图 4-5 所示。

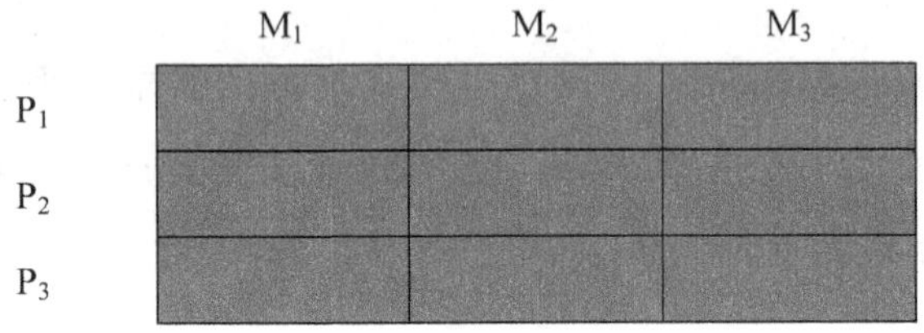

图 4-5　全面覆盖模式

全面覆盖模式在理论上是可操作的，但在酒店目标市场选择的实践中基本上是不可行的，因为一般的酒店都不具备这种实力，不会选择该模式。

【深入理解】

三、酒店目标市场的营销策略

目标市场营销策略是指酒店为了实现市场营销目标而制定的各种策略。因酒店目标市场的范围不同，所采取的营销策略自然也不相同。按照覆盖范围，可将酒店目标市场的五种覆盖模式分为三类：第一类是产品—市场集中化模式，覆盖面最小，只涉及一小类酒店细分市场；第二类包括产品专业化、市场专业化和选择性专业化模式，覆盖面在第一类和第三类之间；第三类是全面覆盖模式，覆盖面最大，涵盖了所有的细分市场。因此，酒店目标市场营销策略具体包括无差异市场营销策略、差异性市场营销策略、集中性市场营销策略。

(一)无差异市场营销策略

酒店不考虑目标市场内顾客现实和潜在需求的差异，将整个市场视为一个同质的目标市场，不进行市场细分，只以单一的产品、统一的市场营销组合来对待整个市场，力求适合尽可能多的顾客需求，如图 4-6 所示。

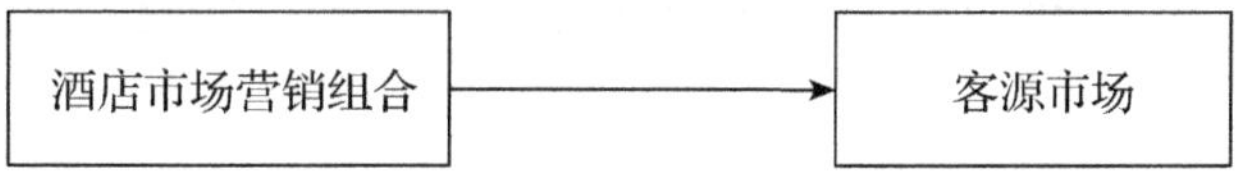

图 4-6 无差异市场营销策略

这种策略在酒店的市场营销活动实践中表现为“来的都是客”，不分主次、同等接待。采用无差异市场营销策略要求酒店有大规模的单一产品生产线，产品质量好且有独特的生产诀窍，在顾客中有广泛的影响，能满足顾客的基本需求。该营销策略因提供产品批量生产和提供标准化服务，能降低酒店的生产成本和营销费用，提高劳动生产率和服务技巧，但强调顾客需求的共性、漠视需求的差异，只提供单一的产品和市场营销组合很难适应目标市场需求的多样化，市场适应能力差，有较大的经营风险。因而酒店一般不会采用这种策略。

(二)差异性市场营销策略

差异性市场营销策略是酒店将整体市场分为若干个需求与意愿大致相同的细分市场，根据酒店的资源及市场营销实力选择其中几个细分市场作为自己的目标市场，并针对每个细分市场的需求特点设计不同产品、实施相应的市场营销组合策略，如图 4-7 所示。

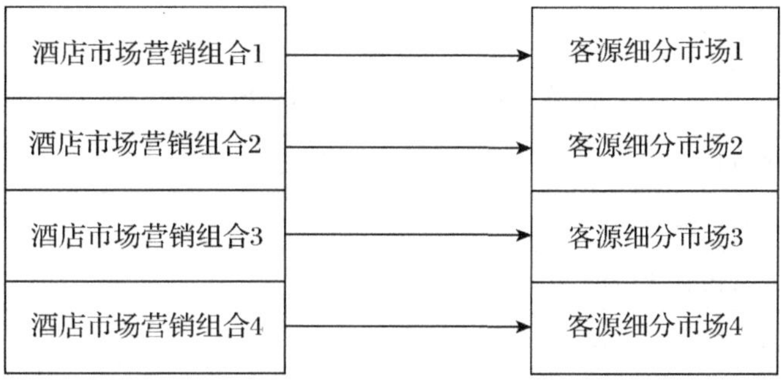

图 4-7 差异性市场营销策略

差异性市场营销策略中的各种营销组合在产品质量、价格高低、营销渠道和促销方式等方面都要有所区别。因此，要求酒店有较大的规模与雄厚的人力、物力、财力，酒店的技术水平、设计开发能力与各细分市场吸引力相呼应，具有较强的市场营销能力。采用这种市场营销策略，有利于扩大产品销售，可以针对性地满足不同顾客群的需求，加强酒店在顾客心目中的好形象，增加顾客的忠诚度，提高酒店的市场竞争力。但产品品种、销售渠道、广告宣传的扩大化与多样化，导致酒店的资源分散、生产成本与营销费用大幅度增加，难以产生理想的规模效应。

(三)集中性市场营销策略

集中性市场营销策略又称为密集性营销策略，酒店将整体市场分割为若干个细分市场后，根据自身的资源和营销能力，只选择某一个或少数细分市场作为目标市场，以实行专业化生产和营销，使酒店在目标市场上有较大的市场占有率，如图 4-8 所示。

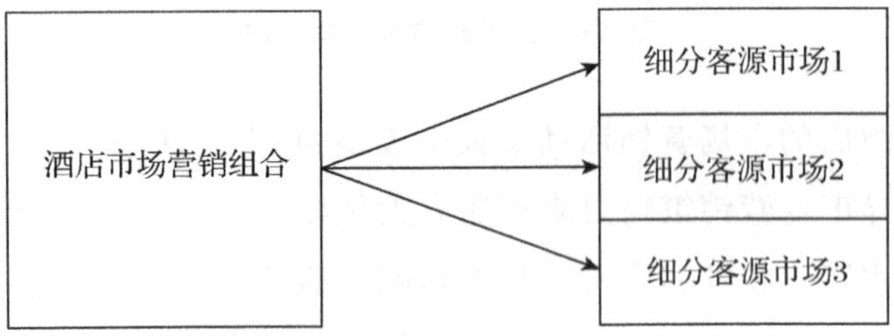

图 4-8　集中性市场营销策略

集中性市场营销策略是酒店将人、财、物集中用于某一个或少数具有潜力且能有效进入的细分市场上，可以规范酒店的生产与服务，有利于提高资源的利用率，降低酒店的生产成本，易于满足顾客的需求，便于强化目标市场对酒店的认知，使酒店在目标市场群体心目中处于无可替代的地位。该策略的不足之处是因目标市场过于集中，如果顾客的需求突然发生转移，或者出现了强大的竞争对手，就会增加酒店的市场营销风险。

【实践应用】

以小组为单位，调查两家市场定位不同的酒店，结合所学知识，提出自己的理解，提交一份调研报告。

表 4-8　调研报告考核要求

评分内容	分值	得分	备注
标题准确、精练，概括性强	5		
引言准确概括调查报告内容和结论	10		
结构合理，全面如实反映调查工作	30		
方法正确，数据可靠	20		
结论精练，专业性强，有一定的现实意义	10		
调研报告突出学科性、前瞻性，视角独特，具有创新性	20		
字迹工整，字数在 1 500 字左右	5		

>> 任务三　定位酒店市场 <<

【基础知识】

一、酒店市场定位的概念

酒店市场定位是酒店根据自身的状况、目标市场需求与竞争状况，确定酒店和酒店所提供的产品在目标市场上的地位，以求在顾客心目中形成一种独特的形象。

简单地说，细分市场和目标市场的选择是让酒店找准顾客，而市场定位则使酒店有别于竞争对手，在顾客心中留下较好的印象，进而赢得顾客的“芳心”，取得竞争优势。成功的酒店市场定位一方面有利于突出酒店产品的特色，另一方面为酒店市场营销活动的开展奠定基础。

【深入理解】

二、酒店市场定位的策略

(一)市场领先策略

市场领先策略是指酒店在目标市场中始终保持第一位的优势，始终以领袖的地位引领市场的消费需求和发展方向。酒店要保持领先地位，需从以下方面努力：第一，扩大总需求，拓展新目标市场；第二，通过扩大或缩小经营范围来保护现有的市场份额；第三，提高酒店的市场占有率。

(二)市场挑战策略

市场挑战策略是酒店与在产品、价格、促销等方面少有区别的、处于市场领先地位的竞争对手针锋相对的市场定位。酒店致力于改善自己的市场定位，争夺领先者市场，可采用的策略有正面进攻、侧面进攻、围堵进攻、迂回进攻等方式。

(三)市场追随策略

市场追随策略是指酒店依附于已有品牌优势的竞争对手，借助于其在目标市场中居于第一的影响力，提升自己酒店的形象。市场追随策略以一种谦虚诚恳的态度，承认目标市场中已有的酒店形象品牌，容易让顾客记住并进入其心智序位。

(四)市场补缺策略

市场补缺策略是指精心服务于某些较小目标市场的酒店，根据顾客需求的变化，不断寻找市场“空白”或薄弱环节，利用自己某一特定专业领域的优势，通过专业性的经营管理占据有利的市场地位。

(五)重新定位策略

重新定位策略是指酒店为改变目标市场对其原有的不好印象而重新进行定位。这种策略适用于销路少、目标市场反应差的酒店，重新定位旨在使酒店摆脱困境，获得新的增长与活力。

【项目小结】

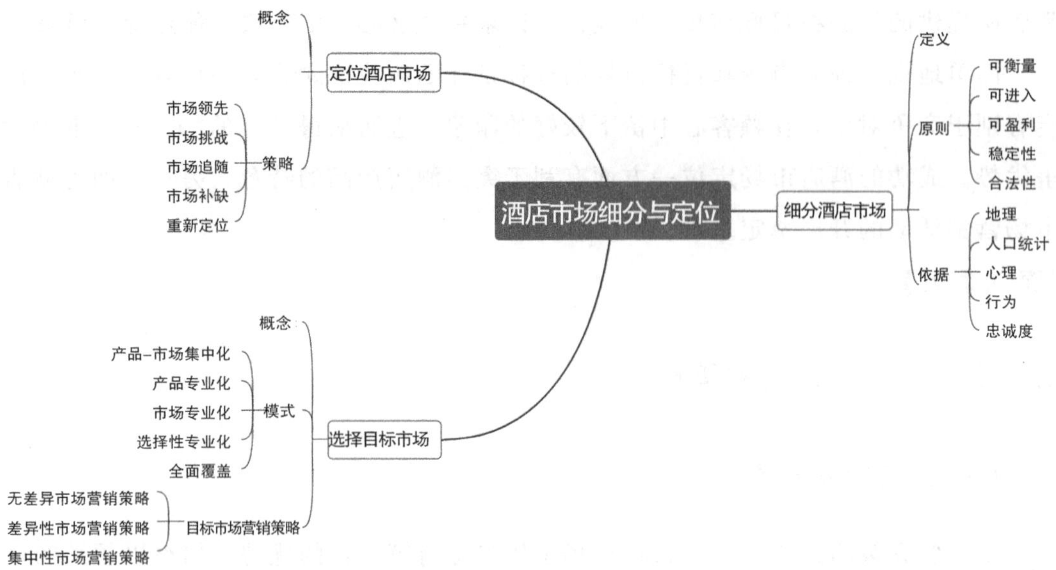

项目四　把握酒店市场营销策略

【项目描述】

通过学习本项目，学生能够对酒店市场营销策略体系有全面的了解；能够准确理解酒店的市场营销要素，把握4P、4C、4R的联系与区别；熟悉酒店市场营销组合策略的运用；掌握酒店市场营销活动的特点及营销对策，并能准确判断酒店的市场营销组合策略。

学习目标	完成指标
知识目标	理解酒店市场营销的基本要素
	熟悉酒店市场营销组合策略的运用
	掌握酒店市场营销活动的特点及营销对策
能力目标	根据理论知识分析酒店市场营销活动的特点
	运用多种促销手段有效地开展市场营销活动
	能够根据不同渠道的特点正确选择营销河道
拓展目标	能够设计简单的酒店市场推广活动

>> 任务一　明确酒店市场营销要素<<

【基础知识】

一、酒店市场营销的基础理论

(一)4P营销理论

1960年，美国营销学家麦卡锡(McCarthy)在其所著的《营销基础》(*Basic Marketing*)一书中提出4P营销理论，4P即是指产品(product)、价格(price)、渠道(place)和促销(promotion)。他认为一次完整的营销活动是以适当的价格、适当的渠道和适当的促销手段，将适当的产品投放到特定市场的行为。这一理论得到了市场营销之父科特勒的肯定，后来营销学家们又增加了人(people)、公共关系(public relation)、包装(package)、政治(politics)而形成了6P、8P等理论，但为市场营销学界所认同的仍然是4P营销理论。

4P营销理论的根本出发点是要求企业既要重视对政治、经济、文化环境等不可控因素的了解，又要采取相应的对策，以求适应和生存，对促进企业的生产和经营起着巨大的作用。作为实体企业的酒店，要把主要精力放在可控因素上，促使酒店的经营管理获得成功和发展。

(二)4C理论

1990年，美国学者罗伯特·劳特朋(Robert Lauterborn)教授根据服务业的特点，提出了与传统营销理论4P相对应的4C营销理论，4C即是指顾客(consumer)、成本(cost)、便捷(convenience)和沟通(communication)。

与以企业为导向的4P营销理论相比，以顾客需求为导向的4C营销理论有了较大的突破，但仍然存在如何平衡酒店收益与顾客利益合理性、如何强化酒店市场营销活动的主动性、如何针对竞争对手拟订出更好的营销对策等问题。因此，酒店在运用4C理论开展市场营销活动时，要充分考虑顾客的需求及满意程度、顾客愿意承担的消费成本、顾客购买酒店产品的便捷性以及酒店与顾客之间信息的双向沟通等。

(三)4R理论

20世纪90年代，美国学者唐·舒尔茨(Done Schultz)针对4C存在的问题，提出了4R营销理论，4R即是指关联(relevance)、市场反应速度(reaction)、关系营销(relationship)、回报(reward)。他认为市场营销的关键在于能否与消费者建立关联、能否提高市场反应速度、能否开展关系营销、能否得到回报。

根据这一理论，面对竞争性市场中的顾客，酒店要赢得长期稳定的市场，就要做到：(1)通过有效方式与顾客建立起一种互助、互需的关系，减少顾客流失。(2)建立快速的市场反应机制，提高酒店对市场的反应速度和应对能力。(3)注重关系营销，把服务、质量和营销有机结合起来，与顾客建立长期稳定的关系。(4)注重营销活动的回报。酒店市场营销活动是以为顾客及酒店创造价值为目的，回报是维持和发展市场关系的必要条件。

无论哪种营销理论，都有其适用的企业和市场，因而酒店要根据自身条件和外部环境，选择合适的营销理论，以提高市场营销活动的效果。

二、酒店市场营销要素

1980年，美国著名营销学家科特勒·考夫曼在《饭店销售学》一书中，将营销因素组合概括为6个部分[①]，即人、产品、价格、促销、包装、实绩等。

---

① 沈建龙:《饭店管理概论》，100～101页，北京，高等教育出版社，2013。

1. 人(people)

人包括酒店员工与顾客。酒店市场营销活动要想顺利开展：第一，了解顾客、认知顾客是关键，营销人员的任务是通过市场调研，了解顾客的需求和愿望。第二，酒店为员工提供好的薪酬待遇，以便能留住人才。

2. 产品(product)

产品是指酒店的建筑、设备设施和服务，是酒店市场营销的基本要素。酒店要充分考虑其产品特色，把产品功能放在第一位，向顾客提供能满足其诉求的产品和服务。如高星级酒店提供全方位的服务项目，而经济型酒店只提供最基本的服务项目。

3. 价格(price)

价格集中体现了酒店经济规律，在市场营销中具有不可替代的重要地位。酒店价格体系的制定是一个复杂的过程：一方面，酒店需要根据自身的市场定位，针对不同的目标市场制定不同的价格策略；另一方面，也要根据酒店的生产成本等多方面因素，以保证酒店的利润。

4. 促销(promotion)

促销的任务就是通过提炼产品的独特卖点，针对性地开展市场营销活动，使顾客深信酒店的产品就是他们所需要的，促使顾客前来酒店购买和消费。常见的促销方式一般有酒店人员促销、酒店广告、酒店营业推广、酒店公共关系等。

5. 包装(package)

包装包括酒店的外部环境、建筑外观、内部装修布置、清洁卫生、从业人员的态度和仪表、印刷品的设计以及广告等。通过“包装”把酒店的产品和服务进行整合，在顾客心目中形成本企业的独特形象。

6. 实绩(performance)

实绩即产品的传递，将前 5 个“P”加以有效地组合，并运行管理。这是提高顾客回头率的一种有效方法。一方面，促使住店顾客大量消费；另一方面，使顾客离店后自发为酒店进行口头宣传。

>> 任务二　熟悉酒店市场营销组合策略 <<

【学前导入】

2008 年，纽约曼哈顿市中心麦迪逊大道成立了一家“图书馆饭店”。走进饭店大堂，你可以看见两旁 3 米高的贴墙大书架上面摆放了 1600 多册图书，马上感受到阵阵的书卷气。在前台，服务员会根据你的兴趣介绍不同学科的楼层，帮你选择你喜欢的图书对应的客房。如果你特别喜欢一本书，饭店还可以把这本书卖给你。

【基础知识】

营销组合策略是指酒店为达到在目标市场上的销售水平而对可以控制的各种市场营销变量进行综合运用和优化组合，本着扬长避短的原则使各个因素协调配合，充分发挥整体功效，最终实现酒店的市场营销目标的策略。由麦卡锡提出的4P理论在酒店市场营销活动的实践中得到了广泛应用。酒店通过设计合理的市场营销组合，可以充分利用一切资源，发挥整体优势，增强市场竞争力。

一、产品策略

酒店产品是酒店向顾客提供的所有物质产品和服务的总和，是有形产品和无形服务的有机结合。酒店整体产品包括核心产品、形式产品和延伸产品三个层次。核心产品是酒店产品最重要的组成部分，是顾客希望从产品中获得的最根本利益，即顾客希望酒店提供的产品能满足其各种基本需求。要思考顾客真正要买的是什么，如安全、舒适、卫生、功能等。形式产品是指酒店核心产品借以实现的方式，如酒店品牌、建筑外观、地理位置、周围环境、店内氛围、价格等，在一定程度上影响顾客的购买决策。延伸产品是酒店为顾客提供的各种附加价值与利益，在附加值竞争时代，顾客的购买选择在很大程度上取决于酒店所提供的附加价值。因此，酒店可从物质、价格、心理等方面适时向宾客追加附加价值，如提供免费停车场、机场接送服务、代订机票火车票等。

产品策略是制订酒店市场营销组合策略的基础。酒店产品策略主要有：(1)单一产品策略和多样化产品策略。单一产品策略是指酒店将经营范围集中在较小区域内，如酒店只提供食和住宿两个方面，甚至仅提供住宿。多样化产品策略是酒店的经营范围较广，如除食宿外，还提供康乐设施、购物中心、出租汽车、导游服务等。(2)标准化产品策略和差异化产品策略。标准化产品策略是酒店产品的质量和种类在加工制作、销售和服务上一律采取标准化操作，酒店可通过建立各种规章制度、加强培训与质量控制，保证产品达到一定的标准和水平。差异化产品策略是指酒店不断开发新产品、提供新服务，突出本酒店的产品与服务不同于竞争对手甚至优于竞争对手，使顾客对其产生偏爱。

二、价格策略

价格是酒店产品价值的货币表现形式，是由生产同类产品的社会必要劳动时间决定的。价格是酒店市场营销组合中唯一能产生经济效益的因素，酒店价格通常以单项价格形式出现，如客房价格、餐饮价格。影响酒店产品定价的因素主要有产品成本、市场需求、营销目标、产品生命周期、酒店中间商、竞争者、政治因素、经济因素、文化因素、汇率变动、通货膨胀等。产品的定价是否合适，直接影响到酒店在目标市场中的竞争力。合理的定价可以提高酒店的生产效率，调节产品的供求关系和增加顾客的满意度。

价格策略是指酒店根据自己的定价目标和原则，通过对产品成本的预算和顾客需求量的预测，选择最有利于实现定价目标直至营销目的的定价方法和策略，最终实现酒店经营管理的目标。因此，酒店要采取合理的价格策略来吸引顾客，既要防止因价格过低导致酒店产生经济损失，又要避免因价格过高造成顾客流失。通常酒店的价格策略主要有以下三种：(1)高价格策略。酒店将产品的价格定得很高，以获取最大的理想利润。高价格策略要求酒店产品具有独特的技术、不易仿制、生产不太可能迅速扩大等特点。(2)低价格策略。酒店将产品的价格定得相对较低，以吸引大量顾客，提高市场占有率。然后随着市场占有率的提高调整价格，降低成本，实现盈利目标。低价格策略要求酒店产品具有能快速大批量生产、特点不突出、易仿制、技术简单等特点。(3)高低结合价格策略。酒店提供的产品中既有高价格，也有低价格。高低结合价格策略既有利于酒店快速回笼资金，又能够为酒店寻求新的市场机会。

三、渠道策略

渠道，又称为分销渠道，是指产品从酒店向顾客转移过程中所经过的一切取得所有权(使用权)或协助所有权(使用权)转移的中介组织和个人，也就是酒店产品所有权或使用权转移过程中所经过的各个环节连接起来而形成的通道。渠道的起点是酒店，中点是中间商，终点是顾客。具体内容包括：(1)从酒店产品的结构来看，渠道是指产品从酒店到顾客所经过的一切组织机构。(2)从营销渠道的功能上来看，渠道是酒店产品所有权或使用权从酒店到顾客转移的所有活动。(3)从产品在渠道的转移过程来看，渠道是指产品由酒店到顾客所经过的途径。在目标市场范围较广的情况下，酒店必须依靠一定的渠道才能将产品转移到顾客手中，因此，渠道在很大程度上决定了酒店市场营销活动的质量和效果。

渠道策略在节省营销费用的前提下，不仅要及时地将酒店产品信息传递给顾客，还要保证能取得良好的经济效益和社会效益。因此，酒店渠道策略的内容主要有：(1)确定市场营销渠道目标。确定市场营销渠道目标是为了使市场营销渠道能与酒店战略目标、营销策略融为一体，从而与目标市场相适应。(2)选择市场营销渠道的类型。酒店在综合考虑产品、市场营销渠道的影响因素以及市场营销渠道目标后，可根据酒店业情况、市场需求、自身实力等，对市场营销渠道做出选择。主要包括直接营销渠道或间接营销渠道的决策、营销渠道长度的决策、营销渠道宽度的决策和营销渠道的联合决策等。(3)选择酒店中间商。中间商的选择是指根据酒店的渠道结构，选择合适的中间商的过程。为确保酒店产品市场营销渠道的通畅，在选择中间商时，酒店要建立明确的标准体系，除了要考虑中间商的经营范围是否与酒店经营范围相吻合、中间商的销售能力、信誉、发展潜力、历史背景、工作积极性、市场经验等因素外，还应遵循经济、控制、适应等原则。

四、促销策略

促销是指酒店为了培育和强化企业形象、激发顾客的购买欲望、影响其购买决策、扩大酒店产品或服务的销售，将有关产品的信息，通过各种宣传、吸引和说服的方式，传递给潜在的顾客，促使其了解、信赖并购买酒店产品，以达到扩大销售的目的。酒店促销的实质是实现酒店与顾客之间的信息沟通。酒店要在对顾客潜在需求进行调查分析的基础上，将最能激发顾客购买欲望的信息以恰当的方式传达给目标市场。

促销是酒店市场营销活动中最富有活力和创意的领域。促销策略是指对促销目标、促销主体、促销客体、促销任务、促销投入、促销效果等各种限制条件进行科学的选择、配置、控制和分析，使信息宣传、沟通手段和过程系统化规范化，尽量提高促销活动的效果与效率，使促销活动实现低投入高产出。酒店促销方式具体包括：(1)酒店广告。这是由酒店以付费的形式通过媒体做公开宣传，达到影响顾客消费行为、促进相关产品销售的非人员促销方式。根据使用的媒体不同，可将酒店广告分为报刊广告、电波广告、户外广告以及自办宣传品广告等种类。酒店在选择广告媒体时需考虑广告受众的视听习惯、产品特点、产品生命周期不同阶段、广告信息特点以及费用水平等。(2)酒店营业推广。这是酒店在某一特定时期和范围内，通过刺激和鼓励，并促使顾客尽快购买酒店产品而采取的一系列促销措施和手段。常见的酒店营业推广工具有赠品、免费纪念品、赠品印花、折扣优惠、折价券、退款优惠、顾客竞赛抽奖、中间商销售竞赛等。(3)酒店公共关系。酒店公共关系是一项专业性的行业公关，由公关主体、公关客体、公关手段三要素组成。酒店要根据不同的公关目的、公关活动来选择不同的传播沟通手段，以实现沟通效果最大化。(4)酒店人员推销。这是酒店推销人员直接与顾客或潜在顾客接触、洽谈、宣传介绍酒店产品或服务，以达到促进销售目的的活动过程。推销人员、顾客、产品是实现酒店人员推销活动的三个基本要素，酒店要强化人员管理，选择合适的推销人员，并进行针对性的推销技巧培训。

在实际的市场营销活动过程中，酒店营销组合策略的运用能够使酒店市场营销活动产生事半功倍的效果，4P营销组合策略的主要指标见表4-9。

表4-9 酒店4P营销组合的框架①

组合要素	主要指标
产品(product)	领域、质量、品牌名称、服务项目、保证、售后服务
价格(price)	水平、折扣、包括折让和佣金、付款条件、顾客认知价值、定价、差异化
促销(promotion)	酒店广告、酒店人员推销、销售促进与宣传、酒店公共关系、酒店营业推广
渠道(place)	所在地、可达性、分销渠道、分销领域

① 马勇：《酒店管理概论》，128页，重庆，重庆大学出版社，2017。

产品策略、价格策略、渠道策略和促销策略共同决定了酒店市场营销活动的成败，酒店要加强对4P策略的有效实施和控制，提高市场营销活动的整体效果，为宾客带来更好的体验感受。

【项目小结】

【练习测试】

1. 酒店促销的本质是什么？其与酒店营销的区别与联系是什么？
2. 什么是酒店营销活动？酒店营销活动的基本任务是什么？
3. 较之传统的营销理论，酒店危机营销的重点是什么？有何重要指导意义？
4. 如何在酒店的营销活动中体现文化营销理念？
5. 酒店市场营销环境包括哪些方面？
6. 举例说明你对网络口碑营销、情感营销和危机营销的理解。

模块五　管理酒店信息资源

【模块描述】

本模块针对酒店从业人员工作岗位标准，按照工作过程中所需要的知识、技能、素质要求，设计了了解信息与管理信息系统、熟悉酒店管理信息系统两个项目，使学生对酒店管理信息系统的发展、酒店 PMS 系统有一个系统的认知。

项目一　了解信息与管理信息系统

【项目描述】

通过学习本项目，学生可以了解信息与管理信息系统；了解信息的定义，理解信息的决策价值；学习管理信息系统的概念，理解管理信息系统的内涵；了解管理信息系统今后的发展发向。

学习目标	完成指标
知识目标	了解信息的定义
	掌握信息的决策价值
	认识管理信息系统
能力目标	运用所学理论知识，能够理解信息的决策价值及管理信息系统的内涵
拓展目标	能够分析信息的决策价值

>> 任务一　了解信息与决策 <<

【学前导入】

1984 年年初，美国《华盛顿邮报》驻莫斯科首席记者杜德尔发回给报社一则爆炸性新闻：苏联领导人尤里·安德罗波夫去世了。这则震惊世界的重要新闻抢在了世界各大国驻苏情报组织的前面，就连美国中央情报局、美国驻苏大使馆在核实《华盛顿邮报》这则拟发的新闻时，都对其真实性表示怀疑，这则头条新闻只好移到第 28 版的一个不为人注意的角落里。然而，第二天，苏联的讣告就证实了杜德尔的新闻稿，这位记者是怎样得到这个信息的呢？他就是使用了综合信息推理方法。杜德尔判断安德罗波夫去世综合分析了六个方面的信息：(1)安德罗波夫有 173 天没有在公开场合露面，近几天还不时传出他身体状况不佳的消息；(2)苏联国防部长暂缓出访；(3)安德罗波夫之子被从瑞典召回；(4)这天晚上的电视节目不加说明地将原来安排的瑞典“阿巴”流行音乐改为严肃的古典音乐；(5)苏共新上任的高级官员叶戈尔·利加乔夫在一次向全国发表电视讲话时，破天荒地省略了苏联高级官员在电视讲话前必须转向安德罗波夫问候的习惯；(6)他驱车通过苏参谋部大楼与国防大楼时，发现几百扇窗户都亮着灯，而且大楼附近增加了卫兵和巡逻队；(7)他的一位了解苏联高级官员活动内情的朋友没有能如期与他通电话。杜德尔把这一系列现象联系起来综合分析，并与1982年11月勃列日涅夫逝世前的情况进行了比较分析，发现有许多惊人的相似，于是他得出了结论：安德罗波夫已于星期四这一天去世。

【基础知识】

一、信息的定义

数据(data)和信息(information)这两个词常常混在一起使用，在理论上可以做一些区分。

(一)数据

数据是事实或观察的结果，是对客观事物的逻辑归纳，是用于表示客观事物的未经加工的原始素材。

数据是信息的表现形式和载体，可以是符号、文字、数字、语音、图像、视频等。数据和信息是不可分离的，数据是信息的表达，信息是数据的内涵。数据本身没有意义，数据只有对实体行为产生影响时才成为信息。

数据可以是连续的值，比如声音、图像，称为模拟数据；也可以是离散的，如符号、文字，称为数字数据。

(二)信息

信息，指音信、消息、通信系统传输和处理的对象，泛指人类社会传播的一切内容。人通过获得、识别自然界和社会的不同信息来区别不同事物，得以认识和改造世界。在一切通信和控制系统中，信息是一种普遍联系的形式。1948年，数学家香农在题为《通信的数学理论》的论文中指出，信息是用来消除随机不定性的东西。宇宙万物的最基本单位是信息。

数据和信息是相对的概念。同一种数据对某一层的管理人员来说是信息，而对另一层的管理人员可能就只是一种原始数据。在实际应用中，数据和信息这两个词常常交替使用，但我们应该清楚它们之间的区别。

二、信息的属性

信息具有以下一些基本属性：

事实性。事实性是信息最基本的性质。不符合事实的信息不仅没有价值，而且可能价值为负值。所以在收集信息时，必须首先研究它的事实性。

时效性。信息的时效是指从信息源发送信息，经过接收、加工、传递、利用的时间间隔及其效率。时间间隔越短，使用信息越及时，使用程度越高，时效性越强。

不完全性。关于客观事实的信息不可能完全得到，而且也没有必要。因此数据收集或信息转换要有主观思路，要运用已有的知识进行分析判断，要有取舍，要分清主次。

等级性。管理系统是分等级的，处在不同级别的管理者有不同的职责，处理的决策类型不同，需要的信息也不同。因此管理信息也是分级的，一般分为战略级、战术级和作业级。不同级别的信息具有不同的属性(见表 5-1)。

表 5-1　不同管理层次的信息特性

信息特性	运行控制	管理控制	战略计划
来源	系统内部	内部	外部
范围	确定	有一定确定性	很宽
概括性	详细	较概括	概括
时间性	历史	综合	未来
流通性	经常变化	定期变化	相对稳定
精确性要求	高	较高	低
使用频率	高	较高	低

价值性。信息的价值要通过使用才能体现出来，而信息的使用价值只有经过转换才能得到。鉴于信息是具有寿命和时效性的，因此转换必须及时。

变换性。信息是可变换的，它可以由不同的方法和不同的载体来载荷。这一特性在多媒体时代尤为重要。

【深入理解】

三、信息的决策价值

在管理信息系统的应用领域，人们常常关心管理信息系统的效益问题。管理信息系统一般要求很大的投入，管理者希望知道投入与效益的关系。管理信息系统的设计者在进行可行性分析和系统效益分析时也面临着这个问题。下面我们对一些具体的决策过程，讨论一组信息所产生的价值。

许多研究者试图从一般系统理论或信息论的角度对系统的效益做研究。因为管理信息系统本身是一个“系统”，于是自然地想到系统功效的定量问题。另外，为了定量地刻画效益，要对信息本身进行定量的刻画。然而，一些国外学者的研究证明这两条途径都不成功。

尽管如此，人们依然普遍认为培养起信息的价值观念是很重要的。决策者希望获得尽可能多的信息，却往往忽视取得信息要花费的成本。通常，不仅要考虑到决策的社会效益，还要考虑到决策的经济效益。换言之，要考虑到决策的改进所取得效益的增加，是否大于为获得改进决策所必需的信息而付出的代价。信息的价值正是在于以较少的代价来改变决策行为。从某种意义上讲，信息的价值就是由它所引起的决策行为的变化为组织产生的价值减去信息的成本。

具体地说，面对一组可选择的方案，决策者将根据他掌握的信息和经验做出决策，即选择其中的一个方案。如果决策的结果是已知的，则可计算出这一方案的期望效益。而当决策者取得了新的信息，如果这一新的信息使他做出新的决策，即取得另一方案，则新方案对应的期望效益同老方案的期望效益之差，再减去为获得该信息而消耗的成本，就是该信息生成的价值。

>> 任务二　熟悉管理信息系统 <<

【学前导入】

问题：管理信息系统不同于计算机应用系统，两者的区别是什么？

【基础知识】

一、管理信息系统的定义

管理信息系统，总是与管理及计算机这两个概念分不开。但这并不意味着管理部门有了计算机，并在计算机上实现了事务处理自动化后，企业就有了管理信息系统。

管理信息系统不同于计算机应用系统，两者的区别可以通过以下关于管理信息系统的定义加以说明。

(一)广义的管理信息系统

管理信息系统(Management Information Systems，MIS)是组织系统中的一个子系统，它具有以下目的(功能)和构成。

目的：有效率地完成事务处理，并为组织的战略计划、管理控制和运营控制提供必要的信息、管理决策方法和模型。

构成：MIS是一个综合性的人/机系统。在“人”这一因素方面，包括了受过良好训练的系统分析人员和决策者，以及管理与决策的人工规则和程序；在“机”的方面，是指计算机系统、通信系统、软件系统、数据库系统和必要的管理决策模型体系。

(二)狭义的MIS定义

狭义的MIS是一个组织的管理系统中的子系统，也就是把它对作业的自动化从MIS中分离出来。除此之外，其内涵与广义的MIS相同。

有些论著采用这一定义，将 EDP 的一部分同 MIS 的概念分开来(见表 5-2)。比较以上两种定义，我们可以看出，对于不同的组织，可以根据不同的情况来选用这两种定义。从信息资源(包括计算机资源、信息资源、信息人才资源)管理、设计和开发的角度讲，我们认为 MIS 广义的定义适用于通常的中小型组织，而对于较大和复杂的组织，取狭义的定义较为合适。

表 5-2　EDP 与 MIS 的区别

EDP	MIS
例行的工作	非例行的新工作
财务型工作	智能型工作
处理历史数据	处理未来型数据
内部数据	外部数据，也包括内部数据
处理过程是机械的	带有行为因素的处理过程
一般性计算	复杂计算
不一定输入管理信息	输出管理信息

二、管理信息系统的职能

一个管理信息系统在为各个管理层次服务的过程中，要完成的一般职能主要有以下七个方面。

(一)数据的收集和录入

MIS 要确定该系统管辖下的数据源，确定标准的数据收集方式，规定数据的格式，对收集的数据加以检验，进行质量控制并为录入做数据准备，按系统的配置及要求来组织数据录入。

对不同的管理层次有不同的数据源。在事务处理和管理控制、营运控制的层次上，主要是内部的数据源。而在战略计划层上，除了内部数据外，还需要社会数据和环境数据，往往设置这些数据的来源要花费一番脑筋。数据收集和录入工作中大部分工作量是在事务处理层和营运控制层。确定标准的数据收集方式是指对每一次数据收集工作，规定是用人工记录，还是用终端记录等。数据的格式是指从记录方式到要求的精度等一系列具体问题。好的记录方式会加快记录的速度和减少错误，并减轻数据准备工作。所谓数据准备工作，是指对机器不能直接阅读的那些数据进行加工，为录入做准备。在数据准备工作中要对数据进行校验，除了纠正从收集到录入过程中所犯的错误，还要剔除与事实规律不符的错误数据。管理信息系统要对录入人员进行严格的训练，因为他们是数据由人工处理进入机器处理的界面。要对录入工作制定严格的规程和纪律，以免误录、遗录和重录。

一般数据的录入(输入)按其时间属性有两种方式。一种是批量输入，即定期将累积的数据输入机器中。另一种是直接联机输入，即在终端或电传打印机上随时将收集的数据敲入。

上述数据收集及录入工作似乎同一般的计算机应用工作中的要求一样，而对于MIS来说，系统设计人员要特别注意这部分工作的特点。

MIS是应用数据库来全面管理组织的基本信息资源的系统。这样的系统减少了分散建立的数据文件并消除了冗余的文件，而且把本来要存放在不同文件中的逻辑相关的数据改成存放在一个文件之中，数据的数据库组织形式减少了采用分散式文件方式时会发生不一致和差错的问题。这就要求在数据的收集和录入工作中采取更有计划性和结构性的行动。

数据的收集和录入与MIS的设计工作有密切的关系。这种设计体现了要收集和录入的数据集合的完整性。所谓在数据收集和录入阶段的数据集合的完整性，是指在系统的目标要求下，考虑要收集数据的完整范围，并在此范围内明确各种数据的逻辑关系。数据的收集和录入是在这种逻辑关系的指导下进行的。从数据库的角度来讲，在确定了数据库的模式以后，工作者在模式的指导下进行统一的数据编码以及数据说明文件的编写，并组织数据收集、录入和质量控制工作。

另外，由于应用了数据库的思想，一个数据特别是共享程度比较高的数据的精确度和准确性的意义也不同于以前在分立式文件中的意义了。因为在共享程度高的情况下，一个数据的错误可能会导致全系统各部门的错误。

(二)数据的存储

根据数据的内在结构和MIS的各种应用程度的要求，确定数据的逻辑组织和物理存储方式，是MIS的第二个职能。

数据的逻辑组织是指独立于数据的实际存储组织的数据间的关系。数据的逻辑组织有两个层次，一个是总体设计意义上的数据逻辑关系，主要反映MIS的各个子系统之间的输入输出关系，这一点将在设计方法中详细叙述。另一个是在系统的开发层次上的逻辑关系，指数据库的模式和数据库内文件的组织与文件结构。

从管理信息系统的设计和管理角度来讲，区分数据的逻辑存储关系和物理存储关系这两个概念的差别是很重要的。第一，逻辑关系是从事物的属性中得出的，从某种程度上来讲，这是一种抽象化的关系，人们用自己的头脑去认识它，转化成设计文字并书面化。而物理关系与同具体的存储介质和地址相关。第二，逻辑关系和物理关系不一定是保持一致的。例如，逻辑上相关的两个文件不一定存储在同一计算机系统内。第三，在系统目标的指引下，数据逻辑上相关的两个文件不一定存储在同一计算机系统内。第四，在系统目标的指引下，数据的逻辑关系可以认为是确定的，或者说是唯一的，但物理存储关系却是多种多样的。物理存储依赖于所具有的存储介质以及使处理过程最为有效的物理配置和关系。

系统的物理存储方式也分为两个层次来考虑，即设计层次和开发层次。在设计层次上，对大的系统需考虑各个数据库应建立在哪个部门和哪台机器上。在开发层次上，则要考虑每个数据库文件的物理组织形式。一般来说，文件的物理组织形式有两大类，一类是适用于信息检索的表组织，另一类是适用于数据处理的文件组织。后一类按其记录的物理存储形式又可分为顺序文件组织、随机文件组织、索引随机文件组织和索引顺序文件组织。

(三)系统内信息的传输

MIS 为之服务的组织的地理分布可以分成两种情况，即分散的和集中的。对于分散分布的组织，有时需要把信息从一个城市传输到另一个城市，或从一个城市的某个区送到另一个区，它们的距离往往在几千米甚至几百千米以上。有的组织部门虽然相对集中，但各部门之间也相隔好几百米。如果这些组织的信息处理特点是对时效性要求较高，或者是对公用数据库信息查询检索的响应时间要求较高，则系统要采取现代化的传输信息手段，并保证传输的速度、准确度和保密性。通常采用的通信形式有以下几种：远程公用通信网式的通信、远程专用通信网式的通信、局域网通信技术以及主机——终端型通信等。

(四)数据加工

数据的加工是 MIS 的一项主要职能。数据加工以后才能成为信息，为决策所用。数据的加工基本上分为两个层次，数据的初加工和数据的深加工。数据的初加工同事务处理的概念密切相关，它包括统计、排序、修改主文件等通用性的软件包，如统计、排序软件包。

数据深加工的概念同 MIS 的面向各层管理决策的概念有关。收集在数据库内的数据，由大量的应用程序通过子模式的设计来加以提取和处理。这种处理与初加工阶段比较，更多地用到数学工具，包括经济学、运筹学和其他管理科学中的模型和方法。

(五)模型的建立、求解、应用和修改

模型的建立、求解、应用和修改是 MIS 最重要的职能。所谓模型的建立是通过系统储有的求解式模型或描述型模型，把组织面临的预测、计划中的决策变量同管理控制或营运控制中的控制变量以及表达环境的参变量关联起来，用定量的、逻辑的方法进行决策。系统中有适当的软件来求解这些模型，将解出的结果实施于管理，并通过对绩效的评价来修正所建的模型。

(六)输出信息、向各管理层提供信息，支持决策

MIS 要根据需要配置输出设备，包括终端、打印机、绘图机等，但输出的设备不仅这些。重要的是 MIS 要了解用户对信息输出的需求，并设计和维持各种实用的用户接口模式。对于事务处理营运控制，信息的输出格式是相对结构化的，如按

预先设计好的格式给出书面单据或报告，打印发货通知单等。但是对于高层次的管理工作，特别是决策辅助的工作，应特别了解决策者的意图，以提供需要的信息。决策的情报收集阶段相当于问题和机会的识别过程，让决策者快速地浏览一些企业内部和外部的关键性信息会揭示问题和机会。但不是所有的决策者都是熟悉计算机的，因而在人机接口方面要考虑到以下四种模式：

(1)终端查询模式(决策人利用终端直接同系统对话，对话的激发是由随机的需求引起的)。

(2)终端预约模式(有计划地向决策人显示关键信息，比起上一模式来，决策人显得被动一些)。

(3)脱机文书模式(用书面报告的形式，向决策人显示关键信息)。

(4)中间人模式(决策人通过其助手使用信息系统)。

根据决策人的不同情况决定输出模式，是 MIS 的职能要求。

(七)MIS 自身的管理及维护

MIS 的维护主要指软件的维护，即软件的重编和修改。由于组织在不断变化，有三个因素可能引起重编程序的需求：

(1)需求的改变以及硬件资源或信息来源的改变。

(2)原先分别开发的程序组合以及不同子系统在组合时的接口。

(3)由于一部分软件或数据库的变更而对其他软件提出相应的变动。

以上对 MIS 职能的分析，主要是从系统的角度出发的。有关实现这些职能的技术和方法，有兴趣的读者可参看相关书籍。

【项目小结】

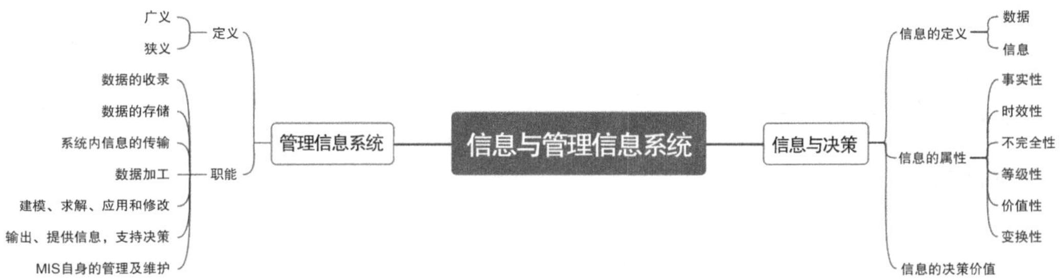

项目二 熟悉酒店管理信息系统

【项目描述】

通过学习本项目，学生能够了解酒店信息系统的定义和特点；掌握酒店管理信息系统的功能与结构；理解酒店管理信息系统的内涵；了解酒店管理信息系统的发展趋势。

学习目标	完成指标
知识目标	了解酒店管理信息系统的定义与特点
	掌握酒店管理信息系统的功能与结构
	理解酒店管理信息系统的内涵
能力目标	运用所学理论知识，能够理解酒店管理信息系统的内涵
拓展目标	能够分析酒店管理信息系统的内涵

>> 任务一 了解酒店管理信息系统 <<

【学前导入】

问题：你了解酒店管理信息系统吗？

【基础知识】

一、酒店管理信息系统的定义

酒店管理信息系统是随着计算机在酒店业中的应用而逐渐成熟和发展起来的。目前，有关酒店管理信息系统的相关概念和提法很多，比如酒店计算机系统、酒店管理系统、酒店信息管理系统等，这些提法都在一定程度上反映了人们对酒店管理信息系统的某种认识。我们在此对酒店管理信息系统给出如下定义：

酒店管理信息系统(Hotel Management Information System，HMIS)，是利用计算机技术和通信技术为酒店经营管理和决策服务的人机相结合的综合系统。该系统能全面反映酒店企业的运营状况，并通过计划和控制等手段帮助酒店企业实现其经营目标。

由于人们对酒店管理信息系统认识的角度不同，加之现代信息技术和管理实践的发展，人们还会对酒店管理信息系统给出更多的定义，但综述现代各种观点，酒店管理信息系统的概念应体现如下三个方面的含义：

第一，HMIS是酒店企业的信息系统。这是从广义的角度来讲的，这种定义方式也比较符合我国现在酒店企业计算机应用的实际状况。它强调以计算机技术、网络通信技术、数据库技术为代表的信息技术基础，注重信息的收集、传递、存储、加工、维护和使用，在实际操作上多表现为事务处理或电子数据处理。这是酒店信息系统发展的第一个阶段，也是最初级的阶段。

第二，HMIS是酒店企业的管理系统。这是从狭义的角度来讲的，这种定义方式代表了酒店企业信息系统现在及将来的发展方向。它强调面向酒店企业中高层管理者，注重计划、控制等管理职能的实现以及对非结构化和半结构化决策问题的支持。这一系统不是单纯地将原手工系统或事务处理系统进行自动化，而应是现代管理思想和管理方法与计算机手段相结合的产物。

第三，HMIS是社会技术系统。对管理信息系统的研究涉及计算机科学、管理学、运筹学、社会学、心理学和经济学等多学科领域，人们据此将管理信息系统的研究分为技术学派、行为学派和社会技术系统学派。我们认为酒店管理信息系统是一个社会技术系统：一方面信息技术必须适应酒店企业的需要；另一方面酒店企业也必须通过学习新技术来促进自身的不断创新。在酒店管理信息系统的开发过程中，要正确地界定人和计算机在系统中的地位和作用，充分发挥各自的长处，使系统整体性能达到最优。

二、酒店管理信息系统的特点

HMIS首先是为经营管理服务的，是酒店经营的辅助管理工具，是酒店经营管理信息化的主要手段。作为为酒店经营服务的信息系统，HMIS具有以下几个特点。

(一)辅助性

HMIS是一个现代酒店管理的辅助系统。酒店管理主要依靠人，计算机仅是数据处理的工具。管理人员依据计算机数据处理的结果信息做出管理决策，以达到有效经营管理的目的。HMIS是一个以人为主体的人机综合控制系统，经过HMIS的快速数据处理，酒店管理人员可以迅速得到所需信息。HMIS的辅助管理能使酒店管理更加科学化，日常事务处理更加有序、规范、准确。

(二)开放性

HMIS是一个开放式的系统。HMIS是一个具有输入、输出功能的开放系统，可以输入各种票据、登记记录、账单、报表等。同时可以输出各种统计报表、汇总表等，通过输出控制整个酒店的物流和资金流。HMIS不仅能够对环境进行分析并适应环境，而且能够在一定范围内、一定程度上改造环境，例如，通过HMIS制订促销计划可以改善酒店的营销活动。

(三)反馈性

HMIS是一个反馈系统。作为一个综合控制系统，HMIS处理的是酒店的具体业务数据。由于酒店经营处于不断变化的环境中，如果HMIS在运行过程中不根据实际情况加以调整和扩充，往往会因脱离实际而失去作用。因此，为了延长HMIS的生存周期，必须根据HMIS输出的结果信息以及外界的信息随时调整内部处理方式或扩充相应处理功能。这种反馈功能使得HMIS输出的结果信息更加精确、实用。

(四)层次性

HMIS是一个具有层次性的系统。现代酒店的管理具有很明显的等级制，即各级管理职责分明，分工明确，下级服从上级。HMIS为了适应这种管理也将软件设计成相应的层次，一般分为三个层次：最低层为作业层，主要是录入和管理一些数据，主要目的是提高工作效率和服务质量；中间层是管理层，主要功能是管理综合数据，目的是提高管理精确度，使管理上少一些“大概”“差不多”，令整个酒店的计划、组织、控制及激励更加有效、更加有的放矢；最高层是决策层，使用对象是酒店高层决策者，他们根据HMIS输出的结果信息进行经营管理决策，以提高经营管理效益，这是计算机在酒店应用中的真正价值体现，但目前大多数HMIS尚未达到这个层次。可以预见，HMIS在决策层的应用将越来越得到重视，如酒店的营销策略的确定、成本控制决策、财务计划决策、目标利润确定等都是计算机应用的主要领域，到那时HMIS的应用将达到高级阶段，即酒店决策支持系统(HDSS)阶段。

>>任务二　熟悉酒店管理信息系统的功能与结构<<

【学前导入】

问题：酒店管理信息系统具备哪些功能与结构?

【基础知识】

一、酒店管理信息系统的功能

(一)数据处理功能

数据处理功能，包括对各种形式的原始数据的收集、输入、传输、存储、加工处理和输出，这是酒店管理信息系统的基本功能。

（二）预测功能

预测功能，即运用数学、统计或模拟等方法，根据过去的数据预测未来的情况。

（三）计划功能

计划功能，即合理安排各职能部门的计划，并按照不同的管理层提供相应的计划报告。

（四）控制功能

控制功能，即根据各职能部门提供的数据，对计划的执行情况进行监督、检查，比较执行与计划的差异，并分析其原因，辅助管理人员及时用各种方法加以控制。

（五）辅助决策功能

辅助决策功能，即运用数学模型，及时推导出有关问题的最优解，辅助管理人员进行决策。

二、酒店管理信息系统的结构

酒店管理信息系统的结构有概念结构、层次结构、功能结构和物理结构等多种，这些结构反映了系统整体与各个部分之间的信息关系，也反映了整个酒店管理信息系统的数据处理方式与数据传输方式，结构决定了系统的主要性能。

（一）概念结构

酒店管理信息系统从概念上看是由四大部件组成，即信息源、信息处理器、信息用户和信息管理者，它们之间的关系如图 5-1 所示。

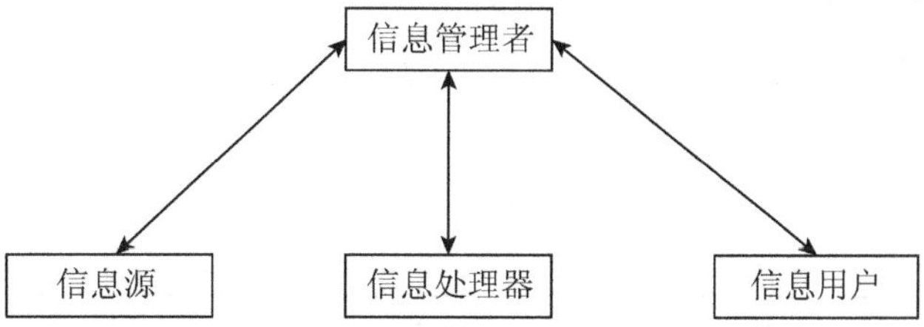

图 5-1　酒店管理信息系统的总体结构

图中信息源是信息的产生地；信息处理器是进行信息的传输、加工、保存等任务的设备；信息用户是信息的使用者，他应用信息进行决策；信息管理者负责信息系统的设计实现，在实现以后负责信息系统的运行和协调。

(二)层次结构

酒店管理信息系统是为管理决策服务的。我们知道管理是分层次的，纵向可分为基层(作业处理层)、中层(管理控制)和高层(战略与决策)三个管理层次，因此，酒店管理信息系统也可以纵向相应分解为三个子系统。另外，管理又可按职能进行横向划分，因而在每个层次上又可横向分为市场营销子系统、财务管理子系统、人事管理子系统、信息管理子系统和其他子系统等。每个子系统都支持从基层管理到高层管理的不同层次的管理需求。一般来说，基层管理所处理的数据量大、加工方法固定，而高层管理所处理的数据量小、加工方法灵活，但比较复杂，因此可将酒店管理信息系统看成如图 5-2 所示的金字塔结构。

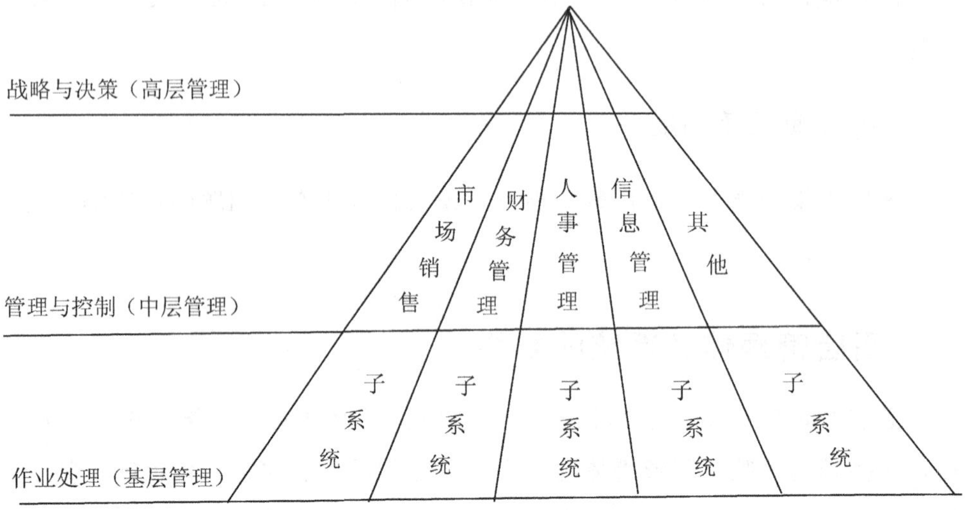

图 5-2　酒店管理信息系统的层次结构

(三)功能结构

任何一种管理信息系统，从信息技术的角度考虑，都要有信息的输入、处理和输出等功能。因此，酒店管理信息系统的功能结构从技术上看可以表示为图 5-3 的形式。

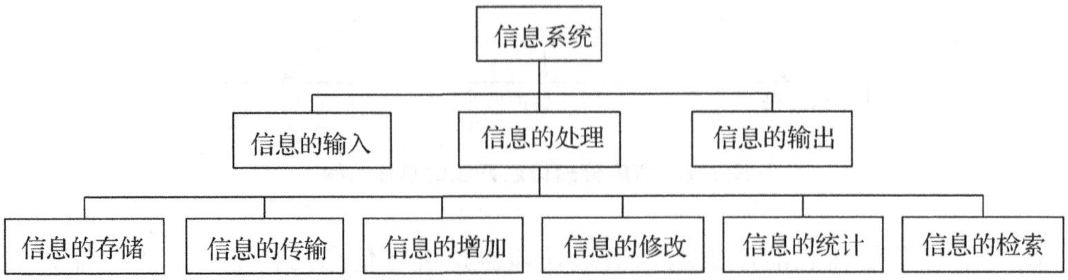

图 5-3　从技术的角度看酒店管理信息系统功能结构

从业务角度来看，酒店管理信息系统应该支持整个组织在不同层次上的各种功能。各种功能之间又有各种信息联系，构成一个有机的、系统的业务功能结构。例如，图 5-4 例举了某酒店前台管理信息系统，该系统可划分为 7 个职能子系统。

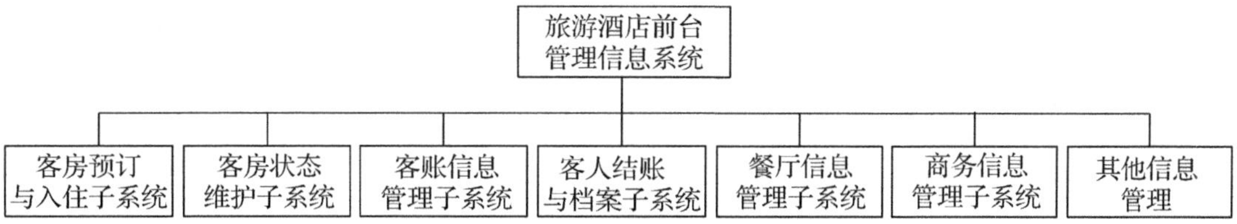

图 5-4　酒店前台管理信息系统功能结构

(四)硬件结构

硬件结构是指酒店管理信息系统的物理结构，即 HMIS 硬件系统的拓扑结构。一般有三种类型：单机批处理式结构、联机集中式处理结构和分布式处理结构。这三种结构是随着计算机技术发展而陆续产生的，并在不断发展变化着。

1. 单机批处理式结构

早期的 HMIS 都是单机批处理结构，由一台主机、显示器、键盘、打印机等组成。这种单台计算机的结构装上 HMIS 软件就构成了一个完整的 HMIS 系统，当需要处理数据时，可随时将一批待处理数据按一定时间间隔，一次性输入计算机进行批处理。这种单机批处理结构方式，往往一个人单独占用了一套计算机系统，上机时带上待处理的数据，下机后取走作业报告或结果，因而数据共享和实时处理能力性能较差。目前酒店管理信息系统中已很少使用这种结构。

2. 联机集中式处理结构

单机批处理结构的数据处理效率不高，数据共享性能也差。随着计算机技术的发展，出现了多台终端的联机系统，通过终端与计算机联系，进行各类数据处理的作业，这就是集中式数据处理结构。联机集中式处理结构采用一台或两台小型计算机或超级微型机作为主机，管理人员可以在任何时间通过各终端与主机联系，进行各类数据处理作业。由于各终端只能进行数据的输入输出，不能直接进行数据的处理，所以称集中式处理结构。

集中式处理结构的优点是数据处理能力强，数据安全，可靠性高。缺点是终端本身没有处理能力，系统处理速度将随终端数量的增加而明显减慢，而且一般终端只有字符界面，用户界面不美观。在 PC 及 Windows 流行之前的 20 世纪 70 年代到 80 年代末，集中式处理结构是酒店最理想的 HMIS 结构。联机集中式处理结构虽然有许多优点，在计算机应用领域占据一定的市场，但随着计算机应用的深入和计算机技术的发展，这种结构已暴露出一些致命的弱点。第一，一次性投资较大，小型机比一般微型计算机要昂贵得多，而且要使系统可靠性高，一般要配两台主机并网运行，这样投资更大；第二，集中式处理结构由于数据集中在主机内处理，一旦主机出现故障，整个系统就会瘫痪，无法运转，因而联机集中式处理结构并非十全十美。图 5-5 是酒店管理信息系统联机集中式处理结构示意图。

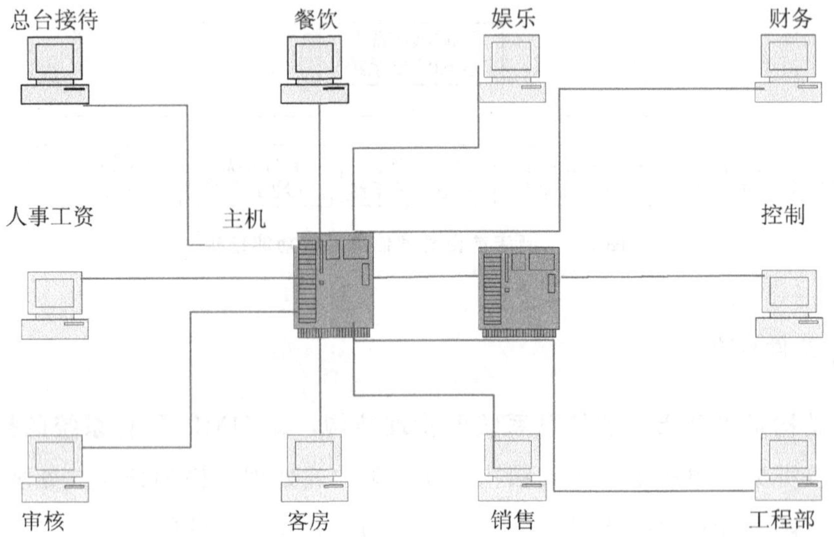

图 5-5　酒店管理信息系统联机集中式处理结构图

3. 分布式处理结构

20 世纪 80 年代中后期，随着微型计算机功能的不断加强，出现了分布式计算机系统和分布式数据库系统，管理信息系统朝分布式方向发展。局域网系统就是这种结构的典型例子。这种系统以一台或几台高档微机作为网络服务器，通过网络连接工作站，而每个工作站都是一台独立的本身具有数据处理能力的微型计算机，需要时可以联机入网在服务器内处理数据，所以被称为分布式处理结构。图 5-6 为酒店管理信息系统分布式处理结构示意图。

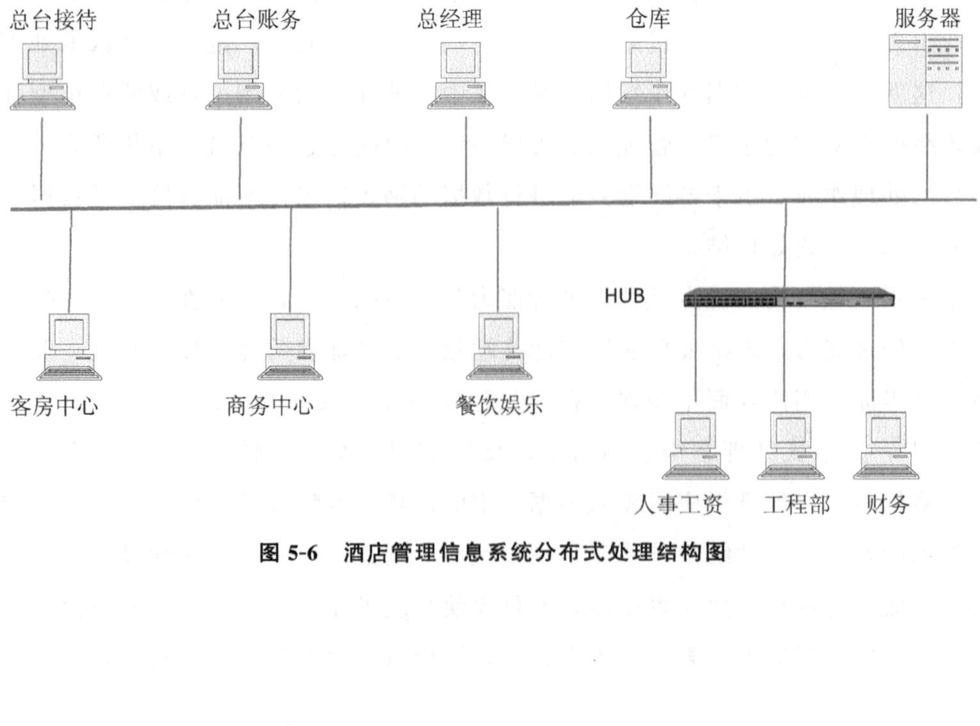

图 5-6　酒店管理信息系统分布式处理结构图

近年来流行的CS结构(即客户机/服务器结构)是最新的一种分布式结构。客户机支持应用的前端处理，服务器用于支持应用的系统环境，包括数据库的管理及查询服务。数据查询方式为数据库查询，网上传送的只是查询的结果，这就大大减少了数据的传送量，而且客户机一般基于 Windows 图形界面。它集中了局域网络系统和小型机多用户系统的优点，由服务器和客户机协同处理，充分发挥系统的各种优越性，是目前酒店计算机管理应用中最为先进的体系。

随着通信技术的发展，分布式结构实现了远程数据处理，或者远程数据采访，可以通过电话线、激光、微波和人造卫星等介质实现异地数据处理，或实现两个或两个以上局域网的数据互访，这就是广域网系统。广域网分布结构最适合酒店集团的信息管理，酒店集团总部可以通过广域网络系统有效地管理各地的酒店，各地酒店也可以通过广域网实现互传信息数据，及时了解各酒店的经营情况。从目前计算机应用的发展趋势看，广域网分布结构是今后发展的方向，是建立集团式管理需采用的必要手段，也是目前各连锁酒店公司进行信息管理的理想模式。

(五)软件结构

软件结构是指酒店管理信息系统的软件功能结构。HMIS 具有多种功能，各种功能之间相互联系，构成了一个有机结合的整体，即完整的软件功能结构。软件功能结构是根据管理层次和所需功能导出并划分的。对于酒店来说，它是根据酒店的管理层次以及为了完成酒店业务数据处理需要而定义的功能模块(或子系统)来设计的。在酒店业务管理中，系统功能一般可分为前台和后台两大部分，此外还可以包括前台系统和后台系统功能扩充的扩充系统(有的系统把扩充系统直接包含在前后台系统中)，以及各种各样的系统接口。图 5-7 是 HMIS 的软件功能结构图。

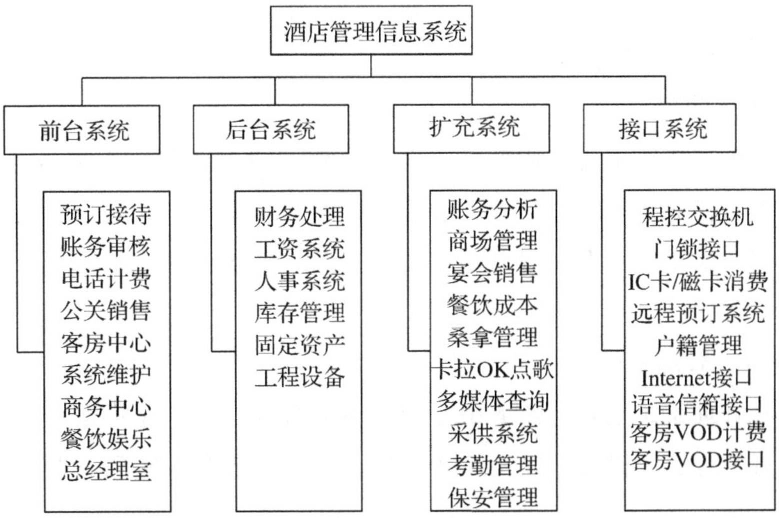

图 5-7　HMIS 的软件功能结构图

酒店的常用系统一般具有如下功能模块。

1. 预订接待系统

预订接待系统是前台系统的主要功能模块，主要完成对散客、团体的预订和接待登记任务，以及对散客、团体的客房分配、加床、退房、拼房、续住等日常管理工作。利用计算机处理上述业务，可使总台的工作效率成倍增长，提高对客服务质量，特别对酒店客房的使用情况、预计离店客人情况等可做到一目了然，这是手工管理无法比拟的。

2. 财务审核系统

该功能模块主要功能是记录每个客户在酒店的消费情况，处理散客、团队账务，负责总台的收银工作及夜间的审计工作。所有住店宾客的账务从交预订金开始就和该系统发生联系。该系统具体管理总台的收银日记账和应收账款，处理和打印每日报表以及有关的分析报表。所有前台客人从登记入住到结账离店所发生的一切账务均由该系统负责处理。

3. 程控电话管理系统

程控电话管理系统是通过程控交换机和计算机连接的一个电话计费控制系统，可实现对酒店内各分机电话的准确计费，并可进行各种统计、查询报表等管理。计算机通过接收到的程控交换机输出的每条话单内容，对每条话单进行分解、计算、存储，完成每个分机的国际、国内直拨电话计费。该系统一部分完成客房分机的电话计费，把电话费用记入住店宾客的账户中，实现客人离店的一次性结账；另一部分记录内部管理部门的每一条电话费用的详细情况，以利于酒店对费用的控制。

4. 客房中心管理系统

客房中心管理系统的主要工作是控制客房状态、客房设备以及客房用品。通过该系统的计算机处理，总台或总经理可随时了解客房状态及有关数据，如可用房数、维修房数、自用房数、不可用房数等。通过计算机的管理，客房设备和客房用品可以得到合理使用，减少浪费。

5. 餐饮娱乐管理系统

餐饮娱乐管理系统主要完成散客点菜和收银等日常管理以及餐饮预订等管理，如餐厅及各娱乐营业点的收银管理、餐饮成本的动态控制以及吧台商品的销售管理等，对住店宾客或特殊客人收费自动过账，实现一次性结账，并可打印各类营业报表及餐饮稽核报表。

6. 商务中心管理系统

商务中心管理系统主要对商务中心的商品进行进，销、存管理，包括商品的入库管理、销售管理、收银管理以及库存管理，也对住店客人实现收费自动过账、一次性付账等处理。

7. 总经理查询系统

总经理查询系统的主要功能是提供快速查询，让总经理等决策者快速、全面、准确地了解酒店经营管理有关信息数据，以便做出正确的决策。总经理查询系统提供的信息数据包括前、后台各种营业数据，如前厅接待、预订数据、房务数据、餐饮数据、收入成本数据、人事数据、工资数据以及库存数据等。

8. 财务管理系统

财务管理属后台系统，财务管理是酒店管理的核心内容。财务管理系统的功能是管理总账、明细账、分类账等，包括财务处理、原始凭证处理、科目设置处理、账户管理、凭证汇总处理、账目查询和打印处理、银行对账处理、月终年终报表处理、各类报表打印处理等。该系统存储的财务数据是酒店最重要的财务数据，必须有套安全数据管理机制，并且一定要有灾难恢复功能，以保证整个财务系统的数据安全。

9. 人事工资管理系统

人事工资管理系统的主要功能是管理酒店的人事关系及工资，包括档案管理、劳动组织管理、招工用人管理、员工培训管理、人事变动管理、考勤输入管理、工资发放管理、工资汇总管理。在该系统中，通过有效管理可以充分利用酒店的人力资源，为员工创造良好的工作环境，提高员工的凝聚力，提高人事工资管理的精确度，减轻人事部门的劳动强度，提高工作效率。

10. 工程设备管理系统

工程设备管理系统主要管理酒店的固定资产设备。酒店固定资产价值比较大，工程设备管理系统对固定资产的分类、用途、维护、统计等进行有效管理，完成设备的购入登记管理、调拨管理、折旧管理，设备报废管理以及设备查询打印等管理工作。

11. 仓库管理系统

酒店库存原料品种繁多，管理、领取比较复杂，仓库管理系统能详细记录每一笔原料物质出入库情况。该系统功能包括入库管理、领料管理、调拨管理、仓库明细账管理，预计进料管理、账务查询管理以及物品统计报表打印管理等。通过计算机管理，可以提高酒店资金的利用率，使仓库“账实相符”，减少库存积压。

12. 保安和管家部管理系统

保安和管家部管理系统，主要完成酒店的安全管理工作，保密制度管理，负责对员工的安全培训教育，查询各部门的安全岗位职责、所有管家部各类管理人员的岗位职责、管家部的人员考核制度管理等内容。通过电脑考核管理，进一步保证住店客人的人身安全、饮食安全以及确保酒店的环境卫生满足客人的需要。在保安管理上，可以通过电脑系统与公安 110 联系，以保证客户的防盗、防火安全以及其他救护措施。

>> 任务三　把握酒店管理信息系统发展趋势 <<

【学前导入】

如今，国内较为成熟的酒店管理系统已具备前台管理、餐饮娱乐管理、客户管理、财务管理、物业管理等多项管理功能。为了提高服务质量，酒店的管理系统会随客人的需求而不断完善。及时地共享客人的信息、提供人性化的服务已成为酒店管理的目标与方向。可以预见的是，未来酒店的竞争将在智能化、信息化方面展开。我国酒店管理信息系统的发展呈现出七个趋势。

【基础知识】

一、软件产品集成化

以往的软件产品仅适用于某项或几项管理的操作，相应的程序都是专门针对某一具体事务所编写的，而不是从整个酒店的角度出发，这种单项模块式软件显然已不适应现代酒店电子化经营的需要。

国内目前几大成熟的酒店管理软件基本上能符合酒店管理一体化的需求，通过提供一系列的、高度集成的酒店管理软件产品，如前台系统、餐饮系统、人事系统、采供系统、接口系统、物流系统、扩展系统等整合型的软件来为酒店经营服务。

二、系统开放化

一个良好的酒店管理系统不应是封闭式的，而需要与市场上主要的酒店软件产品相适应，所以目前的酒店管理系统都比较注重接口系统的开发，推行自动化。如开发门锁接口直接在酒店管理系统中制作和发放门卡、减少切换至门卡系统操作发卡的步骤、嵌入身份证读卡器驱动、直接读取客户信息、减少入住登记时间，与公安系统接口，使用系统登记客人资料后自动将信息传至公安系统，减少前台人员登录公安系统上传资料的步骤等。

采用开放型的 B/S 结构形式，这样一方面开放部分产品资源供网络预订系统分销，另一方面实现网络商务(如订单)的无缝接入，实现酒店预订中心对订单的统一管理。开放式系统也有利于电子商务的开展。

三、酒店管理软件集团化

管理系统集团化可以节省成本。应用系统和数据集中存放、集中处理，可以减少服务器等硬件投入；酒店物资采购量大，成本难以控制成为酒店经营的一大难点，通过系统集团化，总公司可以将订单统一汇总，集中批量采购。

酒店管理软件集团化可以使用统一的顾客资源管理平台、物资采购平台，培育和提升酒店集团连锁性经营的竞争优势，实现全系统客户资源共享，为连锁化经营发展奠定基础。建立一个统一的预订、投诉、促销、会员等服务平台，帮助集团酒店实现统一管理，树立品牌形象。同时为酒店扩展战略提供技术支持，可实现低成本扩展。

集团经营数据统一管理统一分析。集团版酒店管理系统可以为酒店建立一个集运营、预订、促销、会员、口碑等多种管理需求于一体的统一管理服务平台，帮助集团酒店实现统一管理、分析及决策，赢得顾客树立品牌，更可以为酒店制定发展战略提供数据支持，降低企业扩张成本。

四、从数据处理型向决策型

数据和信息的处理虽然对酒店的运营十分重要，但对实现酒店的高效益经营来说还是远远不够的。通过系统集团化管理，将数据进行集中统计分析，可以分析出各酒店的经营状况，比较酒店之间的经营效益。可以设置预测、分析功能，通过处理动态数据来帮助管理者处理日常事务，指导管理者做出经营管理决策。如价格决策、采购计划决策、网络广告决策都可以通过软件提供选择方案。

五、操作界面人性化

酒店软件在注重标准化的同时，也越来越注重人性化的设计，如从客户角度出发定制界面、定制各类报表。酒店系统首页可以设置当前用户的常用功能导航，并且提示待办事项，使业务处理操作更方便。

六、注重客户关系管理

以往的酒店管理以客房管理为中心，经营者主要关心的是短期的入住率、出租率，而没有将重点放到如何维持客户关系上。随着越来越多的酒店经营者意识到客户管理的重要性，酒店管理软件也发展出了客户管理功能，它可以帮助酒店维系能为酒店带来良好收益的客户。

对于入住酒店的客人，酒店要做详细的入住记录和客户大数据档案，包括消费统计、客人嗜好、时段分析、投诉记录等。酒店可基于大数据分析处理更为科学的常客管理、贵宾管理、积分奖励计划、客户群管理、潜在客户分析、客户信用管理等高级别的客户关系管理工作，为客户提供优质而个性化的服务，发展集团与目标客群之间一对一的实时互动关系，提高品牌忠诚度。

七、增值产品/服务功能增加

随着酒店业的增值服务逐渐增加，如何将这些增值服务加入酒店管理系统中进行管理就成了一个关注点。服务业现代化的一个重要内容，就是要实现“个性化服务”。提供个性化服务是智能化酒店的基本功能：通过网络技术，酒店的会议室可以实现全球直播和同声传译；基于客户管理积累和建立的“常住客人信息库”记录了每位客人的个人喜好；客房智能控制系统将根据数据库中的信息实现根据每个客人的喜好自动调节。

首先，酒店可以开通电子商务网站，让旅行社团、会议团队、散客都可以利用电脑直接访问该系统，从中得到某酒店的详细资料，并能直接注册酒店普通会员(普通会员可按照会员制度进行等级升级)，立即接受和确认预订。

其次，酒店可以通过网络调查和分析，如关系客户的消费查询、所有客户的网络订房、酒店开展的网络营销、客户消费需求的网络调查，获取顾客们的兴趣与偏好，针对客人的个性需求和自身能力重新整合酒店产品，全面提升对客服务和酒店管理，充分体现酒店与顾客共同设计产品的特色，客人们在自己参与“设计”的酒店里，会得到最大程度的满足。

最后，酒店可以建立自己的微信平台或手机APP，并与会员绑定，会员在手机安装后，可通过手机直接查询消费记录，查看酒店活动、酒店服务项目，预订房间等；如会员入住酒店，微信平台自动转换成入住状态，会员可以通过手机查看酒店服务项目和菜单，可以随时订餐或订活动，系统自动匹配订餐人和所住房号，实现智能预订；会员会接收到酒店或酒店附近旅游景点相关活动的温馨提示。

【项目小结】

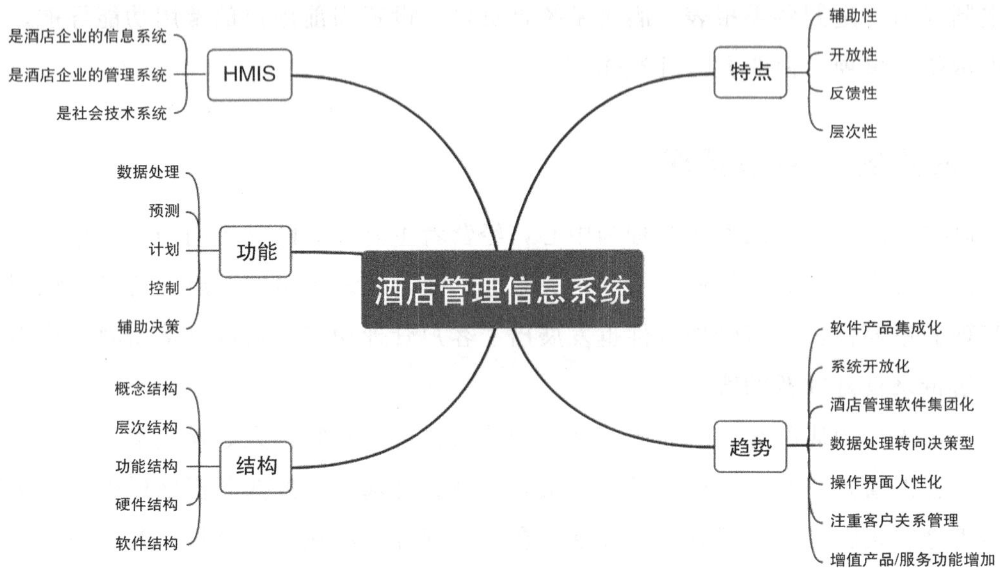

【练习测试】

1. 信息的属性包括什么？
2. 简述管理信息系统的定义。
3. 简述管理信息系统的职能。
4. 简述酒店管理信息系统的定义、特点。
5. 简述酒店管理信息系统的功能、结构。

模块六　控制酒店服务质量

【模块描述】

控制服务质量是酒店的生命线，是酒店的中心工作。本模块阐述了酒店服务质量的概念、内容、特点等基本知识，并引导学生熟悉酒店服务质量管理方法，了解酒店服务质量衡量标准和评价体系，掌握酒店全面质量管理的内涵，使学生能够对酒店服务质量管理有一个系统的认识，有助于培养学生的服务意识。

项目一　了解酒店服务质量管理

【项目描述】

通过学习本项目，学生能够准确理解酒店服务质量的概念，掌握酒店服务质量管理的内容；了解酒店服务质量管理的特点和影响酒店服务质量的因素，并能够准确地分析酒店服务质量存在的问题。

学习目标	完成指标
知识目标	理解酒店服务质量管理的概念
	掌握酒店服务质量管理的内容
	了解酒店服务质量的特点
能力目标	根据理论知识分析酒店服务质量存在的问题
	运用所学知识列举影响酒店服务质量管理的因素
拓展目标	能够运用所学知识解决酒店投诉问题

>> 任务一　了解酒店服务质量管理的概念 <<

【学前导入】

服务质量以顾客需求为导向，即服务满足顾客需求的程度，取决于顾客对服务的感受。企业只有清楚地了解在服务质量中容易存在的问题，才能对症下药。

【基础知识】

服务质量是酒店的生命线，也是酒店的中心工作和酒店生存与发展的基础，酒店之间的竞争，本质上是服务质量的竞争。因此，不断提高酒店服务质量，以质量求效益是每一家酒店发展的必经之路，也是所有酒店管理者共同努力的目标和日常管理的核心部分。

一、酒店服务质量管理的概念

酒店服务质量有狭义和广义之分，狭义的酒店服务质量就是指员工的对客服务质量，基本上由员工的服务效率、服务礼仪、操作技能、清洁卫生等构成；而广义的酒店服务质量则认为酒店服务质量是由有形的设施和无形的服务构成的，即由硬件设施和软件设施构成。

由此可见，酒店服务质量是指凭借一定的物质资料（如客房、餐厅等），为满足客人的正当需求而提供的一系列服务的优劣水平，它包含组成酒店服务的三个要素：设施设备、实物产品和服务质量。

酒店的服务质量有时比酒店的产品更为重要，它是有形产品质量和无形产品质量两个方面的统一。两者相辅相成，共同构成完整的酒店服务质量。

二、酒店服务质量的特征

酒店服务所需要的人与人、面对面、随时随地提供服务的特点以及酒店服务质量特殊的构成内容使其质量内涵与其他企业有着极大的差异。为了更好地实施对酒店服务质量的管理，管理者必须正确认识与掌握服务质量的特征。

1. 酒店服务质量构成的综合性

酒店服务质量是由酒店的多种因素构成的，每一个因素又有很多具体内容，并体现在酒店对客服务的各个方面，贯穿在从客人进店到离店的酒店业务管理过程的始终。因此，酒店服务质量的构成具有很强的综合性。

酒店服务质量构成的综合性的特点要求酒店管理者树立系统观念，把酒店服务质量管理作为一项系统工程来抓，多方收集酒店服务质量信息，分析影响质量的各种因素，特别是可控因素；既要抓好有形产品的质量，又要抓好无形服务的质量，更好地督导员工严格遵守各种服务或操作规程，从而提高酒店的整体服务质量。

2. 酒店服务质量评价的主观性

尽管酒店自身的服务质量水平基本上是一个客观的存在，但酒店服务质量的评价是由宾客享受服务后其物质和心理满足程度决定的，因而带有很强的个人主观性。宾客的满足程度越高，他对服务质量的评价也就越高，反之亦然。酒店管理者不能无视客人对酒店服务质量的评价，否则将失去客源，失去生存的基础。酒店也没有理由要求客人必须对酒店服务质量做出与客观实际相一致的评价，更不应指责客人对酒店服务质量的评价存在偏见，尽管有时确是一种偏见。相反，这就要求酒店在服务过程中通过细心观察，了解并掌握宾客的物质和心理需要，不断改善对客服务，为客人提供有针对性的个性化服务，并注重服务中的每一个细节，重视每次服务的效果。

3. 酒店服务质量显现的短暂性

酒店服务质量是由一次一次内容不同的具体服务组成的，而每一次具体服务的使用价值均只有短暂的显现时间，即使用价值的一次性。它不像实物产品那样可以返工、返修或退换，如要进行服务后调整，也只能是另一次的具体服务。因此，酒店管理者应督导员工做好每一次服务工作，争取使每一次服务都能让宾客感到非常满意，从而提高酒店整体服务质量。

4. 酒店服务质量内容的关联性

酒店服务质量的具体内容包括有形服务质量和无形服务质量。每一个方面又由很多具体因素构成。这些因素互相关联、互相依存、互为条件。在酒店服务过程中，只要有一个环节的服务质量出现问题，就会破坏顾客对服务的整体印象，进而影响其对整个酒店服务质量的评价。因此，在酒店服务过程中有一个流行公式“100－1＝0”。

这就要要求酒店各部门、各服务过程、各服务环节之间协作配合，并做好充分的服务准备，确保每项服务的优质、高效，确保酒店服务全过程和全方位的“零缺点”。

5. 酒店服务质量对员工素质的依赖性

酒店产品生产、销售、消费同时性的特点决定了酒店服务质量与酒店服务人员表现的直接关联性。酒店服务质量是在有形产品的基础上通过员工的劳务服务创造并表现出来的。这种创造和表现能满足宾客需要的程度取决于服务人员的素质和管理者的管理水平。所以酒店服务质量对员工素质有较强的依赖性。

酒店服务质量的优劣在很大程度上取决于员工对客服务时的即兴表现，而这种表现又很容易受到员工个人素质和情绪的影响，具有很大的不稳定性。所以要求酒店管理者合理配备、培训、激励员工，努力提高他们的素质，发挥他们的服务主动性、积极性和创造性，同时提高自身素质及管理能力。员工满意是客人满意的基础，是不断地提高酒店服务质量的保证。

6. 酒店服务质量的情感性

酒店服务质量还取决于宾客与酒店之间的关系。关系融洽，宾客就比较容易谅解酒店的难处和过错；关系不和谐，则很容易致使客人小题大做或借题发挥。因此，酒店与宾客间关系的融洽程度直接影响着客人对酒店服务质量的评价。

三、酒店服务质量的构成

根据酒店服务质量的定义，酒店服务质量是有形产品质量和无形产品质量的有机组合，主要包括设施设备质量、实物产品质量、服务产品质量、环境氛围质量、安全卫生质量五个部分。

(一)设施设备质量

酒店设施设备既是酒店星级档次的基础，也是满足宾客需求的物质基础，还是酒店各种服务的依托，直接反映了一家酒店的物质技术水平，并决定着酒店的供给能力。酒店设施设备包括房屋建筑、所有设备及低值易耗品等。它不但指前台宾客使用的设施设备，也包括后台供应使用的设施设备，还包括服务员使用的设施设备，要求功能齐全，设施可靠、安全，外形美观。酒店设施设备不仅要有达到水准的使用价值，同时还要具有高雅、舒适的魅力价值，以及美感和风格特色。

(二)实物产品质量

实物产品是指可以直接满足宾客的物质消费需要的有形产品，其质量也是酒店服务质量的重要组成部分之一。实物产品质量通常包括四个方面。

1. 饮食产品质量

饮食是一种民族文化的反映，旅游者旅游的目的之一就是探求异地文化，因此，饮食文化在现代旅游中占有很重要的位置。大多数顾客都希望酒店能提供卫生安全、种类丰富、风味独特、富有文化内涵的餐饮产品。为了提高饮食产品质量，酒店可以从原材料采购、加工烹制、风味特色、卫生安全等方面加以考虑。

2. 宾客用品质量

宾客用品是酒店实物产品的一个组成部分，指酒店直接供宾客消费的各种生活用品。如客房用品为一次性消耗品(牙具、肥皂等)和多次性消耗品(棉织品、餐酒具等)。宾客用品质量应与酒店星级相适应，避免提供劣质品；宾客用品数量应充裕，不仅要满足客人需求，而且供应要及时。另外，还要考虑节能、环保因素。

3. 商品质量

酒店通常为满足宾客购物需要，通常都设有商场部，商品质量的优劣也会影响酒店服务质量。酒店商品应做到花色品种齐全、商品结构适当、商品陈列美观、价格合理等，更为重要的是要注重信誉，杜绝假冒伪劣商品。

4. 服务用品质量

服务用品质量是指酒店在提供服务过程中供服务人员使用的各种用品。它是提供优质服务的必要条件。服务用品质量要求品种齐全、数量充裕、性能优良、使用方便、安全卫生等。

(三)服务产品质量

服务产品质量指酒店提供的服务水平的质量，它是检查酒店服务质量的重要内容，通常包括六个方面。

1. 服务态度

服务态度是指酒店服务人员在对客服务中所体现出来的主观意向和心理状态。酒店员工服务态度的好坏是很多宾客关注的焦点，宾客可以原谅酒店的管理失误，但往往不能忍受酒店服务人员恶劣的服务态度。在酒店服务实践中，酒店员工良好的服务态度主要表现为热情、周到和得体等。

2. 服务技能

服务技能是酒店提高服务质量的技术保证，要求其员工掌握丰富的专业知识，具备娴熟的操作技术，并能根据具体情况灵活运用，从而达到给客人以美感和艺术享受的服务效果。同时，只有掌握好服务技能，才能使酒店服务达到标准，保证酒店服务质量。

3. 服务项目

酒店之所以被誉为“城中之城”“家外之家”，就是因为酒店服务项目的多样性。管理者对服务项目的设立应以满足客人需求和方便为宗旨，不因其小而不为之。同时，要加强市场调查，对宾客的兴趣、爱好、消费水平、新的需求进行了解，满足宾客的要求。

4. 服务效率

服务效率是指员工在其服务过程中提供服务的时限，是酒店员工素质的综合反映。服务人员要力求做到服务快而不乱，既迅速敏捷，又准确无误。提高效率、保证效率是酒店永远的目标。

5. 职业道德

职业道德是人们在一定的职业活动范围内所应遵守的行为规范的总和。酒店服务过程中，服务是否到位实际上取决于员工的事业心和责任感。因此遵守职业道德也是酒店服务质量的最基本构成之一。酒店员工应遵循“热情友好，真诚公道、信誉第一、文明礼貌、不卑不亢、一视同仁、团结协作、顾全大局、遵纪守法、廉洁奉公、钻研业务、提高技能”等旅游职业道德规范，真正做到敬业、乐业和勤业。

6. 礼节礼貌

礼节礼貌是以一定的形式向对方表示尊重、谦虚、欢迎、友好等态度的一种方式。礼节礼貌是整个酒店服务中最重要的部分，在酒店管理中备受重视，因为它直接关系着宾客满意度，是酒店提供优质服务的基本点。酒店礼节礼貌要求服务人员具有端庄的仪表仪容、文雅的语言谈吐、得体的行为举止等。

(四)环境氛围质量

环境氛围质量是指酒店的服务氛围给顾客带来的视觉上的美感和心理上的满足感。环境氛围由酒店的建筑、装饰、陈设、设施、灯光、声音、颜色以及员工的仪容仪表等因素构成。这种视觉和听觉印象对客人的情绪影响很大，客人往往把这种感受作为评价酒店质量优劣的依据，它能影响客人是否再次来酒店下榻。因此，管理者必须十分注意环境的布局和气氛的烘托，让宾客感到舒适、愉快、安全、方便并获得独特的心理体验。

(五)安全卫生质量

安全是人类的第一需要，酒店保证每一位顾客的生命和财产安全，这是酒店服务质量的最基本和重要的环节之一。酒店要为顾客制造出一种安全的气氛，给顾客以安全感。清洁卫生也是酒店业务工作中的重点和服务质量的重要内容。卫生状况不仅直接影响到顾客的身体健康，也反映了酒店的管理水平。

酒店作为一个综合性服务企业，不单只是向宾客提供食宿等基础服务，还要拓展服务的综合性和多样性。通常来讲，越是规模等级高、综合能力强、服务质量好的酒店，越具备功能齐备的服务项目。当然，这些多样的服务项目也要求酒店服务提供者具备专业服务理念、优质的服务态度和娴熟的服务技能。同时，这些无形产品质量又对酒店服务质量的提升有着很大程度的影响。酒店服务人员在具体工作中表现出来的酒店服务技能更能反映出其业务素质的高低及酒店整体服务质量的优劣。

【实践应用】

调查本地星级酒店在服务质量管理方面存在问题并提出解决措施。

>> 任务二　把握酒店服务质量存在的问题 <<

【学前导入】

问题：中国酒店业的服务质量较日、韩、东南亚以及欧美是否有差距？

【基础知识】

一、我国酒店业服务质量管理现状

近年来，中国酒店业蓬勃发展，酒店数量急剧增加，竞争局面已经形成，星级化成为一种潮流。酒店业总体运行良好，但酒店业管理水平发展极不均衡。虽然，出现了一批具有中国特点的，管理水平、服务质量和经济效益都比较先进的酒店，但是大多数酒店还是存在管理水平有待提高、服务质量总体偏低、顾客期望值和实际差距较大等问题。我国酒店服务呈现出参差不齐的服务质量水平。

二、酒店服务质量存在问题

服务质量管理已成为酒店经营管理的关键要素和核心内容，提高服务质量是酒店追求卓越经营品质和确立竞争优势的重要手段。但酒店服务产品具有自身的特殊性，如服务质量构成的综合性、系统性；质量呈现的短暂性；因时因人因地而异的多变性；服务质量各环节间的相互关联性以及对酒店员工素质的依赖性等。尤其是服务质量的优劣主要取决于客人的主观感受和评价，使得酒店服务产品质量较实体产品质量更加难以控制，进而增加了质量管理的难度。就目前我国酒店经营管理的实际情况来看，酒店服务质量较突出的问题主要表现在以下几个方面。

(一)服务质量水平较低

多年来，国内很多酒店员工服务工作缺少主动性，“微笑服务”开展不起来，缺乏基本的礼貌礼节，不会操作使用先进的设施设备，外语水平普遍较差。这些都是酒店服务质量水平低的表现。虽然近几年情况有所改善，但还不能令顾客满意。

(二)部门间缺乏服务协调

酒店服务产品具有综合性，是由不同部门、不同员工共同提供的，酒店服务质量的好坏取决于各部门之间、员工之间的配合与协调程度。如果部门经理只关心如何把自己的部门业绩搞好，而不是与其他部门合作，由此造成的障碍最终会把客人赶到竞争对手那里去。主管和一线员工在各自经理领导下进行着内部战争，指责其他部门。顾客成为这些内部战争的直接受害者，他们会选择不再光顾这间酒店。

(三)服务质量管理效率低

酒店产品服务质量比一般实物产品多了无形服务内容，所以质量控制更难把握。无形服务主体是人，也就是酒店员工，对服务人员的行为进行规范和控制是提高服务质量的根本途径，制定科学的服务质量标准和规程，并保证其能够切实、有效贯彻实施是保证酒店服务质量稳定性的主要手段。

我国酒店管理者质量管理意识仍较为薄弱，手段和技术较落后，具体表现为缺乏科学、完善的服务质量管理制度，或者是制定了完善的制度但执行不力，甚至各项制度过于陈旧，与顾客多样化和个性化需求有冲突。

(四)确保服务质量的“硬件”和“软件”不匹配

我国酒店业一直都有“重硬件、轻软件”的倾向，世界旅游组织曾派专家曾走访了我国 14 个旅游城市，考察了各地 112 家酒店，认为我国大部分旅游酒店的硬件设施已达到或超过国际同类酒店水平，但从业人员素质、质量管理及服务水平却落后于同行业国际水准。这与我国酒店星级评定标准过分强调酒店硬件设施指标有关，不利于酒店业服务质量的提高。

三、酒店服务质量问题产生的原因

(一)管理者缺乏战略眼光

(1)对服务质量重要性认识不够。服务质量不能直接创造收益，作用是间接的。酒店管理者往往关注能直接增加酒店收益的内容，对服务质量的重要性视而不见；认为服务质量管理投入资金大，得到的效果不明显，倒不如把资金投入到可见可触摸的硬件设施上，结果是“五星级的设施，三星级的服务”。管理者对服务质量管理的漠视，对酒店的伤害无疑是巨大的。

(2)对服务质量管理流于形式。一些酒店的管理“虎头蛇尾”。酒店管理者开始抓得很紧，一些规范和制度随之出台，效果也较明显。但由于没有对未来进行科学规划，制订各阶段的计划措施，缺乏对服务质量全过程、全员、全方位的管理，时间一久，质量意识慢慢淡化，问题随之出现，服务质量管理流于形式。

(二)酒店员工整体素质不高

(1)缺乏规范的行业劳动力水平认证及准入体系。酒店行业员工准入门槛低，专业人才市场尚未形成，未能成立权威性的星级酒店员工培训及认证机构，致使酒店行业招工条件参差不齐，降低了酒店业员工的总体素质水平。

(2)薪酬较低、难以吸引高素质人才。酒店员工，特别是与宾客直接接触的一线员工，在工作中不仅要消耗大量的体力，还要承受一定的精神压力。当员工的付出与所得到的回报严重不成比例时，必然产生不满心理、厌倦工作，能力较强的员工容易跳槽。而现实中酒店业员工薪酬普遍偏低，使高素质人才对酒店业望而却步，酒店员工整体素质难以得到提高。

(3)酒店内部缺乏对员工持续的培训。酒店管理者往往以为，只要在员工刚入职阶段加强培训，合格上岗后就可以一劳永逸。但酒店外部环境不断变化，顾客需求与偏好也在不断变化。如果没有对员工知识与技能进行及时更新就会与时代脱节，员工整体素质得不到提高。

(三)缺乏严密的质量控制系统

酒店服务产品具有综合性和质量不稳定性特点，酒店各部门、各岗位、各环节紧密相连，任何一个点出错都会影响顾客对整个酒店服务质量的评分。酒店往往缺乏严密的质量控制系统，各质量活动未纳入统一管理，就很容易发生问题。酒店业有一个很著名的公式“100－1＝0”，即一个环节、一个人的身上出现劣质服务，整个酒店的好形象将在顾客印象中不复存在。

四、提高酒店服务质量的对策

(一)提供个性化服务

个性化服务是21世纪酒店业成功的关键。个性化服务是一种非制度、非规范化的服务，所以它更依赖于一个好的组织气氛和酒店文化，可以说，没有一个好的酒店文化的服务文化，个性化服务便如无源之水，无从谈起。希尔顿酒店公司在企业文化管理上堪称典范，酒店要求员工成为公司的一部分，共同建立卓越的酒店。

(二)提高员工的薪酬福利

员工把获取报酬作为一种谋生的手段，随着经济全球化和旅游业的快速发展，人均工资水平会在一定幅度上调，当员工的付出与回报严重不相匹配时，跳槽也就成了他们的必然选择了，如果酒店能向员工提供较高的薪酬，不但有效地抑制了员工的流出，而且也吸引外部员工的进入。

(三)建立完善的激励体制

激励是现代管理学的核心，是人力资源管理中具有特殊意义的措施。在酒店业中管理者必须要了解员工的需求、动机，采取相应的激励措施调动员工的积极性、主动性、创造性，使员工目标和酒店目标融为一体，增强员工的归属感、荣誉感，以促进酒店企业与员工的共同发展。

(四)为员工制订职业生涯计划

酒店应根据自身的实际情况，关注员工的职业生涯发展，提供职业生涯机会的评估，帮助员工设定职业生涯目标，制订具体的行动计划和措施，使优秀员工的特长及发展方向符合酒店变化的需求。酒店通过帮助员工制订良好的个人发展计划，给予员工丰富的教育和培训机会，可以促进员工个人和酒店的共同发展，营造酒店与员工共同成长的组织氛围，让员工对未来充满信心和希望，降低员工的流失率。

总之，酒店服务质量水平的高低取决于酒店服务产品所能满足客人需求的程度，酒店要提高服务质量水平，应首先选择适合的目标市场，在正确理解顾客需求的基础上制定服务质量标准。对于有一定质量管理经验的酒店，应注重改善服务细节以提高服务的外围质量。服务无小事，酒店管理者应对服务过程中可能出现的问题给予足够的重视，追求零缺陷的服务境界，以树立和维护酒店良好的市场形象。

【实践应用】

参观当地一家星级酒店，了解其如何加强服务质量管理。

【项目小结】

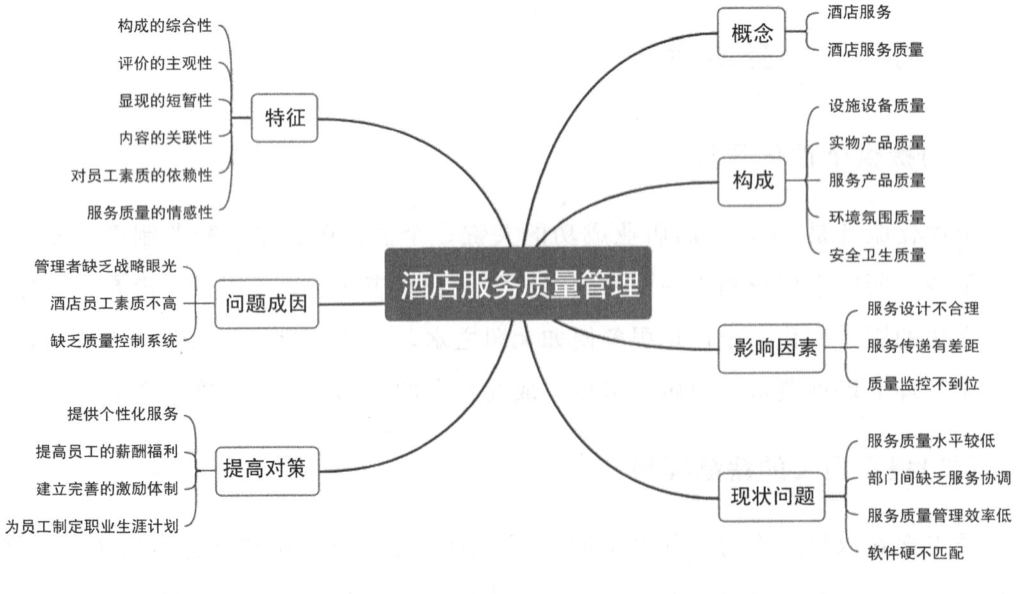

项目二　明确酒店服务质量管理体系

【项目描述】

通过学习本项目，学生能够准确理解酒店服务规程的概念，掌握酒店服务规程制定的方法，了解酒店服务质量管理体系，并能够准确运用酒店服务质量管理的方法。

学习目标	完成指标
知识目标	理解酒店服务规程的概念
	掌握酒店服务规程制定的方法
	了解酒店服务质量管理体系
能力目标	根据理论知识运用酒店服务质量方法解决存在的问题
	运用所学知识列举酒店服务质量管理方法
拓展目标	能够运用所学知识解决酒店投诉问题

>> 任务一　制定实施酒店服务规程 <<

【学前导入】

酒店在服务质量管理过程中，通常通过对服务标准和规程的制定和实施，以及各种管理原则和方法的运用，达到服务质量标准化、服务形式规范化、服务过程程序化，最终以优质服务赢得客人。酒店服务规程就是酒店进行质量管理的依据和基础，是酒店根据其等级而制定出的适合本酒店实际情况的管理制度和作业标准。

【基础知识】

一、酒店服务规程的概念

酒店服务规程是指以描述性语言对酒店某一特定的服务过程所包含的作业内容和顺序及该服务过程应达到的某种规格和标准所做的详细而具体的规定。简单地说，它是指某一特定服务过程的规范化程序和标准。

服务规程不是我们所说的一般意义上的作业程序。首先，它是一种规范，这种规范是以宾客对旅居生活的需求，以宾客和酒店的主从关系、交换关系为出发点，以科学管理为指导，从对服务作业的动作、过程、规律的分析研究中产生的。其次，规程的对象是每个具体的服务过程，每个服务过程都有作业动作和作业过程，都有效果标准。服务规程是为了达到服务的规范化而制定的。最后，规程以强制性的形式规定了服务过程的内容、程序、规格、标准，一经规定，每位员工都应执行。

服务规程有四个基本要点：

一是服务规程的对象和范围。服务规程是以酒店某一特定的服务过程、服务内容为对象，如总台入住登记、客房整房过程、值台迎宾过程、餐厅服务员给散客点菜过程等。只要饭店有一个服务过程，那么必定有一套与之相适应的服务规程。服务规程既然是以服务过程为依据，那么它就有个始终。通常把某一特定的服务内容从开始到结束称为一个服务过程。这样就对服务过程的范围做出了规定。

二是服务规程的内容和作业程序。服务规程要规定每个服务过程所应包括的内容和作业程序。服务内容要规定业务内容的本身，如总台入住登记的基本内容就有接受订房、登记，收取押金等。服务规程还要具体规定内容细节如动作、语言、姿态、手续、信息传递、用具、权限、时限、例外处理等。服务的作业程序是指前后的顺序。服务程序的规定要求符合作业过程的规律，同时要考虑减轻员工的劳动强度，减少物资消耗。

三是服务的规格和标准。服务规程要规定服务的规格和标准。就规格来说，不同星级不同档次的酒店有不同的规格。根据酒店的档次等级，以规程的各具体内容来核定服务的规格。就标准来说，不管哪一规格的服务都有标准。

四是服务规程的衔接和系统性。每套服务规程的首尾都要有与其他规程互相衔接互相连贯的内容。如客房各规程和总台规程的衔接，餐厅值台和跑菜规程的衔接，规程间的相互衔接和连贯，就形成了服务的系统性。

各酒店情况不同，决策不同，对服务规程的要求和形式也可以有所不同。服务规程仅仅规定了服务工作的基本要求和规范。酒店要鼓励员工超规程服务。

二、服务规程的制定

(一)服务规程制定的依据

服务规程不能是一纸空文，要真正成为酒店工作的准则。规程要建立在坚实的基础之上。服务规程的主要依据为：

(1)市场需求。服务规程要适合市场需要，确定规程前必须对市场需求作详细的调查和分析。

(2)本酒店的特点，包括酒店的星级、风格、管理特点以及酒店接待对象、组织形式、业务特点、员工素质等特点。

(3)国内外的先进水平。服务规程要吸收国内外的先进水平，以先进的服务保证质量水准。

(4)动作及作业研究结果。在编制规程前，要对每个作业过程进行过程分析和动作分析，在分析的基础上编制服务规程。

(二)酒店服务规程制定的方法

酒店服务规程的制定有两种方法：一种是由集体讨论，一人执笔编制成文。一种是由一人或数人编出规程草案交相关人员讨论定稿。不管采用哪种形式，其原则和编制过程基本相同。编制的基本过程为：

(1)提出目标和要求。酒店决策层的管理人员根据酒店等级，经深入的分析研究后，提出本酒店服务规程应达到的目标和具体要求，并将其布置落实到酒店每一相关部门。

(2)编制服务规程草案。各部门管理者召集下属主管、领班和资深服务人员讨论确定本部门的所有服务内容和服务过程，并制定出每一服务过程的规程草案。

(3)修改服务规程草案。草案出台后，将规程草案在小范围内试行，在实践中进行修改，使其更具可行性。最后将规程草案交酒店决策层审定。

(4)完善服务规程。随着酒店等级的提高、宾客需求的变化及酒店业的发展，酒店应随时调整服务规程，并定期修订，使之更适用和完善。

三、酒店服务规程的实施

制定科学合理的酒店服务规程非常重要，但更为重要的是酒店服务规程的实施。只有切实地实施服务规程，才能保持并且不断提高酒店服务质量，否则，服务规程不过是一纸空文。

(一)对员工进行服务质量基础教育

服务质量的教育主要从两个方面进行：一方面要教育员工懂得服务质量的重要性，懂得服务质量管理的科学方法，提高执行服务规程、维护酒店声誉的自觉性。另一方面要经常联系实际进行服务质量的总结分析讲评。分析典型实例，使大家对饭店服务质量有透彻的认识。

(二)对员工进行规程作业培训

要员工实施规程，先要让职工掌握规程。饭店对全体员工要进行规程作业培训。服务规程培训同样通过课堂培训、观看录像、实践操作培训三个阶段。培训后要进行考核，合格后才能上岗。

(三)对服务规程实施监督检查

全体管理人员对服务规程的实施情况要进行监督检查。一方面，通过原始记录和信息系统，反映服务规程执行情况。以此来检查控制各班组、各部门的规程实施；另一方面，通过管理人员经常的检查巡视，监督控制规程的实施。服务规程实施的检查结果要有记录，并有分期的统计资料。

【实践应用】

了解星级酒店客房服务工作规范。

>>任务二　建立并实施酒店服务质量管理体系<<

【学前导入】

要不断提高服务产品质量，就需要有系统的服务质量保证体系。那么，如何建设服务质量的保证体系呢？主要从以下几方面入手：一是明确而清晰的工作标准；二是科学的制度平台建设；三是成功的酒店队伍管理；四是完善的硬件设施设备；五是全面的监督检查制度。

【基础知识】

一、酒店服务质量管理体系的概念

酒店服务质量管理体系是指通过一定的制度、规章、方法、程序、机构等，把酒店服务的质量管理和质量保证活动加以系统化、标准化、制度化。建立质量保证体系的目的，就是要把酒店各部门质量管理职能纳入酒店统一的质量管理系统，其核心是依靠全体员工的积极性和创造性，运用科学的管理方法和手段，满足宾客的需求。

二、酒店服务质量管理体系的内容

(一)建立严格的质量责任制

明确酒店相关部门及人员的职责、任务和权限，实行垂直领导、统一管理、分工协作。责权分工和质量责任制可以使所有的管理者和员工各行其职，有效地避免推卸责任，并使酒店服务质量管理的每一项规定和措施都能得到不折不扣的执行。所以在酒店服务质量管理过程中，应明确规定酒店总经理、质管部、各业务部门和职能部门、各班组及岗位员工服务质量的应尽责任和权限，做到责权统一。

(二)设置专职质量管理机构，促进质量保证体系卓有成效地运行

有效的管理机构是提高酒店服务质量的组织保证。酒店应建立以总经理为首的

服务质量管理机构和网络，全面负责酒店的服务质量管理工作，即酒店各级管理者在总经理的直接领导下，根据本部门工作的实际情况，组建以各级管理者为首的服务质量管理小组，全面控制本部门或班组的服务质量，如餐饮部的菜点质量管理小组、餐厅服务质量管理小组、管事部服务用品管理小组等，形成遍布酒店的服务质量管理网络。管理网络的形成可以使酒店管理者及时发现问题并予以解决，把酒店质量差错降到最低限度。

(三)制定明确的酒店服务与质量管理规程

在酒店服务质量管理过程中，通常是通过对服务标准和规程的制定和实施，以及各种管理原则和方法的运用，达到服务质量标准化、服务形式规范化、服务过程程序化，最终以优质服务赢得客人。酒店服务规程就是酒店进行质量管理的依据和基础，是酒店根据各自的等级而制定出的适合本酒店实际情况的管理制度和作业标准。在此基础上，服务质量管理制度的内容主要有服务质量标准及其实施工作程序、服务质量检查制度、信息管理制度、投诉处理程序以及服务质量考核(奖惩)制度等。酒店服务质量管理制度应详尽具体，但不宜过多，而且应避免重复交叉或自相矛盾而使员工无所适从。服务质量管理制度是贯彻执行酒店服务规程、满足宾客需要的前提和保证。

(四)建立高效、灵敏的质量信息反馈系统

为质量管理活动提供确凿的信息依据，确保质量保证体系的正常运作。使用质量信息的部门或人员应将质量信息的使用结果反馈给质管部，质管部应将此结果作为新的质量信息加以整理分析，并重新传递至有关部门人员。

三、酒店服务质量管理体系的建立

(一)建立一套科学完善的服务质量管理机制

服务质量管理是一项全过程控制的系统工程，首先，应由总经理牵头成立质量监督管理委员会，以员工手册及部门操作流程标准为依据，来考察酒店的硬件设施和软件服务水平，从清洁卫生到员工的仪表举止，从宾客意见到满意度，制定出详细的管理制度。其次，形成质量体系网络。服务质量、产品质量管理是一项全方位开展的系统工作。要确保质量工作的有效开展，酒店必须形成质量体系网络，主要对质量工作重点和方向做出部署，对质量管理制度进行完善，如建立菜肴档案、服务标准、操作流程、顾客反馈机制、创新机制等。

(二)重视宾客投诉

建立定期分析宾客投诉问题的机制，研究事前防范机制，确定提高酒店服务质

量的新举措。细致研究每一项投诉内容，汇集主要问题和重点突出问题，完善服务体系和服务质量管理流程。

(三)加强沟通

集思广益，群策群力。发挥每个员工的积极性和创造性，共同研究酒店服务质量管理方面问题，把酒店服务质量管理作为每个员工的自觉行动。倾听员工对质量管理方面的意见，发挥每位员工的聪明才智，为酒店优质服务提出合理化的意见和建议。为激发员工参与积极性，可采取奖励行为，员工意见一经采纳，可予以一定奖励。

(四)质量检查与培训相结合

质量检查与培训有机结合保证服务、产品质量的稳步提高。在服务、产品质量管理工程里，检查是手段，培训是途径，提高是目的。要彻底地解决问题，开展有针对性的培训，如采取案例分析等培训形式，重点对酒店服务及产品质量的薄弱环节进行培训。

(五)质量暗访

为保证质量的多样性，可请酒店管理方面的同行、专家对酒店服务质量进行暗访，检查者以客人的身份(特殊客人的身份)，来体验酒店各项服务。可查出酒店内部管理人员平时检查发现不了的问题。

(六)建立激励机制

从长远角度而言，要建立质量考核与工作激励的机制。每月各方面的质量考核情况(宾客投诉、大堂检查、总经理、驻店经理和夜间经理的巡视督导、安全、设备、卫生、纪律、服务等职能委员会的考核检查等)，由大堂副理分门别类做一次考核汇总，将是对每个部门整体工作考核的重要依据。

使客人对酒店服务的态度从满意到惊喜，从惊喜到感动，是酒店人毕生追求的终极目标。酒店唯有从大局出发，系统性、全面性地建立起影响酒店服务各方面的质量管理体系，方能使服务的各个环节环环紧扣，从而推动服务质量的提升。

【深入理解】

建立酒店服务质量管理体系的原则

【实践应用】

了解本地星级酒店为提高服务质量而采取的服务质量管理方法。

【项目小结】

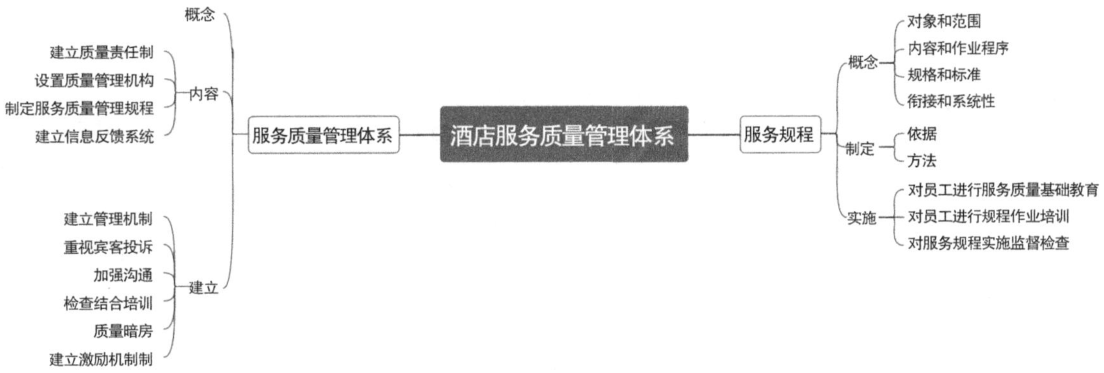

项目三　把握酒店服务质量衡量标准与评价体系

【项目描述】

通过学习本项目，学生能够准确理解衡量酒店服务质量的基本标准，掌握酒店服务质量评价体系的构成要素；了解酒店服务质量管体系的构建准则，理解酒店服务质量评价体系的评价目标。

学习目标	完成指标
知识目标	了解酒店服务质量衡量标准
	掌握酒店服务质量评价体系的构成要素
	了解酒店服务质量的特点
能力目标	根据理论知识分析酒店服务质量评价方面存在的问题
	运用所学知识列举酒店服务质量体系的构建准则
拓展目标	能够运用所学知识评价酒店质量问题

>> 任务一　了解酒店服务质量衡量标准 <<

【学前导入】

一个酒店服务质量好坏的标准

【基础知识】

一、衡量酒店服务质量的基本标准

受各种主、客观因素的影响，顾客对酒店服务质量的衡量标准带有明显的随意性、即时性、主观性。国内外大量关于酒店服务质量衡量标准的研究结果表明：顾客感觉中的服务质量是由可靠性、反应性、可信性、移情性、可感知性五类服务属性决定的。

(一)可靠性

可靠性对顾客感觉中的服务质量影响最大。酒店必须不断提高服务质量，尽力为顾客提供正确、可靠、无差错的服务，才能提高顾客的满意程度。如果酒店不重视服务细节，服务工作经常出现差错，就必然会失去顾客的信任，损害自己的市场声誉。消费者要求100%可靠的服务。美国著名服务营销学家贝里、潘拉索拉曼和隋塞莫尔都认为，可靠性是服务质量的关键和核心属性。提高服务可靠性，减少服务差错，可提高酒店的经营效率。在激烈的市场竞争中，只有那些以100%可靠性为奋斗目标的酒店，才能取得市场竞争优势。

(二)反应性

反应性也称敏感性，是指服务人员愿意帮助顾客，并及时地为顾客服务。它考查的是服务人员对于客人需求的反应速度，客人的需求包括现实和潜在两个方面。反应性高的服务人员，具有较强的应变能力，他能使客人感到自己正受到关注和尊重，客人会认为服务人员一直在为自己工作。

(三)可信性

可信性指服务人员的知识、技能和礼节能使顾客产生安全感和信任感。增强酒店服务的可信性至少具备两个方面的要求：一是酒店为顾客提供的有形产品与无形服务是安全可靠的；二是酒店员工拥有较丰富的酒店服务、顾客需求知识，具备传达信赖和信心的能力。

(四)移情性

移情性指服务人员设身处地为顾客着想，关心顾客，为顾客提供个性化服务。对客人需求的反应速度快慢是建立在服务人员服务意识与服务技能综合基础上，只有具有较强的服务意识，才能"想客人之所想，急客人之所急"，才能愿意花时间去研究客人的需求。同时只有具备了较高的服务技能，才能快速、及时地完成客人所交代的任务。

(五)可感知性

可感知性即有形证据，指顾客能够感受到的服务人员的服装和仪表、服务设施、服务设备、促销资料等有形证据。服务人员端庄的服饰、甜美的微笑、礼貌的用语以及大方的行为举止都是服务质量重要的有形证据。饭店的所有有形事物和人物都为无形的服务提供有形证据。服务设施、服务设备、服务人员和顾客的仪态仪表，都是服务环境的重要组成成分。

除以上五类属性之外，有人认为补救性措施也是一个重要的属性。服务工作出现差错或无法预见的问题之后，酒店应尽快采取补救性措施，找出顾客可以接受的解决方法。在这五类属性中，“可靠”显然与技术性质量有关。

二、衡量酒店服务质量的专项标准

酒店产品的销售过程是有形物质消耗(酒水、饮食)和无形劳动(各种服务)相结合的过程。服务质量高的酒店不仅要有现代化的客房、餐厅以及各种服务设施，而且还要有懂业务、善经营的各级管理人员和服务态度好、技术水平高的服务员，以及灵活方便的经营服务项目。因此，酒店服务质量评价标准就包括了有形设施标准和无形产品标准。酒店的服务是无形的，不能用数量化标准来衡量。因此，酒店服务质量的衡量标准一般通过下面两个专项来反映。

(一)满足宾客需要的整套服务规程作为衡量标准

这套服务规程包括整套语言、动作和技能、操作要求，可使本来零散琐碎的服务工作规范化，是酒店服务所应达到的规格、程序和标准，它使酒店服务工作规范化、系统化、标准化。具体内容在：保证设施良好运转的规程；保证顾客舒适的规程，即制定各种操作规范和岗位责任制；保证质量服务规程，如服务态度标准化、规范化。

(二)酒店“回头客”比率

这是一个从实际出发的直接衡量酒店服务质量的重要标志。开发一个新客户所花费的成本要远高于维护一个老客户所花费的成本，酒店通过维护已有的顾客就等于稳住已有的市场份额，还可以通过老客户的口碑宣传吸引更多的新客户。

>> 任务二　明确酒店服务质量评价体系 <<

【学前导入】

线上酒店服务质量评价标准与等级划分

【基础知识】

做好酒店服务质量与服务业绩的评价、考核工作，是酒店落实经济责任制、调动员工积极性的重要举措。而服务业绩的评价工作要能真正地起到奖勤罚懒、扶优治劣的作用，就必须避免长官意志和感情用事的倾向，较好地体现客观性、合理性，即要对服务业绩、服务质量进行公平、公正和公开的评价，并构建科学合理的服务质量评价体系。

一、酒店服务质量评价体系的构成要素

酒店服务质量评价体系包括评价主体、评价客体与评价媒体三大要素。

(一)评价主体

目前充当评价主体的主要有顾客、酒店和第三方组织，对服务质量评价的研究主要从顾客评价、自我组织评价和第三方评价这三个角度入手。

1. 顾客评价

顾客评价是指从顾客角度对服务质量进行测量，是饭店运用得最广泛的评价方法。顾客是饭店全体员工的服务对象，满足顾客的需求是饭店服务追求的目标。但顾客服务质量评价标准中的期望服务指标、感知服务指标以及服务质量的可靠性、响应性、保证性、移情性、有形性等指标涉及许多主观心理因素，因此较难确定，这使其带有浓厚的主观性、模糊性、差异性以及不公平性色彩。顾客评价的形式有以下几种：

(1) 顾客意见调查表。这是酒店广泛采用的一种顾客评价的方式。具体做法是先设计好有关酒店服务质量具体问题的意见征求表格，并将其放置于易于被客人取到的客房内或其他营业场所，由客人自行填写并投入酒店设置的意见收集箱内或交至大堂副理处。这种评价方式涉及范围广，客观性较强。当前国际上许多酒店还利用互联网和其他一些在线服务进行顾客意见的调查。这种方式快速而及时，因而很受欢迎。

(2)电话访问。这种方式可以单独使用，也可以结合销售电话同时使用。访问时可以根据设计好的问题进行，也可以没有固定问题，因此自由度与随意性比较大。

(3) 现场访问。现场访问又称突击访问，做法是抓住与顾客会面的短暂机会尽可能多地获取顾客对本店服务的看法与评价。现场访问应充分利用时机，如对特殊VIP顾客在迎来送往中的现场访问，对消费大户的现场访问，对偶然遇到的老朋友、老熟客的现场访问等。

(4) 小组座谈。小组座谈是指酒店邀请一定数量的有代表性的顾客，采用一种取舍的形式就有关酒店服务质量方面的问题进行意见征询、探讨与小组座谈可结合酒店其他公关活动同时进行，向被邀请的顾客赠送礼物或纪念品。

(5)常客拜访。商家向潜在顾客推销产品的成功率是15%，而向现有常客推销产品的成功率则达50%。酒店管理者应把常客作为主要目标和服务项目的主体进行专程拜访，显示酒店对常客的重视与关心。

2. 自我组织评价

酒店作为酒店服务的提供者，有义务对其所提供的服务进行考察与评判，尽量减少提供不合格服务。其评价形式如下。

(1) 酒店统一评价。这种方式是由酒店服务质量管理部门进行检查，是酒店服务质量管理最具权威性，最容易引起酒店各部门重视的方式。这种形式应注重以下几方面内容：① 注意对不同部门的重点考核，关注各部门服务质量的差异性；

② 注意评价的均衡性，除了应做好前台服务质量的评判工作外，还应对后台工作进行考察；③ 重视评价的严肃性，对于不达标、有问题的当事人和责任人必须依照酒店有关管理条例做出处理。

(2)部门自评。按照酒店服务质量的统一标准，各个部门、各个班组自己对自己的考核与评价。部门自评大致可分为酒店级，部门级和班组、岗位级三个层次。部门自评是建立在酒店统一的服务质量标准基础上的，酒店服务质量管理机构应对部门自评结果进行考核与监督，对于存在较大差异的情况应引起重视，找出原因并加以解决。

(3)专家暗访。酒店内部的各层次考评固然十分重要，但难免会因长期身在此山中，而“不识庐山真面目”。因此应聘请相关专家以神秘顾客方式入住酒店，抓住每个真实瞬间对酒店服务质量进行毫无偏见的评价。这种评价方式在西方被广泛使用，评价结果不仅真实可信、具有专业权威性，也有助于酒店发现自身难以发现的质量问题，每个酒店管理公司都有一套自己的神秘顾客评价量表，一般不对外公布。

(4)专项质评。这是指酒店针对特定的服务内容、服务规范进行检查与评估。酒店通常对自己的优势服务项目或在特定时间内开展专项质评，并以服务承诺或服务保证的方式向顾客显示质评后的服务效果。酒店通常会对服务基本质量保证、服务时限、服务附加值、服务满意度等做出承诺，并通过制定更高的服务质量标准、较高的服务质量补偿金、简化顾客申诉程序等措施来贯彻酒店服务质量承诺。

3. 第三方评价

第三方评价是指行业主管机构、社团组织等相关部门从标准化文件、行业法令法规、政府文献等角度来评价酒店服务质量。由于第三方独立于利益相关者，既不代表接受服务的顾客利益，也不代表提供服务的酒店利益，是从“旁观者”的角度利用各项标准来评价服务质量的，较为客观、公正，其评价的结果较能让大众信服。

其评价形式如下。

(1)资格认定。在我国，旅游业以定点方式确定涉外与不涉外资格。比如，旅游涉外定点餐馆、定点商店涉外酒店、涉外娱乐场所等。

(2)等级认定。目前，在我国餐馆业存在两大认定体系：星级酒店与等级酒店。星级酒店以中高档酒店为对象，以五角星的多寡作为等级标识，星级越高等级越高；等级酒店以餐饮业为主要认定对象，以文字反映被评对象的档次，如特级酒店、一级酒店、二级酒店等。

(3)质量体系认证。质量认证是指由可以充分信任的第三方证实某一鉴定的产品或服务符合特定标准或其他技术规范的活动。国际著名的第三方评价标准主要有ISO 900X标准，ISO 9004—2《质量管理和质量体系要素服务指南》以及世界一流酒店组织的《饭店服务质量检查评分表》。我国已参加国际标准化组织并取得认证资格，因而我国企业获得的质量认证证书是国际通行的。

(4)行业组织、报刊、社团组织的评比。利用酒店行业组织、社团组织、民意调查表、市场研究公司、报纸杂志等对酒店的服务质量进行评价的方式。例如，我国举办酒店“百优五十佳”评比；《公共机构投资人》杂志，每年以打分方式评出全球最佳酒店；其他如美国质量协会、餐旅协会的五星钻石奖；日本旅业公会的“最佳休闲度假场所”等。

第三方评价各有其优缺点。为了构建更加科学合理、操作性强的服务质量评价体系，要求酒店业应将顾客评价、酒店组织评价以及第三方评价有机地结合起来，深入细致地权衡第三方评价的优缺点，并对第三方评价因子做出合理的选择，对因子权重做系统、全面和客观的考察。

(二)评价客体

它包括两个方面的内容，即由设施、设备等构成的硬件服务质量；由服务项目、服务水平等构成的软件服务质量。

(三)评价媒体

它是指评价的表现形式、各评价主体反映评价结果的渠道，即评价的主体通过何种形式来表现其评价的过程和结果，如顾客通过表扬、抱怨、投诉来表现；或酒店组织以服务质量报告、专项质量管理、奖惩制度、服务流程设计等来反映；或第三方机构进行评价后以酒店评论、行业公报以及包括升级、降级等奖惩方式对评价结果进行公开。

二、酒店服务质量评价体系构建的准则

酒店服务质量评价体系主要的构建准则为：

(1)可操作性。因服务质量评价应该具有可操作性，评价的标准明确，评价的目标不仅要评价服务质量高低还要求指出酒店服务质量的缺失之处。可操作性也可以解释为客观性，服务质量评价的结果应该真实有效，杜绝虚假成分。

(2)系统性。酒店服务质量评价应是一个完整的系统，只有完整、系统的评价体系才能保证评价结果的正确。在酒店服务质量评价中既要以顾客评价、顾客满意作为主要评价指标，也要有提供服务的服务者本身进行的自我评价，还要有既不是服务对象也不是服务提供者，即不存在“利益”驱动的第三方评价。

(3)市场导向性。酒店服务质量评价应该随着酒店服务的变化而变化，在建立服务标准时，应以顾客的需要为宗旨。从顾客的需要出发，教育员工树立顾客第一的市场导向观念，改进不合理的标准和程序，以规范标准服务客人。

(4)国际性。酒店服务质量评价作为酒店质量管理的重要组成部分，应逐步完完善评价工作的体系，注重与国际先进水平的接轨，学习国际酒店服务质量管理与评价体系，对于国际酒店实践效果良好的体系进行研究与应用。

三、酒店服务质量评价体系的评价指标

酒店的服务标准必须依据可以观察到的需经顾客评价的特性加以明确规定。酒店服务质量的评价指标应包括以下内容：

(1)顾客满意指标，如顾客满意率、平均顾客满意度、顾客投诉率、投诉回复率、二次购买率等。

(2)服务硬件质量指标，如房间数量、设施设备档次与数量、设备完好率、设备维修率等。

(3)服务软件质量指标，如服务限时、高素质服务人员比重、服务人员外语水平等。

(4)酒店经济指标。酒店经济指标可以包括利润总额、销售利润率、利润增长率、资产利润率等。

【实践应用】

以当地星级酒店为例，制定一份服务质量评价标准。

【项目小结】

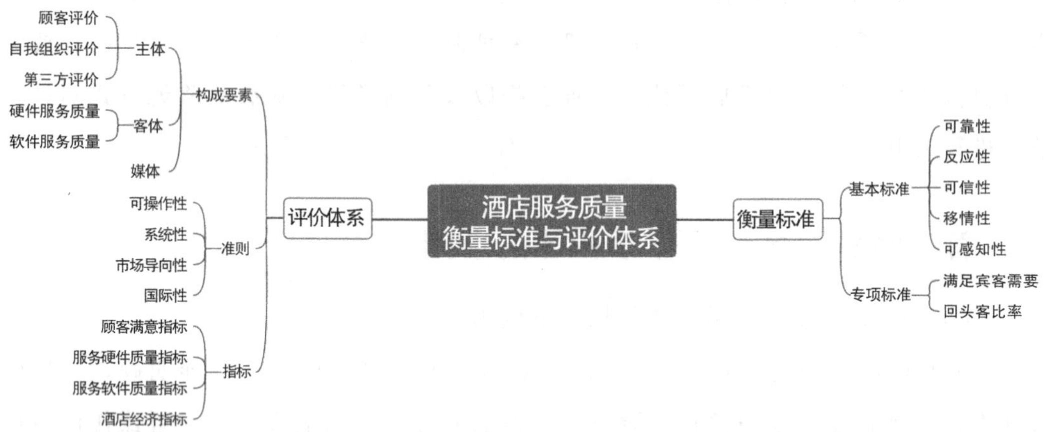

【练习测试】

1. 简述酒店服务质量的主要特点。
2. 简述酒店服务质量的构成。
3. 阐述酒店服务质量管理的主要方法。
4. 阐述酒店服务质量管理体系策划的原则。
5. 提高酒店服务质量的对策有哪些？
6. 简述酒店全面质量管理的内容。

模块七　了解酒店对客业务

【模块描述】

酒店对客业务即酒店工作的主要内容，是酒店存在和运行的基础。酒店对客业务构成因各酒店的环境条件不同而不同。酒店对客业务有主营业务和配套业务。主营业务是酒店的社会功能所确定的业务，即接待旅居所需要的住宿、饮食等业务。主营业务是酒店的根基和主体，是酒店对客业务的中心。配套业务是配合主营业务、丰富宾客旅居生活的其他业务项目。本模块主要介绍酒店主营业务，即前厅、客房、餐饮业务。

项目一　管理酒店前厅

【项目描述】

通过学习本项目，学生能够明确酒店前厅部的主要职能与要求，熟悉前厅接待与服务管理，同时了解酒店“金钥匙”服务的理念。

学习目标	完成指标
知识目标	明确酒店前厅部的各岗位设置与职责
	熟悉酒店前厅接待与服务管理
	了解酒店金钥匙服务
能力目标	运用所学列举前厅相关接待工作
	掌握前厅接待工作的要求与管理重点
拓展目标	能够分析酒店前厅接待现状及发展趋势

>> 任务一　明确酒店前厅部主要职能与要求 <<

【基础知识】

酒店前厅部一般位于酒店的门厅处，是负责销售酒店产品、联络和协调酒店各部门对客服务、为客人提供前厅服务的部门。酒店前厅部也是酒店经营管理中的一个重要部门，它主要承担以酒店客房的实际销售为中心的一系列工作，例如为客人办理入住酒店及结账等经营中较为详细的工作，同时前厅部还是酒店业务活动和对客服务的一个综合性部门。

一、前厅部的地位和作用

前厅部是酒店经营管理中必不可少的环节，由于其工作具有接触面广、政策性强、业务繁杂、关系全局等特点，在酒店具有十分重要的地位和作用。

首先，前厅部是酒店业务活动的中心，前厅可以通过客房的销售来带动酒店其他业务部门的经济活动。在经济活动中是整个酒店承上启下、联系内外、疏通左右的枢纽，可以说是整个酒店的神经中枢，酒店主要是为客人提供食宿的场所，客房是酒店最主要的产品，前厅部通过积极开展客房的预订业务，为抵店的客人办理入住登记手续，及安排住房来宣传和推销酒店产品。同时前厅部还要及时地将客源、客情、客人需求及投诉等各种信息传递给其他部门，协调全酒店的对客服务工作，以确保服务工作的效率和质量。

第二，前厅部是为客人服务的中心，其工作贯穿于客人与酒店交易往来的全过程，是客人与酒店联系的纽带。

第三，前厅部是酒店的神经枢纽。在客人的心目中，它是酒店管理机构的代表，客人入住登记在前厅部，客人结算在前厅部，客人遇到困难寻求帮助。找前厅部，客人感到不满时投诉也找前厅部，酒店前厅工作人员的言语举止，将给客人留下深刻的第一印象。如果前厅工作人员能以彬彬有礼的态度接待客人，以娴熟的技巧为客人提供服务或妥善处理客人投诉，认真有效地帮助客人解决疑难问题，那么客人将对酒店的其他服务也会感到放心和满意。反之客人对一切都不会感到满意，因此前厅部的工作直接反映了酒店的工作效率、服务质量和管理水平，直接影响酒店的总体形象。

第四，前厅部是酒店管理机构的参谋和助手，作为酒店业务活动中心，前厅部收集到有关整个酒店经营管理的各种信息，并可通过对这些信息认真整理和分析，定期向酒店管理者提供真实反映酒店管理情况的数据和报表。前厅部还定期向酒店管理机构提供咨询意见，作为制订和调整酒店计划和经营服务策略的参考数据。因此前厅部的运行和管理水平能反映出整个酒店的工作效率、服务质量和管理水平，并直接影响酒店的经营效果，其地位和作用十分重要。

二、前厅部的主要工作任务

前厅部的地位和作用，决定了它在酒店经营中所承担的任务。虽然不同规模的酒店组织机构不同，但其基本任务是一致的。

第一，销售客房。销售客房是前厅部的主要任务，酒店为宾客提供食宿是最基本的功能。客房是住店宾客消费数额最大、最主要的商品。一般地来讲，客房销售额在酒店总收入中占比高于其他收入，在国际上客房收入、餐饮收入和其他收入为5∶4∶1，客房销售直接影响酒店的经济效益。因此前厅部应运用科学的管理手段，高效率地完成客房销售工作，搞好客房销售预测，以提高客房的销售能力，同时积极参与酒店的市场调研和市场预测，参与房价及促销计划的制订，配合销售部门进行宣传和促销，开展客房预订业务，热情接待客人，办理客人的登记入住手续，安排任务和确定房价等工作。

第二，建立客账。当一位客人办理入住手续后，前厅必须为其开设一个账户，以记录客人在酒店住宿期间的消费，一般客人账户包括每日的房价、餐厅的消费、客房用餐服务费用、饮料费、洗衣服务费、外卖服务费、电话费等一切在酒店消费的，不以现金支付的费用。

第三，提供各类前厅服务，前厅部作为对客服务的集中点，担负着直接对客服务的繁重工作。如在酒店、大门、机场或车站迎送服客人的服务，行李搬运服务，接受问讯及投诉处理邮件，发放客房钥匙，贵重物品保管及通过电话总机所提供的各项服务。

第四，联络和协调对客服务，前厅部是联系客人与酒店的桥梁，为了更好地服务前厅部，必须同各部门各单位密切的配合，以保证酒店经营业务的正常运转。

第五，处理和提供信息资料。由于前厅部处于酒店业务活动的中心地位，每天能接触大量的信息，如有关客源、市场、产品、销售、营业收入、客人的需求及反馈意见等。前厅部要将这些信息加以处理，向酒店的各级管理部门报告，前厅部通过为客人建立客史档案，记录客人在店逗留时间的主要情况和数据，并及时分析，同时做好客房预订接待情况、客史资料等收存归档，定期进行统计分析，形成以课题前厅为中心的收集、处理、传递及储存信息的系统。

第六，沟通联络外部关系。前厅部与外面业务的联系是酒店的重要渠道之一。为了发展酒店业务，它同客源市场、旅行社、订房机构、使馆等有着经常密切的联系，同时为了安排旅客的活动，收集交通、住宿等商务旅客的资料，它又和机场、车站、码头、国外航空公司以及其他酒店保持广泛的业务联系和良好的关系。

>> 任务二　熟悉酒店前厅接待与服务管理 <<

【学前导入】

记住你的客人

【基础知识】

一、前厅部预订业务管理

预订就是客人在未到达饭点之前预先提出具体用房的要求。越来越多的宾客向酒店预订房间，宾客之所以不怕麻烦，是因为他们希望在抵店时自己所期望的客房已由酒店准备好。酒店之所以受理并确认宾客的订房要求，是为了有效地控制宾客的抵、离店活动，做好宾客抵达前的准备工作，以便在尽可能满足宾客的住宿需求的同时，又使酒店客房获得最理想的出租率。

(一)宾客联系酒店预订的途径与方式

随着改革开放的深入和发展，酒店业的竞争也日趋激烈，为保证各自的酒店有足够的客源，我国的酒店业也开始建立和完善自己的预订渠道。酒店的客源主要来自以下几个渠道：

(1)直接向酒店订房的宾客。

(2)由酒店签订商务合同的单位介绍的宾客。

(3)由酒店加入的订房系统介绍的宾客。

(4)由旅游代理商或旅行社介绍的宾客。

(5)由交通运输部门介绍的宾客。

(6)由会议组织机构介绍的宾客。

(7)由政府机关或企事业单位邀请的宾客。

宾客与酒店联系方式通常有以下几种：

(1)电话。其特点是迅速简便，而且预订员与宾客之间能达到迅速沟通的目的，并可以迅速地了解酒店是否有空房，房价是否合适，而预订原则可以全面了解宾客的预订需求、付款方式、抵达店里的具体时间和日期、是否有特殊需求，以便做好个性化服务。受理电话预订时应注意绝不能让对方久等。如不能立即答复，应请宾客留下电话号码，确认再次通话的时间。对可受理的预订应认真聆听，仔细记录，并与宾客核对约定内容，确保准确无误。

(2)信函。此类预订较正式。信函如同一份合同，对酒店与宾客都起着约束作用。

(3)传真。其特点是传递快捷、即发即收、内容详尽，并可传递宾客的笔迹，如签名等。此方式可将宾客的预订资料原封不动地保存，不易出现预订纠纷。

(4)面谈。宾客或委托人来到酒店直接与前厅部洽谈预订事宜。特点是预订员有机会更为详尽地了解宾客预订的需求，而且可以当面回答宾客提出的任何问题，同时还能视宾客的神态、表情等洞察其心理活动，有针对性地采取相应的推销技巧，进行实时销售。受理此种预订时，应尽量避免向宾客做具体房间号的承诺。

(5)网络。该方式不仅方便宾客，而且可提高预订工作效率，能广泛争取客源，同时能及时处理和更新预订信息。随着新媒体技术的发展，越来越多的宾客在网上进行预订。酒店业越来越注重网上宣传的设计，以增强吸引力。

(二)酒店客房预订的类型

1. 临时预订

临时预订是指宾客在接近入住时才向酒店提出订房的一种形式，这种订房日期与抵点日期非常接近，甚至可能是入住当天才进行预订。一般情况下，酒店没有足够的时间给予宾客书面确认，均与口头形式确认。当天的临时性预订，通常由总服务台的接待员直接受理，接受此类预订时，应注意询问宾客抵店的时间或所乘航班车次，并提醒宾客预订将保留至当日下午 6:00，以免在用房紧张时引起不必要的纠纷。

2. 确认类预订

确认预订是指客人在提前较长时间就向酒店预订房间，酒店已致函确认信接受预订房间的订房形式。确认类预订一般酒店将宾客预订房间保留至某一事先声明的规定时间，如到了这一规定时间，宾客仍未抵店，也无任何声明，在用房紧张时，酒店可将客房出租给等候名单上的宾客或其他宾客。确认类书面约定确认与口头确认相比有以下几个特点：(1)证明酒店方面已经正确理解并接受了宾客的预订。(2)确认书不但复述了宾客的订房需求，还写明了房价保留时间及预付定金的方法等事项。可以说确认书以书面的形式约束了酒店与宾客之间的关系。在国外确认性受法律的保护。(3)宾客的个人资料，如姓名、出生年月、工作单位、住址等得到证实，所以这类宾客具备较高的信用度，绝大多数酒店允许此类宾客在住店期间享受短期小额的赊账服务。

3. 保证类预订

保证类预订是指通过使用信用卡、预付订金等形式订房，一方面保障酒店收入，另一方面酒店必须保证为住客提供预订入住时所需的房间。这类预订酒店则必须在任何情况下都保证预订的落实。结房时间为次日中午 12 点。此类预订使酒店与未来的住客之间建立了更牢固的关系，并且保护了双方的利益。宾客办理此类预订可通过三种途径：(1)信用卡。宾客在订房时向酒店声明，将使用信用卡为订的房间付款，并把信用卡的种类、号码、失效期及持卡人的姓名告知酒店。即使宾客在计划抵店的日期未抵店，酒店也可以通过信用卡获得房租收入。(2)预付定金。对于酒店来说，最理想的保证预订的方法是要求宾客预付定金。为了避免损失，酒店通常要求组团单位，在旺季也要求散客或他们的代理人在住客抵店前预付一天的房租给酒店，若宾客在临近抵店日期时预订，酒店没有足够时间收取预付款，则可让宾客使用信用卡担保进行预订。(3)签订合同。签订合同是指酒店与有关客户单位签订的订房合同，合同内容包括签约单位的地址、账号以及同意为未使用的订房承担付款责任的说明，同时还规定了通知取消的最后期限，如签约单位未能在规定的期限通知取消，酒店可以向对方收取房费。保证类预订保护了宾客，使其免因酒店失约而得不到客房，同时也确保酒店在客人订房而不抵店的情况出现时能收回房租。

(三)客房预订工作的程序内容

为了确保客房预订工作得以高效运转，前厅部必须健全客房预订程序。通常客房预订的程序可以概括为通信联系、明确客源、受理预订或婉拒预订、确认预订、预订资料的记录笔储存、修改预订、抵店准备 7 个阶段。

1. 通信联系

宾客往往用电话、传真、面谈、互联网信函等方式向酒店前厅部预订处提出预订。

2. 明确客源

预订员应主动向宾客询问已获悉宾客的住宿要求，并将其所获取预订信息填入客房预订单。

3. 受理预订或婉拒预订

决定是否能够接受一项订房要求时，需要考虑下列多方面的因素，如预期抵店日期、所需客房类型、数量、住宿天数、接受宾客预订，意味着预订员将根据程序进行下一步服务程序。婉拒预订后服务并未终止，可征求宾客意见，调换房间类型或更改抵店日期等。

4. 确认预订

确认预订不但使酒店进一步明确宾客的预订需求，而且使酒店与宾客间就房价付款方式、取消条款等声明达成正式协议。

5. 预订资料的记录和储存

在发出确认后，必须及时、正确记录和储存预订资料，以防疏漏。(1)写预订单，用于记录一项具体预订的所有信息，预订单的填写必须做到准确无误，不漏项。(2)客房预订汇总表上标明住房的类型、数量及住房天数等。(3)按宾客所抵店日期顺序储存，这样便于随时掌握未来每天的宾客抵点情况。(4)按宾客姓氏字母顺序储存，按照宾客姓氏第一个字母的顺序，将预订单归档储存，以便随时查找宾客的预订资料。

6. 修改预订

预订宾客在抵店前可能会因种种原因对其预订进行更改或取消。在处理时预订员要注意以下几点：(1)迅速查找出该宾客的预订单，并作出相应标记，即更改或取消。(2)记录来电者的姓名、电话号码、单位地址等，以便进行确认。(3)修改相应的预订资料，如更改、预订、从表、卡条等，确保预订信息的准确性。(4)若预订的变更内容涉及一些特殊安排，如派车、接送、放置鲜花、水果等，则需尽快给相关部门发出变更或取消的通知，总之在处理预订、更改或取消预订时应耐心高效地对客服务，无论是宾客变更或取消，还是酒店婉拒预订，都有宾客方面或酒店方面的客观原因，预订员既要灵活地面对现实，又要表现出极大的热情，并提供有效的帮助。

7. 抵店准备

宾客抵店前的准备工作大致分为下列三个阶段：(1)提前一周或数周将酒店主要客情，如重点宾客、大型团队会议、接待、客满等信息通知各部门，可采取分发各类预报表的方式，也可召开由运转总经理主持的协商会。(2)宾客抵店前夕，将客情及具体的接待安排，以书面形式通知相关部门做好准备工作。酒店在这方面常使用的表格有次日抵店宾客一览表、特殊要求通知单等。(3)宾客抵店的当天，前厅接待员应根据宾客的预订具体要求提前排房，并将有关接待细节如变更或补充，通知相关部门共同完成宾客抵店前的各项准备工作。

(四)预订失约及其处理

为了能满足宾客的要求，保护宾客的利益，有利于酒店的经营管理工作，酒店通常会制定相关的预订政策，使预订工作有章可循，但实际工作中仍有可能发生工作疏漏，产生预订纠纷，如未能掌握准确可售房的数量，主要表现为客房预订处与接待处营销部的沟通不畅，客房预订处与预订中心系统和预订代理处的沟通不良，客房预订处与客房部有关客房状态显示出现差异等；预订过程中出现差错，具体表现为姓名拼写错误、日期出错、项目遗漏、存档顺序搞乱、变更及取消处理不当；未能真正领会宾客的预订要求，如对前厅术语理解不一致，业务素质不高，或因疏忽未能最终落实宾客的预订要求；部际间沟通协调不畅，酒店内部缺少沟通环境，酒店服务人员缺乏沟通意识和合作精神；预订员对销售政策缺乏了解；未能精确统计信息数据及实施超额预订过度，过高估计预订未到宾客的用房数，过高估计临时取消宾客的用房数，过高估计提前抵店宾客的用房数，过低估计延期住店宾客的用房数等。

对于在规定时间内抵店的持保证性或确认性预订证明的宾客，由于上述原因而没有房间，按照国际惯例及酒店业常规，酒店可采用如下处理方法：

(1)诚恳解释原因，并致歉意，请求宾客谅解。

(2)立即与其他同等级酒店联系请求援助，若找不到相同等级的酒店，则应安排宾客住档次稍高一点的酒店，高出的房费由本酒店支付。

(3)免费提供交通工具和第一夜房费。

(4)免费提供一至两次长话费或传真费，以使宾客能将临时改变住处的信息告知有关方面。

(5)临时保留宾客的有关信息，便于为宾客提供邮件及查询服务。

(6)征得宾客同意并做好搬回酒店时的接待工作，如大堂副理或客务关系主任迎接宾客，或在客人房内放置致歉信、赠送鲜花和水果等。

(7)向预订委托人致歉。

(8)向提供援助的酒店致谢。

对于其他预订的宾客，无房提供时则应礼貌地向宾客说明情况，并帮助推荐其入住其他酒店，同时欢迎他第二天再有空房时入住本酒店。

为避免出现由预订失约行为引起的宾客与酒店间的纠纷，酒店前厅部应实施有效的预订控制方法，可考虑完善预订各项政策，健全预订程序及其标准，加强与预订中心预订代理处的沟通，建立与接待处等沟通的制度，如前厅接待处应正确统计出可售房数量，预订抵店者、临时取消者、提前抵店者、延期住宿、住店者等用房变化数，并按时将上述统计数字通知预订处等。注重培训，督导预订员加强其预订业务素质，由专人负责，将预订信息按要求输入计算机或标注客房预订汇总表。注意预订细节，如电话或面谈预订，则应复述宾客的预订要求，解释前厅专业术语的确切含义及相关规定，避免产生误解，加强预订工作的检查，避免出现差错、遗漏，合理配置部门人力资源，做到人尽其用。

二、前台接待业务管理

对于大多数宾客来说，在前厅部的总服务台办理入住登记，是宾客第一次与酒店员工面对面的接触机会。对于酒店前厅部来说，前台接待是面对面对客服务过程中的起始阶段，是一个非常关键的阶段。这一阶段的工作效率将直接影响到前厅的客房销售、信息管理与提供、协调对客服务、客账和客史档案的建立与管理等各项功能的发挥。办理入住登记也是宾客与酒店之间建立正式的合法关系的最基本环节。办理入住登记的目的既是遵守国家法律中有关入住管理的规定的要求，也是获得住店宾客的个人资料，建立客史档案，提供个性化服务，满足宾客对客房和房价的要求。宾客的入住为各种信息的形成提供了真实的依据。

(一)前台接待工作程序

前台接待宾客办理入住登记程序的主要步骤如下。

1. 向宾客致意

当宾客到达总服务台之前，接待员应热情主动地向宾客问候，千万不可冷落宾客。尤其是在入住高峰期，有很多宾客同时办理入住手续时，更要注意兼顾每一位宾客，如果知道宾客姓名或职务，应用姓氏或头衔来称呼宾客，使其备感亲切与尊重。

2. 识别宾客有无预订

抵店入住的宾客可以分为两类，已办理预订手续的宾客和未办理预订手续而直接抵店的宾客，这两类宾客的入住登记手续不尽相同。接待员应首先识别宾客有无预订，如有则应复述宾客的订房要求，然后请宾客填写入住登记表，对于持有订房凭证的客人，接待员应注意检查宾客姓名、酒店名称、住宿天数、客房类型、用餐安排、抵离日期、发放预订凭证单位的印鉴等内容。

3. 填写入住登记表

有时宾客经过长途旅行非常疲倦，没有耐心去认真填写登记表，接待员应在保证表格所填写的项目符合酒店和有关管理单位要求的前提下，尽量减少办理手续的时间。对于已经办理预订手续的宾客，酒店已经掌握了宾客的部分资料，接待员应在宾客抵达之前准备好入住登记表，填好已知的项目，等宾客到达后再补填其他的项目，并请宾客签名。接待员核对完宾客的有效证件后，此项工作就算完成了。对于VIP客人和常客，酒店则应根据客史档案所掌握的宾客资料，更加灵活地简化登记程序，例如可以提前准备好登记表、房卡及客房钥匙，宾客到达总服务台时，宾客只需签名，甚至可以补办登记手续。请宾客先进入客房休息。对于团队或会议入住，酒店可以按照具体的接待要求和排房名单，提前安排好房间，并准备好团队或会议入住登记表、房卡、钥匙、宣传册、餐券等，提前交给陪同或会议组织者，在抵店途中或在酒店内指定位置办理相关手续，有些酒店根据各自的客源市场结构专门设立团队或会议接待组，这对于接待大型团队会议尤其方便。陪同或会务组可以在专设的柜台和区域办理入住手续，不会出现大厅拥挤、堵塞的混乱情况，便于酒店提高服务效率。对于未经预订而直接抵店的散客，因酒店方面无法预知，所以在办理入住登记时，接待员应尽量提供帮助，缩短办理时间。宾客填写入住登记表时接待员应礼貌地请宾客出示其有效证件，迅速准确地查验证件，核对宾客、年龄、证件号码、签证种类及有效期等相关内容，来保证准确和安全。随着计算机和网络技术在酒店业中的应用，登记表由原来的四五份缩减到了目前的两份，其他相关的服务部门所需信息均由总服务台接待处的电脑终端在酒店局域网内传递，实现了高效和环保。

4. 排房定价

按照接待程序，接待员在已预订的宾客抵店前，就应根据宾客预订的需求排房定价。但其中有多方面的因素，接待员在排房间时要予以考虑。例如房间的类型、房间状况、位置、窗外景观、房内装饰、酒店未来对用房的需求等。安排客房时也应遵循某些顺序和原则，一般排房的顺序：①团队或会议；②VIP客人和常客；③已付订金的宾客；④要求预期离店的宾客；⑤有准确抵店日期时间的普通宾客；⑥散客。排房的原则：①团队或会议团应安排在同一楼层或相邻的楼层，这样集中排放，对宾客与酒店双方都有益处，既方便宾客之间的联系和集体活动，又方便酒店的管理，方便下一个团队入住不打扰散客的生活。②内外宾客应安排在不同楼层，因为他们语言和生活习惯各不相同，避免互相干扰。③残疾人、老年人和带小孩的宾客应尽量安排在靠近电梯或低层客房，这样可以方便他们活动。④不要将有敌对关系的宾客安排在同一楼层或邻近的房间。⑤对于有特殊要求的宾客要尽量满足他们的要求，例如对某个房间的偏好，或对楼层房间号的忌讳等。确定房价时，接待员必须遵守预订确认书中已确定的报价，不能随意更改。酒店在接待已预订的VIP、商务行政楼层宾客、高规格团队会议抵店前应做好所有文件资料的准备，并根据酒店接待VIP的规定，对房间做相应的布置和检查，以确保VIP接待程序所要求的高标准、高规格。对未经预订直接抵店的散客，接待员要在充分了解客人愿望的基础上，根据酒店的房况进行排房定价工作。排房定价阶段，了解宾客需求并尽量满足他们是最关键的，如果没有充分考虑宾客的需求而匆忙安排了客房，有可能会引起更大的麻烦。宾客对房间不满意，可能会到总服务台投诉，并要求换房。接待员应该尽量避免发生这种情况，为宾客安排房间确定房价后，必须向宾客报价，并获得宾客的确认。

5. 确定付款方式

关于确定付款方式，入住登记表中有明确规定。掌握这一信息是为了明确宾客在住店期间的信用额度，方便收银员提前做好准备，为宾客提供快速结账服务(不同付款方式其信用额度是不同的)。通常，宾客采用的付款方式有现金、信用卡、转账等。

6. 完成入住登记的相关手续

办理完与付款方式有关的手续后，接待员应请宾客在准备好的房卡上签名，并把客房钥匙及酒店提供的其他物品如餐券、免费饮料券、各种促销的宣传品、为宾客保留的邮件和留言单一起交给宾客，并提醒顾客酒店可以免费为其寄存贵重物品。一般房卡上填写宾客姓名、房号、房价、抵离日期、宾客签名、住客须知、酒店地址。有些酒店的房卡配有酒店所在城市的简易地图和总经理致辞，印刷精美，色彩鲜艳，让宾客爱不释手，成为酒店的宣传品。保留它的宾客，无形中成为酒店的“免费”宣传员。但随着智能磁卡锁在酒店中的广泛应用，房卡已逐渐被钥匙卡所代替。当宾客准备去客房时，应安排行李员为宾客搬运行李，还应把客房所在楼层和电梯的位置告诉宾客，并祝宾客住店期间愉快。宾客离开后，接待员把宾客信息输入电脑并传送给有关部门。

7. 填写有关表格

宾客办理完入住登记后，接待员在宾客填写的入住登记表上用时间戳或打时机标上宾客入住的具体时间(精确到分钟)。然后，将宾客所填入住登记表内的信息输入电脑，并将与结账有关的详细信息(折扣、信用卡号码、享受免费日期、付款方式等)输入宾客账单内。对于使用转账方式结账的宾客，一般需制作两份账单。第一份账单是向签约单位收款的凭证，备注内应注明所记录的款项，而且还应注明付款单位的名称。预订凭证必须随第一份账单一起交给收银组。第二份账单是记录客人自付款项的账单。

三、前厅部其他业务管理

(一)礼宾接待服务与管理

为了体现酒店的档次和服务水准，许多高档酒店设立礼宾部，下设酒店代表、迎宾员、行李员、委托代办等岗位，为宾客提供周到的、人性化的礼宾服务。礼宾部的全体员工是最先迎接和最后送走客人，并向客人宣传酒店、推销酒店产品的服务群体，他们的服务对客人第一印象和最后印象的形成起着重要的作用。因此，礼宾部员工的整体素质和服务质量至关重要。

行李服务是由前厅部行李员向客人提供的一项重要服务。在欧美国家的酒店，行李员被称为“Bellboy”“Bell-man”“Porter”等，其工作岗位位于酒店大堂一侧的礼宾部(或大厅服务处)。礼宾部主管(或“金钥匙”)在此指挥、调度行李服务及其他大厅服务。根据客房预订处和接待处提供的“预计当日抵店客人名单”和“当日离店客人名单”，及时掌握当日进出店客情，做好安排工作，尤其应注意名单中的“VIP”和团队/会议客人抵离店情况，做好充分准备。行李服务接待注意事项：(1)迅速装卸行李，请客人清点行李件数并与客人核对，同时注意检查行李有无破损。(2)对客人的贵重物品及易碎品，如手提包、手提电脑、照相机等，不必主动提拿，应注意让宾客自己拿，若客人要求行李员提拿，则应特别小心，防止丢失和破损。(3)散客离店行李服务应问清客人的姓名、房间号码、行李件数及搬运时间等，并详细记录，按时到达客人所在的楼层。(4)团队行李到达时，由领班或值班员与送行李的来人清点行李件数，检查行李的破损及上锁情况，然后填写“团队行李进出店登记表”。核对无误后，请送行李的来人签名；如行李有破损，无上锁或异常情况(提手或轮子损坏、开裂、潮湿等)，须在记录表及对方的行李交接单上注明，并请来人签字证明，必要时通知团队陪同和领队，以避免发生不必要的纠纷。(5)如果该团行李不能及时分送，应摆放整齐，用行李网将该团所有行李罩在一起，妥善保管。要注意将入店行李和出店行李，或是几个同时抵店的团队行李分开摆放。避免行李错拿或丢失。(6)行李服务结束返回礼宾部，认真填写“行李搬运记录”，并进行存档。

(二)问讯服务与管理

住店客人来自各地，必然有很多情况要了解，酒店的每一位员工都应随时回答客人的询问，协助解决客人遇到的问题。在前厅专设问讯处(Information)，就是为了方便客人、帮助客人，使酒店服务达到更完美的境界。前厅问讯处的服务项目包括解答宾客的各种询问、提供留言、处理邮件以及控制客用钥匙等。

1. 问讯服务

客人初来乍到，要询问的问题很多，包括酒店内部信息和酒店外部信息。通常涉及酒店各营业场所的服务信息，尤其是正在进行的营业推广、促销活动的信息，具体有：中西餐厅、酒吧、商场、商务中心所在位置、营业时间及促销内容；宴会、会议、展览会举办场所及时间；酒店提供的其他服务项目、营业时间和收费标准，如健身服务、娱乐服务、洗衣服务、医疗服务等。也有涉及酒店所在城市的旅游景点及其交通情况，酒店所在地主要娱乐场所、商业中心、政府机关部门、大专院校以及企业所处位置及市内交通情况，国际国内航班飞行情况，本地各宗教场所的名称、地址及开放时间等。

2. 留言服务

前厅问讯处受理的留言有两类：访客留言和住客留言。访客留言是指来访宾客对住店宾客的留言。当被访的客人不在酒店时，问讯员应主动向来访者建议留言。如果客人愿意留言，问讯员在接受留言时，应请访客填写“访客留言单”，问讯员过目后签名。也可由客人口述，问讯员记录，客人过目后签字。有的酒店规定问讯员每隔一小时打电话到客房通知客人，这样可以保证客人在回到房间一小时之内得知留言的内容。为了对客人负责，对不能确认是否住在本店的客人，或是已退房离店的客人，不能接受访客留言，除非离店客人有委托。住客留言是住店宾客给来访宾客的留言。住客离开客房或酒店时，希望给来访者(含电话来访者)留言，问讯员应请住客填写“住客留言单”，一式二联，问讯处与电话总机各保存一联。若宾客来访，问讯员或话务员可将留言内容转告来访者。

3. 钥匙管控

随着科学技术的发展，传统锁匙已逐渐被各种新型的锁匙所取代。酒店为更好地保证住客的人身和财产安全，并让其更方便地进出客房，已大多选择使用先进科技的新型锁匙系统。钥匙的管理非常重要，关系到客人的财产安全，所以对于住客的客房钥匙统一归口前厅部问讯处发放和管理。钥匙的制作者与密码应由高层管理人员专人负责管理与控制，随时查对钥匙制作的情况。通常对已遗失房卡的住客，必须核实确认，方可补办，并上报做记录，方可发出。备用钥匙一般配三套以上，由前厅部经理或其他指定的专人负责使用、保存。要注意客人离店时，问讯员应提醒宾客归还钥匙。团队客房钥匙则由前厅负责收回，必要时，可请陪同或领队协助。此外，住店客人邮件包括信件、包裹、电报、电传、传真的收发也是由问讯部来完成。前厅问讯处所提供的邮件服务包括两类：一类是分拣和派送收进的邮包，另一类是代售邮票及为住客寄发邮件。问讯处负责分发、保管所有的客房钥匙，所以，分拣的邮件、信函可直接转交给宾客，以提高此项服务的效率。在收进的邮件中，由于收件人不同，问讯员应首先对此进行分类，分为酒店邮件和客人邮件，酒店邮件由行李员送给有关部门。

（三）电话总机服务与管理

酒店电话总机是酒店内外沟通联络的通信枢纽，直接为宾客提供各种话务服务，是酒店对外联系的窗口，也体现着酒店服务的水准。酒店总机所提供的服务项目主要包括：店内外接转电话服务、长途电话服务、问讯服务、叫醒服务、“免电话打扰(DND)”服务、留言服务、店内传呼服务，以及遇到紧急情况时充当临时指挥中心等。为了能准确、快捷、有效地接转电话，话务员必须熟记常用的电话号码，了解本酒店的组织机构以及各部门的职责范围，正确掌握最新的住客资料，坚守工作岗位，并尽可能多地辨认住店客人、酒店管理人员和服务人员的姓名和声音。

（四）商务中心服务与管理

为满足宾客的需要，现代酒店，尤其是商务型酒店通常都设有商务中心。商务中心一般设在酒店大堂附近的公共区域内，一则方便宾客，二则便于与前厅联系。若商务中心本身配备大小不等的会议室，则往往单独设在酒店某一楼层上。为便于宾客从事各类商务活动，商务中心应具有安静、隔音、优雅、舒适、整洁等特点，环境布置应令人赏心悦目，以提高工作效率。商务中心是商务客人“办公室外的办公室”，其主要职能是为客人传递各种信息和提供各种秘书性质的服务。先进的设施设备、齐全的服务项目、高素质的服务人员，是商务中心提供高水准、高效率服务的基本保障，也是现代高档次酒店的重要标志之一。商务中心应配备一定的设施设备和用品。酒店应有大小面积不等的会议室、洽谈室；并配备现代办公设施设备和用具，如电脑、程控直拨电话、传真机、电传机、复印机、多功能打字机、碎纸机等。还应有现代会议设备，如投影机及屏幕、摄像机、电视机、录音机、同步翻译系统、音响系统等。除此之外应备有相关的查询资料，如报纸、商务刊物、经济年鉴、企业名录大全、电话号码簿、邮政编码簿、地图册、词典等。商务中心的具体服务项目主要有会议室(包括洽谈室)出租服务、电传和传真服务、复印服务、打印服务、秘书服务、设备出租服务、票务服务等。

(五)收银结账服务与管理

前厅收银处位于大厅显眼处，一般与接待处和问讯处相邻。对于前厅收银处的隶属关系，各酒店由于自身情况而有所不同，通常，在业务方面它直接归口于酒店财务部，其他方面则由前厅部管理。在酒店经营中，前厅收银处是确保酒店经济收益的关键。它的工作职责是每天负责处理宾客账务，负责核算和整理各业务部门收银员转来的宾客消费账单，提供外币兑换服务，为宾客办理收银事宜，编制各种会计报表，以便及时反映酒店的营业活动情况。

1. 客账管理

客账管理是前厅收银处的一项日常业务工作。为避免出现工作差错，前厅收银处的客账管理必须有一套完善的制度，并依靠各业务部门的配合和财务部的审核监督。客账管理工作内容主要包括以下几方面：(1)设立账户。前厅接待处给每位登记入住的宾客设立一个账户，供收银处登录该宾客在住店期间的房租及其他各项花费(已用现金结算的费用除外)。它既是宾客离店时结算的依据，又是编制各类营业报表的数据来源之一。通常，酒店为散客开立个人账户，为团体宾客开立团体账户。若团体中个别宾客不愿受综合服务费标准的限制而另有其他消费时，则应另立个人账户。户头应清楚、准确，特别注意姓名、房号必须与住宿登记表内容一致。账户应分类归档，以保证取用方便。(2)转账。由于宾客在酒店逗留期较短，发生的费用项目多，又可能随时离店，故要求转账迅速。各业务部门必须按规定时间将宾客签字认可后的账单送到前厅收银处，以防跑账、漏账现象发生。采用计算机收银系统，宾客在店内任何消费，只要收银员将账单转入收银机，计算机即可同时记下宾客当时的转账款项，极大地提高了工作效率。(3)记账。为宾客建立账户后，即开始记录宾客住店期间的一切费用。宾客的房租采取按天累计的方法每天结算一次，宾客离店加上当日应付房租，即宾客应付的全部房租。其他各项费用，如餐饮、洗衣、长途电话、传真、美容美发、书报等项目，除宾客愿在消费时以现金结算外，均可在宾客签字后由各有关部门将其转入前厅收银处，记入宾客的账户。因此，要求记账准确，宾客姓名、房号、费用项目和金额、消费时间等应清楚，并和宾客账户记录保持一致。

2. 结账服务

办理退房结账手续是宾客离店前所接受的最后一项服务，服务人员应给宾客留下良好的最后印象。结账一般要求在三分钟内完成。当客人要求结账时，要礼貌地询问宾客房号，查看计算机，并打印出账单；通知楼层宾客结账退房的房号，请迅速检查有无遗留、损坏物品；委婉地问明宾客是否有刚发生的消费费用(如电话费、房内小酒吧饮料费、早餐费等)，以免漏账；向宾客出示账单，请宾客审核、确认，并在账单上签字，按已约定的付款方式向宾客收取费用或转入财务部应收账款；收回客房钥匙。在宾客结清账款后，在其账单上打印“已付”的印迹，使账单的挂账数为零，然后将一联交给宾客做收据，另一联转送会计组，将金额填入现金收入日报。在入住登记表的背面盖上结账日期，连同客房钥匙移交前厅接待员，接待员在计算机上做相应处理，将该客房转换为走客房。最后，向客人致谢和道别，并祝其旅途愉快，欢迎再次光临。结账处理注意事项：(1)逾时离店。即过了结账时间(按国际惯例，结账时间一般为当日中午 12:00 前)宾客仍未结账。此时，应婉转地提醒宾客，超时离店，酒店会加收房费，12:00—18:00 结账的，加收 1/2 房费；18:00 以后结账的，则加收全天房费。(2)宾客在退房结账时才提出要折扣优惠，而且也符合酒店优惠条例；或者结账时，收银员才发现该客房的某些费用是因为输入信息有错误。此时，前厅收银员应填写一份“退款通知书”(一式两联，一联交财务部，一联留存前厅收银处)，由前厅部经理签名认可，并要注明原因，最后在计算机中将差额做退账处理。(3)住店宾客的欠款不断增加。有些宾客住店期间所交预付款已经用完，还有的宾客入住酒店后，长期未决定离店日期，而其所欠酒店账款不断上升。为防止宾客逃账，或引起其他不必要的麻烦，酒店通常催促宾客付款，可用电话通知(注意语言艺术)，也可用书面的“催促信”，将宾客房号、姓名、金额、日期填妥后，放入信封，交问讯处放入钥匙架内。一般宾客见此通知后会主动前来付款，若遇宾客拒绝付款时，则应及时交大堂经理处理。(4)当住客的账单由其他住客支付时，为防止漏收发生，通常应在交接记录上注明并在这两位宾客的账单上附上纸条，以免忘记。

【项目小结】

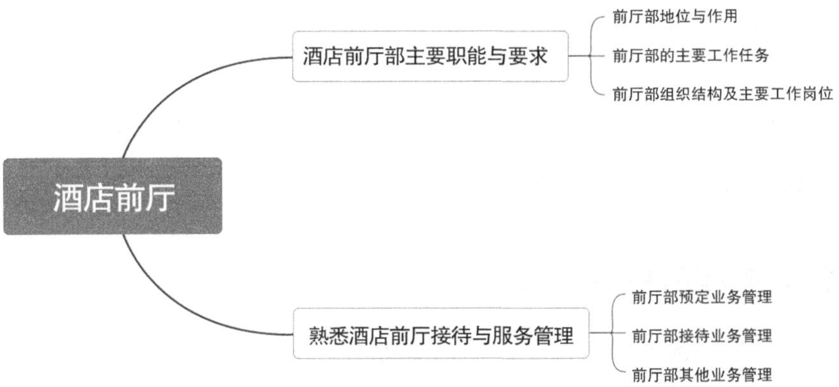

项目二　管理酒店客房

【项目描述】

通过学习本项目，学生能够明确酒店客房部的主要职能与要求，熟悉酒店客房保洁服务与管理，同时解析客房服务项目及要求。

学习目标	完成指标
知识目标	明确酒店客房部的地位与主要任务
	熟悉客房服务管理的主要内容和项目
	熟悉酒店金钥匙服务
能力目标	理解客房服务项目设立原则
	掌握客房服务工作的要求与管理重点
拓展目标	能够分析酒店客房服务与管理发展趋势

>> 任务一　明确酒店客房部主要职能与要求 <<

【基础知识】

我国《旅游饭店星级的划分与评定》(GB/T 14308－2010)中对旅游酒店进行了以下定义：以间(套)夜为时间单位出租客房，以住宿服务为主，并提供商务、会议、休闲、度假等相应服务的住宿设施，按不同习惯可能也被称为宾馆、酒店、旅馆、旅社、度假村、俱乐部、大厦、中心等。这个概念明确传达了以下信息，即客房及其服务是酒店业最基本的功能要求，也是对酒店建筑内空间的一种规定，即客房始终应该成为酒店的主体。

一、客房部在酒店中的地位

客房部又称房务部或管家部，是酒店管理有关房务事务，并向客人提供住宿服务的部门。在现代酒店中的各种设施日益丰富、酒店功能逐渐多样化的情况下，满足客人住宿的需求仍是现代酒店最基本的功能，客房仍是现代酒店的主体部分，客房产品仍然是酒店经营的最主要产品。因此客房部在酒店中有着重要的地位与作用。

(一)客房部是为客人服务的主要部门

客房是酒店的主体，是酒店存在的基础。客房是宾客在酒店唯一能封闭而独立使用的场所。客房部所提供的住宿服务是酒店服务的一个重要组成部分。客房是供宾客休息、睡眠、工作、梳洗、会客等需要单独进行活动的场所。如果宾客把酒店当作家之外的家的话，那么这一点在客房表现得最为充分。因为客人在酒店的大部分时间都是在客房度过的。所以，客房服务质量的高低在很大程度上反映了整个酒店的服务质量。客人对酒店的投诉和表扬也大多集中在这一部门。

(二)客房部是取得收入的主要部门

酒店通过为客人提供住宿、饮食、邮电、娱乐以及交通、洗衣、购物等服务项目而取得经济收入。其中，客房租金收入通常占酒店营业收入的一半以上。从世界范围来看，我国酒店业发展还比较落后，经营项目较单一，缺少综合服务，一些地区人们的生产水平和消费能力有限，酒店难以依靠当地居民提高餐饮收入。在这种情况下，客房收入在营业总收入中所占比例更高，大都超过 60%，有的甚至超过80%。这反映了客房部在整个酒店经营中的重要地位。

(三)酒店的等级主要由客房水平决定

人们衡量酒店的等级水平，主要依据酒店的设备和服务。设备无论从外观、数量还是使用上来说，都主要体现在客房，因为旅客在客房待的时间较长，客房服务水平常常被人作为衡量酒店等级水平的标准。客房水平包括两个方面：一是客房设备，包括房间、家具、墙壁和地面的装饰、客房布置及客房电器设备和卫生间设备等；二是服务水平即服务员的工作态度、服务技巧和方法等。

(四)客房是带动酒店经济活动的枢纽

作为一种现代化食宿购物场所，只有在客房入住率高的情况下，酒店的一切设施才能发挥作用，酒店的一切组织机构才能运转，才能带动整体的经营管理。客人住进客房，要到前台办手续、交房租；要到餐饮部用餐、宴请；要到商务中心进行商务活动，还要健身、购物、娱乐，因而客房服务带动了酒店的各种综合服务设施。

(五)客房服务质量影响着酒店的声誉

客房是客人在酒店中逗留时间最长的地方，客人对客房更有“家”的感觉。因此，客房的卫生是否清洁，服务人员的服务态度是否热情、周到，服务项目是否周全丰富等，对客人有着直接影响，是客人衡量“价”与“值”是否相符的主要依据，所以客房服务质量是衡量整个酒店服务质量、酒店声誉的重要标志。

(六)客房部的管理直接影响到全酒店的运行和管理

客房部的工作内容涉及整个酒店的角角落落，为其他各个部门正常运转提供了良好的环境和物质条件。另外，客房部员工数量占据整个酒店员工总数量的比例很大，其管理水平直接影响到酒店员工队伍整体素质的提高和服务质量的改善。

二、客房部的主要工作内容

客房部除了为客人提供安全、舒适、清洁、便利的房间和配套设施以及热情周到的服务外，还负责酒店所有公共区域的清洁卫生和员工制服的保管及洗涤，并对楼层、餐厅、康乐的布件与客人衣物进行洗涤和发放。此外客房部还需充分合理地利用能源，做好日常经营活动中成本和费用的控制。其主要内容可分为如下五个方面。

(一)保持房间干净整洁，舒适

现代旅游已经成为一种高级的消费方式。外出旅行者不仅需要休息的场所，更希望得到精神上的享受，同时享受酒店的良好氛围，即舒适、美观和整洁的环境。客房部负责酒店绝大多数区域的清洁卫生工作，所以搞好清洁卫生，切实提高服务质量是客房部的重要任务。

(二)提供热情，周到而有礼貌的服务

客房部要做好客人的接待服务工作。它包括从迎接客人到送别客人的完整服务过程。客人在客房里逗留时间最长，除了休息外还需要酒店提供其他各种服务，如饮料服务、访客接待、洗衣服务、擦鞋服务等。能否为客人提供礼貌、周到、热情的客房服务，使客人在住店期间的各种需求得到满足，既体现了客房价值，又直接关系到酒店的声誉。

(三)确保客房设施设备时刻处于良好的工作状态

客房部在日常清洁卫生和接待服务的过程中，还担负着维护和保养客房和公共区域设备设施的任务，使之常用常新，保持良好的使用状况，并与工程部密切合作，保证设备和用品的完好率，提高它们的使用效率，为客人营造一个安静舒适的休息环境。

(四)降低客房费用，确保客房正常运转

客房中的物品不但繁多，而且需要量也比较大。物资用品及其他费用开支是否

合理，直接影响酒店的经济效益。因此，客房部的工作，一方面要根据客房的档次，满足客人以及员工工作的需要，另一方面又要控制物料消耗，编制预算、制定管理制度、落实责任，在满足客人使用、保证服务质量的前提下，减少浪费、降低成本、减少支出，以取得最佳的经营效益。

(五)协调与其他部门的关系，保证客房服务需要

客房服务的质量不仅与客房部内部管理密切相关，而且还受到其他有关部门的影响，例如为客房部服务提供物品供应的采购部、提供设备维修的工程部。这些部门的工作能否跟得上、质量如何，对客房部的服务质量会产生巨大的影响。所以，客房部要经常主动地同有关部门通气，协调部门之间的关系，掌握客房服务过程的各种需求环节，为客房部服务质量的提高创造良好的条件。同时，客房部要积极配合相关部门做好工作。例如，配合前厅部做好客户的房态控制，为其排房提供准确的信息和合格的产品，从而提高客房利用率。

>> 任务二　熟悉酒店客房保洁服务与管理<<

【基础知识】

客房保洁是酒店每天要进行的工作。客房的清洁程度是客人入住酒店最关心的问题之一，同时也是客人选择酒店的标准之一。

一、客房保洁工作基本要求

客房保洁工作是由客房区域楼层主管组织卫生领班和清扫员进行的。管理人员根据客房出租率高低制定排班表，客房清扫员根据劳动定额清扫整理客房卫生。

(一)客房清洁的原则和先后顺序

客房清扫的原则是“从上到下，从里到外，环形整理，干湿分开，先卧室后卫生间”。提高客房利用率和服务质量，客房清洁的先后顺序要根据实际情况，按一定的先后次序进行。客房清洁顺序应根据酒店淡、旺季的不同而有所不同。

淡季时的清洁顺序：①前台指示要尽快打扫的房间；②门上挂有“请速打扫”牌的房间；③走客房；④重要客人(VIP)的房间；⑤其他住客房；⑥空房。

旺季时的清洁顺序：①空房；②前台指示要尽快打扫的房间；③走客房；④门上挂有“请速打扫”牌的房间；⑤重要客人(VIP)的房间；⑥其他住客房间。

以上客房清洁顺序还应根据客人的活动规律加以调整。客房清扫应以不打扰客人或尽量少打扰客人为原则。

(二)客房卫生清扫类型

客房房态不同，其清扫整理的程度也不同。客房卫生清扫主要有以下四种。

(1)简单清扫，即小整理，主要适用于空房，即无住人但可以随时出租的客房。此类客房在前一客人离店时已经彻底清扫整理过，只是暂时未能出租。因此，客房服务员只需每天擦拭灰尘，检查家具、设备用品和卫生间，隔几天吸一次地毯，做些小整理即可达到出租要求。

(2)一般清扫，又称中整理，主要适用于住客房，即客人已租用，但尚未离店的客房。此类客房必须每天按清扫程序和标准，做比较全面的清扫整理，撤换客人用过的各种布巾，补充各种用品等。其每天的客房卫生质量、室内环境必须达到整洁卫生、美观、舒适、无灰尘，保证满足客人的消费要求。

(3)重点清扫，又称大整理，主要适用于走客房，即客人刚刚退房离店的客房。此类客房必须按清扫程序和标准进行全面重点清扫，撤换客人使用过的各种布草、用品，按照酒店要求全面清扫整理客房，检查设备，补充各种用品，达到可客房出租状态。

(4)彻底清扫，又称强化清扫，主要适用于 VIP 客人将要入住的客房和常住客人刚刚退房离店的客房。前者因为客人特别重要，对卫生的要求高，入住前必须彻底整理。后者因为客人住店时间长，平时可能有清扫整理不彻底的地方，所以客人退房后要进行彻底清扫整理。彻底清扫整理的客房要对地毯进行除污，认真擦拭客房的里里外外，翻转床垫，卫生间地面要除污、打蜡、抛光等。经过彻底清扫整理的客房必须做到“十无”和“六净”，保证客人的需要。

二、客房清洁整理

保持清洁卫生是酒店客房最基本的要求，也是客房管理的首要任务。要对客房进行快速而有效的清洁，必须遵循一定的操作流程。客房清洁整理工作流程分为准备、清扫整理、结束三个阶段。

(一)客房清扫前的准备工作

为了保证客房清洁整理工作的质量，提高工作效率，必须做好客房清扫前的各项准备工作。

(1)更衣、接受检查。客房服务员来到酒店后，首先到员工更衣室更换工作制服，并按照岗位规定佩戴好工牌，整理仪容仪表，存放私人物品。其次，接受管理人员对仪容仪表的检查。

(2)听取工作安排。客房值班经理或主管要给每位服务人员分配具体的任务，下发《客房服务员工作日报表》。此表由客房中心文员提前填好，上面注明服务员的姓名、当班楼层、负责打扫客房的房号、已知的客房状态、特殊要求和当日的其他工作任务等。《客房服务员工作日报表》是客房部进行管理的最基本的报表，它不仅是客房服务员工作量的反映，也是客房部实施成本管理的重要依据。

(3)领取房间钥匙。客房服务员听取工作任务后，要领取房间钥匙。房间钥匙由房务中心统一收发保管。领取工作钥匙时，必须履行签字手续，填写《钥匙收发登记表》。服务员领取钥匙后，必须随身携带，然后尽快到达自己的工作岗位立即进入工作状态。

(4)准备工作和清洁用具。工作车是客房服务员打扫客房的必备用品，通常酒店的每个楼层都配有工作车。准备工作就是将工作车内外擦拭整理干净，将干净的垃圾袋和布草袋挂在挂钩上，把各类布草、客用品按规定的标准整齐地摆放在车上，最后备齐各种清洁工具和清洁剂。

(5)决定清扫程序。当一切准备就绪后，服务员还不能立即清扫房间，在清扫房间之前，还应先决定清扫顺序。合理的清扫顺序不仅能使服务员节省体力和清扫时间，还有助于提高客房利用率和服务质量。清扫顺序主要根据酒店的淡旺季、房态以及客人的需要等因素来决定。

(6)停放工作车。上述程序完成后，服务员应将准备好的工作车推到将要打扫的房间门口，开口朝向门。一般应将工作车停放在挡住房门 1/3 外的墙边。这样做，一方面便于观察和取放工作车上物品，另一方面也可以使自己和客人出入方便。

(二)客房清洁整理程序及要求

客房的清洁整理又称做房。为使清洁整理工作能有条不紊地进行，避免不必要的体力消耗和意外事故的发生，客房服务员应根据不同状态的房间，严格按照规定的程序和方法进行清扫整理，使之达到酒店规定的质量标准。

1. 走客房清扫的基本要求

(1)客房服务员接到通知后，应尽快对客房进行彻底的清扫。

(2)进入客房后，应检查房内是否有客人丢失的物品、客房的设备和家具有无损坏或丢失。如发生以上情况，立即报告领班，并进行登记。

(3)撤换茶水具，并严格洗涤、消毒。

(4)对卫生间各个部分进行严格洗涤、消毒。

(5)客房清扫合格，立即通知前台，以便前台及时出租。

2. 卧室清扫程序

(1)卧室清扫“十字诀”

开，开门、开灯、开空调、开窗帘、开玻璃窗。

清，清理烟灰缸、废纸篓和垃圾(包括地面上的大垃圾)。

撤，撤出用过的茶水具、玻璃杯、脏布件。如果有客人用过的餐具也一并撤去。

做，做床。

擦，擦家具设备及用品，从上到下，环形擦拭灰尘。

查，查看家居用品有无损坏，配备物品有无短缺，是否有客人遗留物品，边擦拭边检查。

添，添补客房客用品、宣传品和经洗涤、消毒的茶水具。

吸，地毯吸尘由里到外，同时对清扫完毕的卫生间地面进行吸尘。

关(观)，观察客房清洁整理效果；关玻璃窗、关纱窗、关空调、关灯、关门。

登，在“服务员工作日报表”上做好登记(包括清扫情况和特殊事件记载)。

(2)卫生间清扫“十字诀”

开，开灯、开换气扇。

冲，放水冲便器，滴入清洁剂。

收，收走客人用过的毛巾、洗刷用品，以及垃圾袋。

洗，清洗浴缸、墙面、脸盆和抽水便器。

擦，擦干卫生间的所有设备和墙面。

消，对卫生间各个部位进行消毒。

添，添补卫生间的棉织品和消耗品。

刷，刷洗卫生间的地面。

吸，用吸尘器对地面吸尘。

关(观)，观察和检查卫生间，工作无误则关灯并把门虚掩。

3. 其他客房的清扫

(1)住客房的清扫

住客房清洁的程序大致与走客房相同，但要注意以下几点：

进入客人客房前，按照进房程序进入客房。

如果客人暂不同意清理客房，将客房号码和客人要求清扫的时间写在工作表上。

(2)空房的整理

空房的整理虽然较为简单，但却必须每天进行，以保持其良好的状态，具体操作如下：

每天进房开窗、开空调进行通风换气。

用干抹布除去家具设备及物品的浮尘。

每天将浴缸和脸盆的冷热水及便器的水流1～2分钟。

如果客房连续几天为空房，则要用吸尘器吸尘一次。

检查客房有无异常情况。检查浴室内“五巾”是否因干燥而失去弹性和柔软度，如果不符合要求，要在客人入住前更换。

(3)夜床的整理

夜床整理又称为夜床服务、做夜床或晚间服务。夜床服务包括做夜床、房间整理、卫生间整理三项任务。夜床服务的意义在于，第一，方便客人休息；第二，表示对客人的欢迎和礼遇规格。夜床服务通常在晚上 6 点以后开始，也可在客人到餐厅用晚餐时进行，或按规定要求进行。

(4)小整理

小整理服务是对住客房而言的。就是在住客外出后，客房服务员对其房间进行简单的整理。其目的就是要使客人进房后有一种清新舒适的感觉，使客房始终处于干净整洁的状态。各酒店应根据自己的经营方针和房价的高低等因素，决定是否需要提供小整理服务。一般，至少应对 VIP 房和高档房间提供此项服务。

三、客房的计划卫生

客房的计划卫生是在日常客房清洁的基础上，拟订一个周期性清洁计划，针对客房中平时不宜或不必进行清洁的项目，采取定期循环的方式做彻底的清洁保养工作的客房卫生管理制度。

(一)计划卫生的意义

客房服务员每天的整理清扫工作，一般工作量都比较大，所以不可能对所负责的房间或区域的每一个角落、每一个部位进行彻底的清洁保养。为了坚持清洁卫生的质量标准，使客人不仅对客房那些易接触部位的卫生感到满意，而且要对客房的每一处卫生都放心，同时又不至于造成人力浪费或时间的紧张，客房部必须通过定期对清洁卫生的死角或容易忽视的部位进行彻底的清扫整理，以保证客房内外环境的卫生质量。

(二)计划卫生的种类

(1)除日常的清扫整理外，规定每天对某一部位或区域进行彻底的大扫除。例如客房服务员负责 12 间客房的清扫，每天彻底大扫除一间，则 12 天即可完成他所负责的所有客房的彻底清扫。也可以采用每天对几个房间的某一部位进行彻底清扫的办法。例如，对日常清扫不到的地方通过计划日程，每天或隔天彻底清扫一部分，经过若干天后，也可以完成全部房间的大扫除。

(2)季节性大扫除或年度性大扫除。这种大扫除只能在淡季进行。清扫的内容不仅包括家具，还包括设备和床上用品。客房部应和前厅部、工程部取得联系，对某一楼层实行封房，以便维修人员利用此时对设备进行定期的检查和维修保养。

四、客房清洁质量管理

客房清洁整理程序与标准的制定，使客房的清洁保养工作有了明确的规范。但这些程序与标准能否切实可行，要靠客房部的管理人员深入现场，加强监督检查，以下是客房清洁质量控制的关键所在。

第一，强化员工的卫生意识。搞好卫生管理，首先要求服务员及管理人员要有卫生意识，对卫生工作的重要性要有足够的认识，为此必须经常强调、考核。此外，还要求管理人员及服务员注意个人卫生。其次，强化员工的卫生意识，还要求客房员工要对涉外星级酒店的卫生标准有足够的认识，不能以自己日常的卫生标准作为酒店的卫生标准。酒店的卫生标准要与国际标准接轨。

第二，建立客房清洁卫生标准。建立一套严格科学的客房清洁整理操作标准是客房清洁卫生管理的有效途径。它不仅便于服务员熟练掌握复杂而烦琐的日常工作程序，提高工作效率，还能使管理者在实际管理中有章可循，进而有效地节约管理成本与人力成本。客房部制定有关的客房清洁卫生标准时，要以本酒店的经营方针和市场行情为依据，力求使所制定的标准符合酒店的实际情况，符合科学管理的要求，并具有可操作性。客房清洁卫生质量标准应包括：客房清扫整理的次数、布置规格、工作定额、操作程序和标准及整洁状况。

第三，严格检查制度，建立客房的逐级检查制度。建立完善的客房检查体系，应严格检查制度，这是搞好客房卫生、确保客房产品质量的关键。检查客房又称查房。客房的逐级检查制度主要是指对客房的清洁卫生质量检查实行领班、主管及部门经理三级责任制，也包括服务员的自查和上级的抽查。实行严格的逐级检查制度，是确保客房清洁质量的有效方法。

(1)服务员自查。要求服务员每整理完一间客房，要对客房的清洁卫生状况、物品的摆放和设备家具是否需要维修等进行检查。通过服务员自查不仅可以提高客房的合格率，还可以加强服务员的责任心和检查意识，同时，减轻领班查房的工作量。

(2)领班普查。领班检查是服务员自查之后的第一关，常常也是最后一关。通常领班要对所管辖区域的客房进行全面检查，以确保客房的质量。领班的责任重大，须由工作责任心强、业务熟练的员工来担任。

(3)主管抽查。楼层主管是客房清洁卫生任务的主要指挥者。加强服务现场的督导和检查，是楼层主管的主要职责之一。主管检查的方式是抽查。抽查的数量一般不得少于领班查房数的10%。

(4)经理抽查。楼层清洁卫生工作是客房部工作的主体。客房部经理每天应拿出一定的时间到楼面巡视和抽查客房的清洁卫生质量。这对于掌握员工的工作状况、改进管理方法、修订操作标准、更多地了解客房意见，具有十分重要的意义。经理抽查房间应每天保持一定数量，应特别注意对VIP客房的检查。客房的逐级检查制度应一级比一级严格。所以，经理的查房要高标准、严要求。经理检查应定期不定时，检查的重点是房间清洁卫生的整体效果、服务员工作的整体水平以及是否体现了自己的管理意图。

五、公共区域保洁工作管理

客房部不仅承担了客房的清洁卫生工作，而且还承担了整个酒店的全部清洁卫生工作。公共区域是酒店的重要组成部分，其清洁保养水准代表了整个酒店的水准。因此，客房部必须做好公共区域的清洁保养工作。凡是酒店内公众共同享有的活动区域统称为公共区域。酒店的公共区域划分为室内部分和室外部分。室外公共区域是指酒店的外围区域，包括酒店的外墙、花园、前后大门等。室内公共区域划分为前台区域和后台区域两个部分。其中，前台区域通常指专供宾客活动的场所。如大堂、总服务台、电梯、楼梯、休息室、康乐中心、游泳池、餐厅、会议室、舞厅、公共洗手间等。后台区域通常指为酒店员工设计的生活区域，如员工休息室、员工更衣室、员工餐厅、员工娱乐室、员工公寓等。

【项目小结】

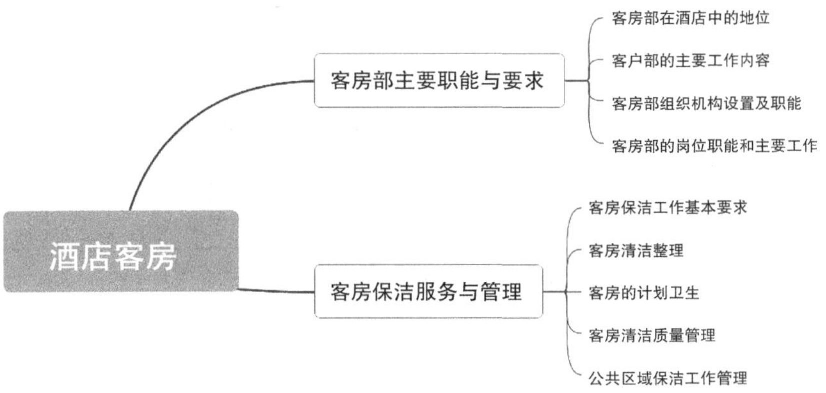

项目三　管理酒店餐饮

【项目描述】

通过学习本项目，学生能够明确酒店餐饮部的主要工作和餐厅类型，熟悉酒店餐厅服务与管理，同时认知酒店餐厅生产管理。

学习目标	完成指标
知识目标	明确酒店餐饮部主要工作
	熟悉餐饮部组织结构
	掌握餐厅服务方式
能力目标	运用所学列举餐厅服务方式
	掌握餐厅服务质量的控制
拓展目标	认知酒店餐厅生产管理

>>任务一　明确酒店餐饮部主要工作<<

【学前导入】

世界知名酒店品牌餐饮部岗位职责说明书

【基础知识】

酒店餐饮部是酒店所在区域的社交活动中心。餐饮是酒店营业收入的主要来源之一，同时餐饮部又是酒店吸纳就业、安排劳动力较多的一个部门。

一、餐饮部的地位与作用

(一)餐饮部是满足客人需要的基本服务部门

人的需要分为生存需要、发展需要和享受需要，吃、住则是人的最基本的生存需要。作为“客人之家”的酒店，毫无疑问必须具有提供膳食和住宿的功能。当然，现代酒店的餐饮已非停留于满足人们的生存之需，而是发展到了适应人的社交、享受等高层次之需。所以，酒店餐饮的好坏将直接关系到客人对酒店的满意程度。

(二)餐饮部是酒店收入的主要来源

酒店餐饮部门是酒店创造经济效益的重要部门。尽管餐饮部门的收入在酒店总收入中的比重因酒店的性质、档次有较大的差异，但对于现代酒店而言，餐饮收入与客房收入比，具有弹性大的特点。客房收入来源于住店客人，其房间数和房价是相对不变的，因而，客房收入也是相对固定的。而餐饮的服务对象除了住店客人外，还有非住店客人，而且客人的人均消费也是一个变量。所以，酒店餐饮收入往往是酒店营业收入多寡的关键项目。不仅如此，餐饮往往也是会议、团队客人选择酒店的主要因素，卓越的餐饮能为提高酒店的综合效益起到良好的基础和促进作用。

(三)餐饮部是提高酒店竞争力的关键要素

酒店餐饮的好坏，是影响酒店市场竞争力大小的关键因素。餐饮的营销活动是酒店营销活动的主体，酒店要想在竞争中稳住脚跟、打开局面，必须依赖于卓越的营销活动，而餐饮的营销则是酒店营销活动的重头戏。因为对客人而言，酒店最基本的产品是客房和餐饮，酒店的客房不仅销售对象受到限制，而且各酒店的差异相对较小，而餐饮不仅销售面广、影响大，还具有产品差异大、活动内容广等特点，所以酒店餐饮的主题营销和优惠营销等活动常常成为酒店营销活动的排头兵，餐饮品牌是酒店品牌的重要基础。酒店品牌，可分为产品品牌和企业品牌，产品品牌是企业品牌的基础，餐饮产品是酒店的主要产品，而且它具有技术性强、专业程度高、不易模仿、对客人影响大等特点。所以，餐饮品牌往往是一家酒店能否扩大影响、提高知名度和美誉度的重要基础。

二、餐饮部管理的主要工作任务

酒店餐饮部主要承担着向海内外宾客提供优质菜肴、饮料、点心和优良服务的重任，并通过满足客人的各种需求，为酒店创造更多的营业收入。

第一，向宾客提供以菜肴酒水等为主的有形产品。餐饮是酒店唯一生产实物产品的部门。各种档次、各种风格的酒店餐饮部均向宾客提供满足其需要的优质产品。

第二，向宾客提供满足其需要的、恰到好处的服务。宾客在购买餐饮产品的同时，更期望得到恰到好处的服务。恰到好处的服务应该是及时的、具有针对性的，并且是符合宾客心理的。

第三，增收节支、开源节流，搞好餐饮经营管理。餐饮部应通过各种形式，举办各种活动来增加餐饮收入。同时，餐饮产品从原料到成品经历的环节较多，成本控制难度较大，因此需制定严密、完整的操作程序和成本控制措施，并加以监督、执行。

第四，为酒店树立良好的形象。餐饮部与宾客的接触面广量大，直接的、面对面的服务时间长，从而给宾客留下的印象最深，直接影响着宾客对整个酒店的评价。为此，餐饮部应加强自身的形象建设，为酒店树立良好的社会形象。

>> 任务二　熟悉酒店餐厅服务与管理 <<

【学前导入】

餐桌旁的出色实习

【基础知识】

服务管理是餐饮管理体系的重要组成部分，也是餐饮管理最重要的任务之一。

一、餐饮服务环境的布置与安排

餐饮服务环境的布置与安排的目的是为就餐者提供一个舒适、美好的就餐环境。

(一)餐厅的店面、外表设计

餐厅的店面不仅要有“辨认”的功能，同时也要有美观的外表。餐厅门面的设计要显示出卫生与清洁的格调。同时，餐饮产品的陈列要注意突出重点，如文字简明、图案醒目、标志鲜明，以充分激发顾客对餐饮产品的想象，刺激其消费。

(二)餐厅座位的安排

餐厅餐桌、餐椅的配置、安排，应根据餐厅的档次、面积及经营性质来确定。餐桌、餐椅的布置应考虑适用、协调、统一的原则。同时，要注意合理确定各种规格餐桌的配置比例，尽量提高餐桌的利用率。

(三)餐厅人员流动线路的安排

(1)客人流动线路：客人流动线路应以从大门到座位之间的通道畅通无阻为基本要求，尽量采用直线，避免迂回绕道。

(2)服务人员流动线路：服务人员流动线路的安排原则上越短越好。例如，设置“区域服务台”，既可存放餐具，又有助于服务人员缩短行走路线。

(四)餐厅的光线和色调

合理的餐厅光线与色调配置能给顾客创造一个明亮宽敞的就餐环境，使顾客心情舒畅、用餐愉快。餐厅光线与色调的配置要结合季节来确定，或依餐厅主题来确定。不同的色彩给人不同的感受。通常人们将色彩分为冷、暖两大类别。暖色调使人觉得紧凑、温暖；冷色调可使空间显得比实际要大并产生凉爽之感。因此，餐厅在运用色彩时，应根据餐厅的风格、档次、空间大小，合理地运用色调，墙壁、天花板、地面等颜色要注意合理地搭配，产生预想的效果。一般地讲，豪华餐厅宜使用暖或明亮的颜色，地毯使用红色，可增加富丽堂皇感觉；正餐厅需要有“增进食欲”的色彩，如橙黄、水红、青莲等；快餐厅的设计特点是以明快为基调，因此灯光、墙壁等物，以乳白色、黄色等暖色调为宜，给人一种清新、舒畅的印象。另外，餐厅中装饰或装饰物的合理运用，如盆景、艺术画、窗帘、花卉等，能增加餐厅的情趣。餐桌的形状、色调，同样也是餐厅布置的一部分，其色调不宜与餐厅基色太接近，不然颜色会相互“同化”，也不能太突出，以选用中间色调为宜，加上白色台布，显得明亮，并能衬托出桌面上的菜肴。因此，餐厅的基调、灯光的强弱，以及图画和其他饰品，都必须协调，不可太刺眼，要使光线、色彩安排得恰到好处，与餐厅经营主题相映生辉。选择颜色时，应避免使用墨绿色、暗紫色、灰色及黑色。

(五)餐厅的温度调节

餐厅中如能四季如春，则不仅客人愿意在此用餐，而且员工也拥有了一个良好的工作环境。春秋两季时，室内外温度相差不大；夏冬季节时，餐厅内外反差很大。国内的酒店，冬季主要靠暖气供热；夏季时，可通过空调等设备适当调节餐饮服务场所内的温度，给顾客和员工提供一个相对舒适的场所。

(六)餐厅的背景音乐

餐厅的背景音乐应调节、控制得当。

(1)音量的大小。以不影响小方桌上两人面对面的轻声讲话为宜。

(2)主题的选择。以欢快、轻松为宜。

(3)节奏的快慢。应选用缓慢、舒坦、比较柔情的音乐，而忌用节奏感较快且又比较强烈的音乐。

二、餐饮服务方式的确定

不同地区、不同民族在长期的餐饮发展过程中逐步形成了饮食习惯，并构成约定俗成且又相对固定的形式，即餐饮服务方式。确定餐饮服务方式既能使餐饮部依据不同的服务对象、不同的要求，提供标准、规范、质量相对稳定的服务，又可使服务成本相对固定。

(一)西餐常用服务方式

西餐的服务方式是指西餐所提供的侍应服务方式，西餐的各种服务方式均有自己鲜明的特点，可适合不同类型、不同场合、不同特色的消费。

(1)美式服务(American service)，又叫“盘子式服务”(plate service)，服务快捷、方便、易于操作，主要适用于中低档次的西餐零点和宴会服务。美式服务的程序：厨师根据客人的点单烹制食物后装盘，然后由服务员直接分送给每一位顾客。美式服务的操作要点：服务人员用左手从客人左侧上菜，用右手从客人右侧撤碟(饮料从右面上)。

(2)俄式服务(Russian service)。它起源于俄罗斯的贵族与沙皇宫廷之中，并逐渐为欧洲其他国家和地区所采用。俄式服务又叫“大银盘”服务，主要用于高档的西餐宴会服务。俄式服务的基本程序和要点是：①厨师将菜肴加工制作好后，按一道菜配置一个银质大浅盘的原则，将菜肴放置在大浅盘内，由服务员将盘端至餐厅；②服务员在上菜前按顺时针的方向依次用右手从每位客人的右侧送上餐盘，③服务员派菜，其方法是服务员左手托着装菜的大浅盘，右手用分叉、分匙按逆时针的方向从每位客人的左侧均匀地将菜放入客人面前的餐盘。

(3)法式服务(French service)。它起源于路易十四的宫廷宴会，是一种十分讲究礼节，也很奢华的服务方式，主要适用于高档餐厅。法式服务的基本程序和要点是：①每位客人通常有两名服务人员同时进行餐桌服务，一名为主，另一名做一些辅助性工作；②每道菜的最后一道工序都得在餐桌完成，然后递送给客人；③上菜时服务员用右手，从客人右侧上菜。法式服务炫耀性强，能为客人提供极为细致入微的服务，但服务速度慢，服务成本较高。

(4)西餐服务的基本程序。迎宾领座—递送菜单—撤掉示位碟—向顾客推荐饮料、鸡尾酒—接受点饮料—加水—上面包(如提前放好，则免此步骤)—上饮料—推荐特色菜肴—推荐配餐饮用酒水—接受顾客点菜—接受顾客点酒水—上酒水—上头盘—(撤头盘)上色拉—上汤—(撤汤杯)上主菜—桌面清理—推荐甜食—介绍餐后甜酒—上餐后甜酒—收款—递送账单和找零—向顾客道谢—送别。

(二)中餐常用服务方式

在酒店的餐厅中，目前常用的中餐服务方式有：共餐式、分餐式和转盘式。

(1)共餐式服务。由餐者用自己的筷子到菜盘中夹取菜肴。但如今有了较大的改进，就餐时客人可用附加的公筷、公匙等盛取喜爱的菜肴。共餐式服务适合2～6人的中餐零点服务，其基本服务程序是：①按要求摆台，并摆放一至两副公筷、公匙；②服务员按服务规程上菜；③报菜名，介绍菜肴特点；④客人用餐过程中，服务员经常整理桌面，方便客人就餐。

(2)转盘式服务。在一个大圆桌面上放置转盘，将菜肴放置在转盘上供就餐者夹取。装盘式服务适用于大圆台的多人就餐，既适用于一般团体用餐，也适用于中餐的宴会服务。转盘式服务的基本服务程序同共餐式服务。

(3)分餐式服务。一般用于较正式的高档宴会服务，主要有“席上分菜”和“席边分菜”两种形式：席边分菜服务是指在宴会餐桌旁设置分菜台，放置备用餐具，在分菜台上完成菜肴分派，然后按顺序递送给每位就餐者；席上分菜是指将菜肴在桌面上向客人展示和介绍后，由服务员左手托盘，右手用分叉，分匙按逆时针方向在每位客人左侧将菜肴均匀地分到每位客人面前的餐盘内。席上分菜服务的基本程序与西餐服务中的俄式服务相似。不论采用哪种分菜形式，均要服务稳健、快捷、轻巧，并要确保所分菜肴数量、质量均匀。

(三)自助餐服务

自助餐能满足顾客自己动手、各取所需的要求，并较为随意、自在，随着顾客饮食消费习惯的改变，自助餐越来越受欢迎。

(1)自助餐的基本特点：①菜肴丰富，陈列精美；②就餐速度快：由于菜肴均已事先准备好，顾客不需等候；③人工成本较低：因所需服务较少。

(2)自助餐的服务要求：①餐厅布置：根据举办的主题，将主题作为指导思想去考虑餐厅装饰、背景布置、餐台装饰，以烘托气氛。②餐台安排：餐台分开以方便取菜；台型应雅致，并能体现特色或主题；台前布置应整洁华丽；装饰点缀，合理优美。③菜肴陈列：按用餐顺序以取食习惯排列；咸甜分放，冷热分家。④服务须知：开餐前准备工作到位，面面俱到；随时补充所需食品、饮料；如有需要，做好食品、饮料的切割、分配等辅助工作；保持餐台的整洁、美观，及时做好收餐工作；餐具等用品要及时补充，确保数量充足；任何时间都要礼貌待客；注意安全，防止意外事故发生。

三、餐饮服务质量的控制

为能始终给宾客提供满意的服务，须对餐饮服务质量加以控制。要进行有效的餐饮服务质量控制，应做好三个前期工作：①建立合理的服务规程；②了解、收集各种服务质量信息；③认真抓好员工的培训工作。

(一)餐饮服务质量控制的方法

根据餐饮服务的三个阶段(准备阶段、执行阶段、结束阶段)，餐饮服务质量控制可分为：预先控制、现场控制和反馈控制。

(1)预先控制。在开餐前做好一切相应的管理，防止在开餐过程中发生偏差，其主要内容有：①人力资源的预先控制：合理安排、灵活使用劳动力，确保员工仪表仪容符合规范要求；②物资资源的预先控制：各类用品品种齐全、数量充足；③卫生质量的预先控制：各部位的卫生如不能达标，必须返工；④事故的预先控制：客情通报应及时、迅速、完整，前后台联系应规范、畅通。

(2)现场控制。现场监督正在进行的餐饮服务，使其规范化、程序化，并迅速妥善处理意外事件。其主要内容有：①服务程序的控制：发现偏差，及时纠正。②上菜时机的控制：恰到好处，符合要求。③意外事件的控制：处理投诉，迅速及时，顾客醉酒，劝其离开；餐厅气氛，始终和谐。④人力的控制：划分区域，分工负责；根据客情需要，及时调整人员；高峰过后后勤部应适当休息。

(3)反馈控制。通过内部系统和外部系统质量信息的反馈，找出服务工作在准备阶段和执行阶段的不足，采取措施，加强预先控制和现场控制，提高服务质量，使宾客更满意。

(二)餐饮服务质量的监督检查

通过完整的质量监督体系和有效的质量监督制度，对餐饮服务质量进行长期不懈的监督检查，是餐饮部优质服务的保证。餐饮服务质量监督检查的主要项目是：礼节礼貌、仪表仪容、服务态度、清洁卫生、服务技能、服务效率和工作纪律。

【项目小结】

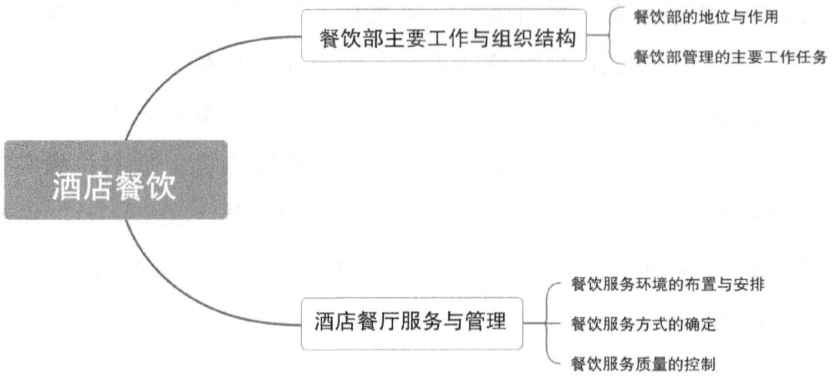

【练习测试】

1. 简述前厅部对客服务内容及流程。
2. 简述酒店客房部组织结构设置依据。
3. 简述客房服务项目内容及服务要点。
4. 比较中西式餐饮服务方式的异同之处。
5. 餐饮服务质量阶段控制法有哪些？

模块八　了解酒店其他职能管理

【模块描述】

从业务性质的角度看，酒店职能可以划分为两大部分，即前台接待职能和后台支持职能。前台接待职能是指直接与宾客接触的服务接待职能，是宾客能够看到的部分；后台支持职能是指不直接与宾客接触的，为前台接待和酒店运营提供供应性支持的职能，一般是宾客看不到的部分。前台部分的业务是围绕着宾客的活动来进行的。后台部分的业务是围绕着为前台服务和酒店运营提供支持而展开的。本模块主要介绍酒店后台的支持职能，具体包括：管理酒店财务与收益、保证酒店物资供应和维护设备运行、保障酒店安全及应对突发状况等项目。

项目一　管理酒店财务与收益

【项目描述】

通过学习本项目，学生能够了解酒店财务管理的概念、目标、特点、主要内容和组织机构；了解酒店的收益管理及其实际运用，包括酒店收益管理的概念和意义以及酒店收益管理部门的设置、作用以及收益管理部门与其他部门之间的协作等。

学习目标	完成指标
知识目标	了解酒店财务管理的目标和内容
	理解酒店收益管理的意义
	了解酒店收益管理的作用
能力目标	能够清晰表述酒店财务管理的内容
	能够对酒店财务管理提出建议
	能够从收益管理的角度分析酒店的经营行为
拓展目标	根据酒店的经营现状制定收益管理策略

>> 任务一　管理酒店财务 <<

【基础知识】

一、酒店财务管理的概念

酒店财务管理是指对酒店的资金进行规划和控制的管理活动，即对酒店各种财产物资的取得、配置、耗用、回收、分配等活动进行综合性的管理。

酒店经营离不开人和物两大因素。这两大因素在酒店产品的生产和销售过程中的价值都是以资金的形式体现出来的。为了保证酒店业务经营活动的正常进行，首先要筹集一定数额的资金，有了资金后，还要对资金进行部门的分配和资金形态的分配，如对储备资金、管理资金、货币资金比例的分配。酒店经营业务活动发生资金的使用耗费，使用耗费的资金要通过货币的形式予以收回。资金从被占有到以货币形式被重新收回，这个活动过程以会计形式表现，构成酒店财务。财务管理贯穿于酒店经营业务活动的全过程及各个方面，既要全面反映酒店的经营业务状况，又要利用本身的特有手段促进或制约酒店的经济活动，保证酒店取得预期的效益。

酒店资金的循环运动必然要体现酒店与有关利益各方的经济关系。这些关系主要有：酒店与投资者的财务关系；酒店与债权人、债务人及资金往来客户的财务关系；酒店与税务机关的税收关系；酒店内部各部门之间的财务关系；酒店与员工之间的财务关系等。在处理所有的经济关系时，酒店财务都实行计价、记账、付款、结算，目的是让酒店的经济活动能按规律正常进行。同时，酒店通过记账、核算、分析、决策来控制酒店的成本、价格、利润和分配，提升酒店的经济效益。可见，酒店只要存在着经济活动和经济关系，酒店财务就有其特殊的作用。

二、酒店财务管理的目标

酒店财务管理目标是指酒店进行财务活动、处理财务关系所要达到的目标。财务管理目标决定了财务管理的基本方向，只有目标明确，管理者才能进行有效的财务管理。

(一)利润最大化

利润最大化是指酒店的管理者把酒店在比较短的时期里获得最大的利润作为财务管理的目标。利润反映经济效益，是资本报酬的主要来源。利润越多，意味着实现的劳动价值越多，职工报酬也越高；利润代表着剩余产品的价值，剩余产品越多，社会财富也越多。以利润最大化为财务管理目标，酒店必须讲求目标管理，以目标来指导和控制酒店的经营活动，以目标作为管理人、财、物等各要素的基础，使酒店管理行为始终围绕目标的实现各司其职、各尽其责。

但是，以利润最大化作为财务管理目标也存在着一些不足。如果没有考虑到资金的时间价值，就无法反映收益的时间性或连续性，也就无法反映投资风险的大小。有些管理者为了追求片面的利润最大化，往往使酒店财务决策带有短期行为倾向。管理者有时会采取不分配或少分配股息的方法来避免利润的减少，而这种做法往往损害投资者的利益。

(二)财富最大化

以投资者财富最大化作为酒店财务管理的目标是对经济效益较深层次的认识。采用最优的财务政策，在考虑到资金的时间价值和投资风险价值的前提条件下不断增加所有者的财富，使酒店的总价值达到最大。在股份制酒店企业中，投资者个人财产与酒店相关的部分就是对股票的投资。因此，投资者财富最大化可以表现为股票价格的提高。

以财富最大化为财务管理目标，弥补了以利润最大化为财务管理目标的不足。

(1)以财富最大化作为酒店财务管理目标，避免了由于追求利润最大化而产生的短期行为，使投资者不仅单纯重视当前利润的获得，而将更为关注的是预期利润的变动。

(2)投资者财富最大化目标考虑了资金的时间价值和投资风险价值，能够避免不顾风险的大小，只片面追求利润最大化的短期行为倾向，使投资者资产能够充分保值增值。

(3)财富最大化也能使社会效益最大化，实现社会资源的合理分配。社会资源通常向价值最大化或股东财富最大化的企业或行业流动，当各个酒店企业都追求财富最大化时，在国家宏观调控和法律约束下，会使整个社会财富得到增加，从而有利于实现社会效益最大化，最终满足人民日益增长的物质文化生活的需要。

(4)财富最大化的目标满足了国家、职工、股东等利益集团共同的目标，财富最大化使各方利益均得以实现，不仅反映了股东的愿望，也反映了整个社会的经济目标。

(三)社会责任

以社会责任作为酒店财务管理目标是指酒店在获得财富的同时，应该承担对社会应尽的义务，这种远见卓识是对酒店利益更深层次的理解。如果每一个酒店都能够积极承担一定的社会责任，如保护消费者权益、合理雇用员工、为酒店员工提供培训和深造的机会、保护环境等，这将会为整个社会的繁荣和发展作出积极的贡献。

酒店在追求利润及财富最大化时，往往会与一些社会利益产生矛盾。酒店承担社会义务有时会影响到收益和利润的增加，如酒店进行环境保护的投资和由于保护生态环境而减少收入。但是，酒店在承担这一社会责任的同时，也保持和改善了酒店在公众心目中的形象，提高了酒店在公众心目中的地位，从而获得更长远的社会效益和经济效益。

【深入理解】

三、酒店财务管理的主要特点

酒店作为一个综合性的服务组织，它所提供的商品与其他企业生产提供的商品不同，酒店的产品是为旅游者提供以食宿为主的各种服务，因而酒店财务管理有其自身的特点。

(一)投资效益的风险性

酒店固定资产投资金额大，一般要占总投资额的80%左右。由于固定资产具有使用年限长的特点，一旦投入往往难以改变，如果酒店市场形势不好，必然导致投资效益低下。酒店在建成以后，巨额固定资产投资要经过较长时期的经营活动才能逐步收回。所以其投资决策是否成功，对酒店未来的发展方向、发展速度和长期获利能力都有重大影响。在投资决策之前，一定要对投资方案的预期经济效益进行深入、全面的评价，用审慎的态度、科学的方法选择最有利的投资方案，规避风险，获取最大利益。

(二)现金流量的季节性

消费者对旅游产品的需求具有很强的季节性。季节性特征一般是由气候、假期、活动、习惯、喜好等因素影响。旅游产品需求的季节性导致了酒店现金流入和流出的季节性。现金的增加和减少有一定的季节性，在年度的某一特定时期(如旅游旺季)，会有大量的现金余额可用于投资；而到了淡季，如果没有足够的现金来支付应付的款项和其他支出的话，酒店将会面临严重的现金流量问题。因此，酒店的财务管理必须进行详细的现金流量分析，并考虑如何缓解现金流量紧张的问题。

(三)宾客结算的即时性

酒店为了方便宾客简便、快捷地结账，一般在宾客离店时一次性结清付款，不论宾客何时离店，都应立即办理结账手续，防止出现错账、漏账和逃账。这就要求酒店财务部门必须昼夜提供值班服务，尤其是及时为客人提供入住、货币兑换、离店的各种业务。从这方面讲，酒店财务管理工作的时间性比一般企业的财务管理时间性要强。

(四)更新改造的紧迫性

酒店的各类设备、设施是否新颖，对营业状况影响很大，这决定了酒店的资产设备更新周期长短，是否需要经常进行更新和改造，以保持酒店的全新风貌。因此，酒店财务管理人员要注意研究各种资产设备的经济寿命周期，寻求最佳更新时机，适时装修改造，以获得更高的资产使用效益。

四、酒店财务管理的内容

酒店财务管理的对象是经营过程中资金的运动，因此财务管理的内容反映的是酒店资金运动的全过程。酒店资金运动从内容上来说包括资金的筹集、投放和使用，资金的消耗、资金的回收和分配等主要方面。相应地，酒店财务管理的主要内容包括了酒店筹资管理、投资管理、资产管理、成本费用管理、利润及分配管理等方面。

(一)筹资管理

酒店开展任何生产经营活动都必须有充足的资金，资金筹集是酒店财务管理的重要内容。酒店的资金可以从多种渠道、用多种方式来筹集。不同来源的资金，可使用时间的长短、附加条款的限制和资金成本的大小都各不相同。这就要求酒店在筹资时不仅需要从数量上满足经营的需要，而且要考虑筹资方式给酒店带来的资金成本的高低、财务风险的大小，以便选择最佳筹资方式。

酒店筹集资金的方式，归纳起来可分为两大类：内部筹资和外部筹资。内部筹资主要通过计提折旧和利润留存两大方式，外部筹资是酒店通过吸收直接投资、发行股票、银行借款、发行债券、租赁、商业信用等方式筹集资金。酒店一般应在充分利用内部筹资的基础上，再考虑外部筹资问题。在确定了具体筹资方式以后，再考虑到筹资的组合、风险、成本等问题，从而合理安排企业的资金来源，优化资本结构，降低筹资成本，控制筹资风险。

(二)投资管理

酒店筹集的资金要尽快用于经营，以便盈利。酒店使用资金，形成各类经济资源的过程就是投资过程。通过投资，资金会在使用与流通中产生价值。但任何投资决策都带有一定的风险性。因此，在投资时必须认真分析影响投资决策的各种因素，科学地进行可行性研究。对于投资方向的选择、时机的判断、投资金额的确定、投资风险的规避，以及对于投资收益的预期等，构成了酒店投资管理的重要内容。对于新增的投资项目，一方面要考虑项目建成后给酒店带来的投资报酬，另一方面也要考虑投资项目给酒店带来的风险，以便在风险与报酬之间进行均衡，不断提高酒店价值。

一般来说，酒店的投资决策流程分为三大步骤：首先，要拟定投资的基本方针，包括投资的项目、选址、规模、投资等级、投资金额等内容；其次，要制订多种备选方案，并进行充分的论证，通过对方案的反复筛选、比较、计算、分析，选出一个比较合理的方案；最后，是执行方案，项目一旦实施，必须严格按照既定的计划执行，对于每项投资的支出要严格审核，同时保证项目所需资金。

(三)资产与营运资金管理

投资决策确定了酒店资金是流向了酒店外部还是内部。投入酒店内部的资金就成了企业的对内投资，这部分投资形成了包括固定资产、流动资产、无形资产、递延资产和其他资产在内的酒店总资产。对这些资产的管理构成了酒店日常财务管理的重要内容。酒店资产管理的重点是对固定资产、流动资产的管理。

酒店营运资金也称“营运资本”或“流动资金”，一般是指流动资产减去流动负债后的余额，即酒店存置银行的现金、投资易售有价证券，以及应收账款与应收票据和存货储备等项目流动资产的总额，减去在经营过程中发生的流动负债(应付账款和应付票据等)。有时将此余额称为“净营运资金”，“营运资金”则指流动资产。但是，如果提到营运资金的管理，则包括对流动资产和流动负债的管理。酒店的经营活动无不涉及营运资金的范围。因此，对营运资金管理显得相当重要。

(四)成本费用管理

成本费用反映了酒店运营过程中资金的消耗，对成本费用的管理也是酒店财务管理的重要内容之一。对成本费用进行严格的控制、合理地降低成本费用，是酒店在商业竞争中获胜、增加酒店利润的有效途径。

酒店的成本费用是指酒店在向顾客提供产品和服务的过程中所产生的各项直接支出和间接耗费。按经济内容可分为主营业务成本、销售费用、管理费用、财务费用等部分。酒店首先要确定成本费用管理的目标，在此基础上编制成本费用预算，明确酒店成本费用管理的方向。为了确保成本费用预算的实现，还要对成本费用进行有效控制，并对成本费用的实际耗费情况进行考核分析，如果发现问题要及时纠正，最终保证成本费用符合预算目标。

(五)利润及分配管理

随着酒店经营活动的进行，在产生资金耗费的同时还会从经营活动中获得收入。经营收入按照经济核算的原则，先要补偿酒店的经营消耗，缴纳税金及附加，再加上酒店的投资收益和营业外收支净额，最终形成酒店的利润。酒店实现利润以后，要按照国家的有关规定，向国家缴纳所得税，剩余部分就形成了净利润。净利润要进一步在酒店、员工、投资者之间进行分配。酒店要提取法定盈余公积金，用于弥补亏损和转增资本；还要提取法定公益金，用于职工福利和奖励，改善职工集体福利设施等支出；其余利润进行投资者的收益分配或暂时留存酒店作为追加投资。上述内容就是酒店利润及其分配管理的主要内容。

利润是酒店在一定时期经营活动所取得的主要财务成果。当前，我国国有酒店称之为利润，而股份制酒店称之为股利。从整个社会来看，利润是社会再生产的重要来源；从酒店来看，取得利润是酒店生存与发展的必要条件，也是评价一家酒店经营状况的一个重要指标。股利(利润)管理是酒店财务管理的一个主要内容，对提高酒店的经济效益具有重要意义。

(六)财务预算、控制与分析

财务预算是一系列专门反映酒店未来一定期限内预计财务状况和经营成果，以及现金收支等价值指标的各种预算的总称。具体包括反映现金收支活动的现金预算，反映酒店财务状况的预计资产负债表，反映酒店财务成果的预计损益表和预计现金流量表等内容。财务预算可以使决策目标具体化、系统化、定量化；同时，有助于财务目标的顺利实现。

财务控制是指酒店财务人员(部门)通过财务法规、财务制度、财务定额、财务计划目标等对酒店资金运动(或日常财务活动、现金流转)进行指导、组织督促和约束，确保财务计划(目标)实现的管理活动。财务控制的目的是保证酒店经营的效率和效益、资产的安全性以及经济信息和财务报告的可靠性。

酒店财务分析是以酒店财务报告及其他相关资料为基础，采用一系列的财务指标，对酒店的财务状况和经营成果进行比较和分析。通过财务分析可以判断和评价酒店的财务及经营状况，向利益相关方提供对决策有用的财务信息，并以此为依据预测酒店未来的财务状况和发展前景。

五、酒店财务管理的组织机构

建立健全酒店财务管理组织，是有效开展财务活动、调节财务关系、实现财务管理目标的重要条件。酒店财务管理组织的机构设置一般有以下三种类型。

(一)以会计为核心的财务管理机构

这种机构的特点是会计核算职能和财务管理职能不分，同时兼具。在这种机构内部，是以会计核算职能为核心来划分内部职责的，设有存货、长期资产、结算、出纳、成本、收入、报表等部门。这种机构适用于中小型酒店。

(二)与会计机构并行的财务机构

这种机构的特点是会计核算与财务管理职能分离，财务管理职能由独立于会计机构以外的财务管理机构履行。财务管理机构专门负责筹资、投资和分配工作，组织资金运动。在该机构内部，按照职责的不同，可划分为规划部、经营部和信贷部。这种财务管理机构一般适用于大型酒店。

1. 规划部

规划部的主要职责是进行财务预测和财务计划。预测的内容是金融市场的利率与汇率，预期证券市场价格和现金流量，为筹资和投资提供依据。计划的主要内容是编制现金预算，确定筹资计划；编制利润计划，确定酒店生产经营目标；编制投资计划，确定酒店实物投资和金融投资的动向。

2. 经营部

经营部的主要职责是寻找资金的筹措渠道，进行金融市场融资及投资，实施资金分配。

3. 信贷部

信贷部的主要职责是调查客户资信状况，掌握其生产及经营状况和偿债能力，对拖欠款进行债务催收或清理，对还款情况进行后续跟踪调查。

(三)公司型的财务管理机构

这种财务管理机构的特点是它本身是一个独立的公司法人，能够独立对外从事财务活动，在公司内部，除了设置从事财务活动的业务部门以外，还设有一般的行政部门。公司型财务管理机构的主要职责是负责集团公司或跨国公司的整体财务管理和各个成员之间的财务协调以及各企业成员的自身财务管理。这种机构已不再只是发挥一家酒店的财务管理，而是发挥对众多酒店集团进行整体财务管理的职能，这种财务机构通常又称作财务公司。采用法人形式的财务公司有利于其对外履行筹资和投资的职能。这种财务管理机构一般设置在酒店集团或跨国公司内部。

>> 任务二　控制酒店收益 <<

【学前导入】

在新年之际，如果你想在纽约的市中心曼哈顿时代广场附近，预订一间酒店的客房，以便参加新年倒计时的活动，你可能会被告知，由于当晚的房间需求量非常大，房价涨到平常房价的 2 倍。而在“广交会”开幕期间，广州地区的酒店房价飙升至平常的 2～3 倍，仍然抢手。

假如你要去看一场演唱会，有你喜欢的歌星在演唱会上表演，你想要第一排的座位，但是被告知，由于第一排座位有限，其票价是后排座位的两倍，这时你也只有咬牙买下来。乘坐同一航班、同等级座位的乘客，购买机票的价格却不尽相同，有的甚至相差一倍或者更多；入住同一酒店、同样级别的客房，房价大不相同，这仅仅是因为购买或预订机票/客房的时间不同。在同一餐厅用餐，午餐时打八折，晚餐时却没有任何折扣。以上所罗列的现象，每天都发生在我们周围。实际上，这些行业都在自觉不自觉、或多或少地应用一种先进的管理方法——收益管理。

【基础知识】

一、酒店收益管理的概念

收益管理（Revenue Management，RM），有时也被称作收入管理（Yield Management，YM），是企业实现收入最大化的重要工具。由收益管理概念的演化来看，酒店收益管理就是基于顾客接受的酒店利益的最大化，即通过细分市场对盈利能力的识别，确定产品价值、价格设定、折扣生成、订房过滤准则以及对价格和客房资源进行有效控制等方法，实现酒店盈利能力最大化的目标。

我们通常可以将酒店收益管理定义为：把最佳的酒店产品或服务，在最佳的时间，以最佳的价格，通过最佳的销售渠道，出售给最佳的客人，以实现酒店收益的最大化。其核心要素就是产品、时间、价格、顾客和渠道。通过“五个最”的完美组合，可以有效地解决酒店业有限资源闲置或价格竞争所造成总体收益下滑的现实问题。通过市场细分、需求预测、差别定价、动态定价、容量控制和客房超订等手段，借助计算机数据和技术，使人工经验和计算机智能形成高度的结合，最大限度地减少酒店资源虚耗，挖掘市场盈利能力，最终使酒店收益最大化。

而且，对于酒店来说，其产品特征和经营特点为收益管理的适用性提供了完美的空间。第一，酒店客房的可变成本远低于固定成本；第二，顾客的不同需求可以被区分，这意味着客人愿意为相同的产品支付不同的价格；第三，需求可能会有很大的波动而产品总量却相对固定；第四，对于酒店而言，酒店有固定数量的房间出售且酒店房间是不可存储的，酒店房间“不可储存”意味着如果当晚房间没有出售，该房间的收入将永远消失，并不能被弥补；第五，房间可以提前出售，客人可以通过直接或非直接的“渠道”购买。

【深入理解】

二、酒店收益管理的意义

酒店是继航空客运业之后，最先成功开发、使用收益管理系统的行业。过去，客人一般是通过电话预约或临时登记入住酒店。随着网络的普及，许多酒店建立了各自的网站以方便旅客上网预订房间。酒店管理者可以随时通过计算机系统查询旅客预订及客房分配情况，并相应地做出各种不同的决策。例如，经理们每天需确定客房价格，考虑拒绝或接受某个旅客或团体的预订。这些决策的质量往往直接影响酒店的经营业绩。

就酒店行业而言，实施收益管理的意义主要体现在两个方面：一是当酒店市场处于供过于求的情况时，酒店做不到满房，将会有部分客房被闲置，而这些闲置的客房如果不能及时销售出去，必然会导致客房资源的浪费，造成酒店的营业收入受到损失。收益管理的作用则主要体现在采取有效的手段和方法，最大限度地把闲置的客房销售出去，以此减少酒店资源的浪费，实现收益最大化。收益管理的核心在于实现收入最大化，而非削减成本，更多体现在对酒店闲置库存资源的管理和利用上。二是当酒店市场处于过度需求时，酒店通常可以满房。但满房并不意味着酒店就获得了最大的收益。原因就在于，此时决定最大收益的要素除了最大限度地把产品销售出去外，还有一个重要的要素是对资源的优化配置，即考虑酒店在做到满房的同时，所执行的价格是否为各个细分市场的优化价格，客源结构的配置是否合理等。这些都是酒店能否实现收益最大化的决定因素。

酒店收益管理的任务是帮助酒店管理者通过优化对价格和库存分配控制的管理实现收益目标。比如，收益管理的手段之一就是当需求大于供给时，根据客人每一个预订价值的大小来确定接受或拒绝。其意义在于通过对市场需求的预测，尽量以较高的价格把房间销售给优质的客人。

收益管理的基本原理就是通过对市场的细分，对不同的顾客在不同时刻的需求进行定量预测，然后通过优化方法进行动态的控制，最终使总收益最大化。当然，不同的酒店或酒店集团，由于各自的市场定位、客源情况、管理理念和控制机制的不同，其价格和收益管理的方法也不尽相同。

三、酒店收益管理的作用

酒店收益管理部门在酒店企业组织架构中一般是独立部门，称为收益管理部，负责酒店的收益管理，确保酒店实现收益最大化目标。总体而言，酒店的收益管理可以通过以下几个方面发挥作用。

(一)客人分类及需求预测

不同客人对酒店的需求往往不同。尽管每个酒店有自己的市场定位，但是客人的性质、来源渠道以及消费特点仍有许多不同之处。收益管理的一个重要功能就是通过科学的方法对客人进行分类，并得出各种行为模式的统计特性，然后再对每类客人的未来需求进行精确的预测，包括预订的早晚、逗留时间的长短、实际入住和预订的差异、提前离店和推迟离店的概率等。有了这些精确的预测，再结合各类客人对价格的敏感程度，酒店就能很好地控制资源、调整策略、提高收益。

(二)优化控制

有了精确的需求预测，还必须有一套价格和收益控制体系，才能灵活、有效地利用酒店资源，使酒店收益最大化。酒店业普遍采用的优化方法主要包括线性规划、动态规划等。

(三)节假日需求控制

节假日往往是酒店获利的最佳时机，许多酒店在此期间一般能达到很高的入住率。但高入住率并不等于高利润率，要使收益最大化，还必须有一套完善的节假日需求预测及控制方法。

(四)动态价格设定

酒店的定价是调节酒店盈利能力的最直接的杠杆。常见的以成本为基础的定价方法虽然简便易行，但是往往缺乏灵活性，不能反映市场需求的动态变化。而建立在收益管理基础上的定价方法，如实时竞标定价(Bid Price)、浮动定价(Dynamic Pricing)等则通过对市场的细分和有效控制，使价格杠杆的功能得以充分发挥。

(五)超额预订控制

预订和实际入住往往存在一定的差异，因此如何预测及控制这种差异，从而保证实际入住率是酒店经常面临的一个问题。特别是在营业的旺季，这一问题显得特别突出。对酒店而言，既要保证尽可能高的入住率，又要避免因超额预订而导致客人无房可住的困境，因此精确的超额预订控制就非常重要。

(六)团体和销售代理管理

团体销售几乎是每家酒店都有的业务，多数情况下要提供一定的折扣。但如何定量地对这项业务进行分析，并有效地控制折扣和团体销售的客房占客房总数的比重，则是收益管理的重要内容。此外，代理销售也需要优化控制。

(七)酒店附属设施资源管理

星级酒店常有许多附属设施，如餐厅、会议室等。收益管理系统的拓展就是进行所谓的“全收益”管理，不仅对客房的收益进行预测和控制，而且对整个酒店的收益进行预测和优化。

(八)经营状况比较

酒店经营状况的及时反馈是保证酒店正确决策的重要途径。而收益管理系统既有大量的历史数据，又包含了未来的需求预测，因此该系统可以是一个很好的战略和战术决策工具。

(九)结合客人价值的收益管理

随着许多酒店由以利润为中心的管理转向以客人服务为中心的管理，如何确定每一客人的价值，并通过相应的收益控制来区别对待，成为酒店收益管理的一个新方向。

四、收益管理的主要策略

收益管理将超额预订、停留时间控制、容量控制、市场细分和定价等部分与统计学分析相结合来拓展市场，利用需求预测技术、最优化模型和执行程序等分析决定接受和拒绝哪些预订，以达到收益最大化的目的。

(一)预订管理

1. 超额预订(Over Booking)

在酒店运营中，经常会出现事先预订的客人在抵达之前突然取消了预订或者比预订的时间晚了几天才抵达，甚至根本就没有出现的情况，任何一种情况都会使酒店蒙受损失。为了减少客人抵达的不确定性，酒店往往会采取一些措施以降低风险。比如在客人抵达之前通过电话、信息、邮件、微信等方式与客人多次核对预订，以便做出相应调整。也可以通过预收保证金或要求信用卡担保的方式，增加保证类预订的数量。即便如此，有时也无法完全保证所有预订客人如约而至，总会有特殊情况发生。根据酒店业的管理经验，订房不到者约占总预订数的5%，临时取消预订者占8%～10%。正因为如此才有了超额预订。

超额预订就是在订房已满的情况下，再适当增加订房数量。超额预订超过的不是酒店的客房总数，而是酒店决定通过预订进行销售的客房总数。超额预订可以有效地减少客房的虚耗(虚耗是指本来有需求，但却没卖出去的产品)，增加饭店的收益。但同时也有一定风险，一旦预订客人全部抵店，饭店将面临尴尬的局面，因此确定超额预订的幅度就十分关键。幅度过大，已经订房的顾客无房可住，引起纠纷，降低饭店信誉；幅度太小，出现虚耗，饭店又将蒙受损失。

从理论上讲，最优的超额预订点是当接受一个额外预订边际收益等于边际成本时。达到最优超额预订点时应停止预订。在计算超额预订的成本时，除了可见的一些经济成本以外，还要充分考虑到一些无形的成本，如客人转投他店后，可能再也不会光顾本店，饭店永远失去了一位顾客；顾客有可能将对饭店的抱怨和不满告诉他人等。

超额预订数可由以下公式确定：

超额预订数＝预计临时取消预订数＋预计订而未到房数＋预计提前退房数－预计延期离店房数。

公式中的各数量的预计一般是通过建立一种预测模型来计算的，目前国际上流行的酒店收益管理系统都能提供强大的预测功能和超额预订模型。

超额预订虽然可以在很大程度上减少酒店的损失，但也伴随着很大的风险。对于因酒店超额预订而导致客人无法入住的情况，酒店是要承担违约责任的。因此酒店应该妥善处理，努力求得客人的谅解，尽力弥补客人的损失。按照国际惯例，饭店应该做到以下几点。

(1)安排专人与客人进行沟通和解释，诚挚地向客人道歉，请求客人谅解。

(2)立即与另一家同等级的酒店联系，请求援助，同时派车将客人免费送往这家酒店。如果找不到同等级的酒店可安排客人入住更高级别的酒店，高出的房费由酒店承担。

(3)如果店内一有空房，在客人愿意的情况下，再把客人接回来，并对其表示欢迎(可由大堂副理出面迎接，或在客房内摆放鲜花或者果篮等)；或者给予客人房费折扣，以及免费升级房间，以避免客人的投诉和流失。

(4)对提供援助的酒店表示感谢。

根据国际饭店业的做法，客房超额预订数量一般为预订总量的5%～15%，但是在实际运用中，要根据每个饭店不同的情况灵活掌握。为了减少超额预订的副作用，要提高No show和预订取消率预测的准确性，采用比较小的超额预订百分比，确保超额预订的房间数量在可以控制的范围。

2. 停留时间控制(Duration Control)

停留多日的客人为饭店带来的收益显然远远高于只停留一天的客人。因此，为提高饭店收益，在接受一项预订时往往要求说明最短停留时间。这意味着在收益管理中，只停留一天的预订要求可能被拒绝，即使有现成的房间也不提供。例如，某家饭店星期三客房的需求量较大，而星期二、星期四的需求量较小。饭店在考虑是否接受星期三的预订时会要求客人停留三天(即星期二、星期三、星期四)，甚至可以以降价为代价。如果这家饭店星期二、星期三、星期四的客房需求量都很大，就不能接受只预订三日内任何一天的预订要求，因为这会使本来计划住三天的客人转投他店。

减少客人之间的更换时间，意味着在同一或者更短的时间内可以有更多的客人享受服务。虽然减少更换时间一般不被认为是收益管理的工具之一，但是它可以有效地提高每一单位产品的收益。例如，一间走客房如果及时打扫马上就能变成空房，以便再次销售；如果打扫不及时就有可能浪费销售的机会，减少饭店的收益。在旺季时这一点尤为重要。

3. 容量控制(Capacity Control)

容量也称存量，是指酒店能够提供给消费者的产品数量。容量控制是指酒店依照市场需求，为不同价格水平的客人或者细分市场就现有产品资源进行优化分配，并按分配方案出售产品来实现收益最大化的一种策略。在市场处于过度需求时，酒店通过容量控制方法，把现有存量的客房资源合理分配给支付意愿不同的客人或细分市场，以此来进行创收。

在酒店市场处于过度需求时，酒店客房资源通常会显得紧俏或短缺。这时正是饭店创收的好机会。但是，“先来先得”的传统经营观念却经常使这一创收机会损失殆尽。由于很早订房的客人多为对价格敏感度较高的休闲度假群体或消费能力较低的旅行团体，如果酒店不对这些群体进行有效的预订控制，而是采取先来先得的方式接受预订，这些低价客人会较早地占用酒店有限的客房资源，进而使酒店失去了向高价客人出售客房的机会，也会因此失去应得的潜在收入。容量控制通过对客房的预留和保护，尽可能把客房多出售给高价客人，从而提高客房的利润。

在收益管理工作中，管理人员应特别重视对商务旅游者需求量的预测，并为那些较晚购买客房，但愿意支付高价的客人预留适量的客房。如果预测结果显示未来一段时间商务旅游者的需求量较低，就应以折扣价刺激休闲旅游者的需求。

4. 升档销售(Upselling)

升档销售就是尽量引导客人购买饭店中价格较高的高档客房。如只对低价客房实行超额预订，一旦客房数量不够时，可动员客人改住价位较高的高档客房；或者直接鼓励前台预订员尽量推销高价客房。但要注意这一方法一般只适用于那些价格弹性较低的商务旅游者。

(二)制定价格

定价是收益管理最为重要的战略方法之一，为了达到收益最大化的目的，收益管理要求在了解客人不同需要和消费方式的基础上，对不同类型的客人进行细分，然后对不同类型的客人执行不同的房费标准。价格不仅关系到饭店的客房收入，而且对市场需求和客人的购买力也有着重要的影响。利用价格杠杆来调节市场的供需平衡也是饭店收益管理工作的主要内容。因此，在考虑客房产品的特性、成本和市场需求的基础上，制定合理的价格，是饭店管理者的主要任务。

制定饭店客房价格的基本原理是：一般以成本或盈亏平衡方法计算的客房价格为下限价格，以市场需求为导向的销售价格为上限价格，实际市场成交价格因受市场周期波动和竞争等因素的影响，在上下限之间波动；在特殊的市场时期，实际市场成交价格也可能会低于或高于销售价格的上下限。主要有以下几种定价方法。

1. 单一房价

单一房价定价方法对所有的客人实行单一房价。这种单一房价可以根据季节和一周中的不同时间(工作日还是周末)进行调整。采用这种定价方法的优点是很容易进行管理，也很容易对客人进行解释，并且不需要复杂的收益管理系统。但是这种定价策略不能根据市场需求的变化做出相应的反应，也不能根据客人的承受能力和愿意接受的房价水平做出相应的调整。有些客人可能认为房价太低了，而有些客人则可能认为房价太高而转投他店，这都会给饭店造成营业收入的损失。如果采取其他的定价策略，这种情形完全可以避免。

2. 根据客房的不同类型定价

这种策略是根据客房的不同标准(房间的大小、视野和所在楼层)而分别进行定价。这种定价方法在饭店中最为常见。采用这种定价方法也很容易对客人进行解释，因为客人能感觉到房价虽然不同，但客房的标准也不同，即“一分价钱一分货”。这种方法对第一种定价方法进行了改进，使饭店能够在同一天内实行不同的房价，能够获得更多的收入。但是它也有缺点，这种定价方法不适用于那些只有一种类型客房的饭店。即使饭店拥有多种类型的客房，但能够以高价出售的高档客房也是有限的；这样，限制饭店潜在收入的就是饭店产品(即客房)的水平，而非需求水平。如果目标市场是那些不愿意住太高规格客房的客人，那么这种定价方法就不合理，而且采用这种定价方法将增加前台工作人员、预订人员和销售人员的工作负担。

3. 差异定价策略

差异定价策略就是根据客人不同的需求特征和价格弹性向客人执行不同的价格标准。这种定价策略采用的客人划分标准，是一些合理的原则和限制性条件。在这种划分标准下，客人就能根据自己的需求、消费方式及愿意接受的价格水平而将自己划分到合适的房价类别中。这种划分标准，一方面使那些对价格比较敏感的客人可以享受低价，但他们对客房的选择余地比较小；另一方面使那些愿意付全价的客人可以随意地挑选自己所喜爱的房间。这种划分标准的重要作用在于：饭店在向一个细分市场的客人销售打折客房的同时，又能保证另一个细分市场的收入不会减少。

这种定价中有所区别的策略也很容易向客人解释。每种房价都有其合理性。运用一个房价区分系统，饭店就能对它所有的客房进行收益管理。这种区别定价的缺点是它比其他的定价方法更难管理，它要求酒店建立复杂的预订系统和收益管理系统。要特别说明的是第三种定价方法和第二种定价方法经常同时使用，二者并不矛盾。

(三)市场预测

收益管理的所有策略和方法都离不开预测技术的支持，超额预订、容量控制、差异定价都只有在准确预测的基础上才能发挥应有的作用。在实施收益管理的过程中，预测技术主要用于需求水平的预测。需求一般包括两部分，即预订客人的需求和未预订客人的需求。准确预测预订数量和未预订客人的需求可以为超额预订、客房分配提供科学依据。

预测工作是确定未来主要市场指标的基础。要掌握和了解未来市场发展态势，合理制定饭店产品价格和为不同细分市场配置客房数量，都需要对相关经营指标进行预测和分析。只有通过预测，收益经理才能确定未来酒店产品应该以什么价格出售，为不同细分市场保留多少房间，采用什么样的差别定价策略等，为酒店实现收益最大化奠定基础。酒店常用的预测指标主要有无限制需求量、客房预订量、客房销售价格、客房超订数量、客房分配量和市场份额等。以下是常见的市场预测指标。

1. 无限制需求量

收益管理策略中的一个重要概念就是在没有任何限制条件的情况下，市场对饭店客房的总需求量是多少，这个总需求量被称为无限制市场需求。确定无限制市场需求对提高酒店收益至关重要。我们知道，在市场需求旺盛期，实施预订控制，即接受哪些预订和拒绝哪些预订是收益管理的一项重要策略，这一策略可通过为高价顾客保留部分客房而使酒店获得更高的收益，但前提是需要对酒店某一天或某一个时段的无限制需求量有一个正确的预测和估计。无限制需求量是指顾客在一个特定的时期内，在没有任何限制条件的情况下对饭店产品的需求总量，主要包括酒店已确认的需求数量和有购买意愿的潜在需求数量两大类。通常，我们会针对不同类型酒店产品的无限制需求量分别进行预测分析，如客房、宴会和康乐等产品。

酒店预测无限制需求量的目的是要掌握和了解未来某一个特定时期内酒店的市场蛋糕到底有多大，以此来分析和判断未来市场的竞争态势，从而制定有效的营销策略和价格策略。例如，当总需求量高时，酒店可通过增加直销渠道的订房、适当提高不同细分市场的房价、减少折扣价格的数量或增加 Walk-In 客人的保留房数量等方式来获得更高的收入；当总需求量低时，酒店可通过推出优惠促销活动、降低价格等级、增加折扣房数量等方式来招徕顾客，以达到薄利多销的目的。预测的次数或频率可根据酒店经营需要来具体决定，没有一个严格的界限规定。如果是人工预测，通常每天至少需要预测一次；如果运用收益管理系统，系统将在人工对相关参数设置后，根据市场的波动情况进行自动预测，每天可能会进行一次或多次预测，预测的周期一般为当天多个时段或长至未来 3 个月。

无限制需求量的预测模型是基于已确认的需求和潜在需求的总和这一思维建立的，其公式如下：

无限制需求量＝已确认的需求量＋潜在的需求量

式中，潜在的需求量包括两个方面的需求内容。一是因酒店住宿方式控制（如要求最少住两晚）、价格的限制［如最低房价为500元/(间·夜)］和房间数量限制（如客房已全部卖完）而被酒店拒绝的顾客数量；二是因反悔而未到的顾客数量（如No-Show，即订了房但无故没有来的顾客和取消预订的顾客）。

在无限制需求量的预测中，往往潜在需求量资料的收集和分析是很大的难点，一是有些酒店平时不注意记载和收集诸如No-Show或取消预订客人的数据，预测中缺少足够的历史数据资料；二是一些有需求动机的顾客出现反悔，这些反悔的心理因素非常复杂，特别是有些反悔的顾客并没有与酒店接触过，因而难以掌握其数量情况。因此，为最大限度地保证酒店无限制需求量预测结果的准确性，酒店平时应多注重记载和收集这方面的相关数据资料，并加以分析、判断和归纳，为预测所用。

2. 客房预订量

客房预订量是酒店收益管理预测中最常用的市场指标之一。它关系到未来某一个时期酒店客房的出租率情况，是决定酒店客房收入高低的主要指标。这里所说的客房预订量是指酒店最终出租出去的客房数量，没有包含被拒绝的预订、No-Show和取消预订的客房数。客房预订量的预测是在对历史经营数据分析、归纳和提炼的基础上，结合所掌握的竞争对手情况以及相关市场事件，通过选择合适的预测模型来进行预测的。酒店应每日对客房预订量进行预测，预测的频率或次数根据工作需要而定；预测的时间可以是当天的某些时段、某天或第二天以后的某个时期。通常，需要对未来7天至90天的客房预订量进行预测。

预测客房预订量的目的是使酒店管理者及早掌握和了解未来90天甚至更长时期内每天酒店客房的出租率情况，以便制定出合适的房价。因为市场需求每时每刻都在发生着变化，所以每隔一段时间就需要进行一次预测，而每次的预测结果可能会有所不同，预订量的变化为酒店实行动态定价提供了条件。

3. 客房销售价格

客房销售价格的预测与客房预订量同等重要，因为它也是决定客房收入高低的重要因素之一。客房销售价格通常是指经过需求的价格弹性分析后所得到的最佳可用房价，也称BAR。在客房的价格体系中，同一类型的客房对不同的细分市场有着不同的BAR，用以满足不同顾客群体的需求。而且，随着市场需求的波动变化，这些BAR还将作为标准价格衍生出不同的超值价格或折扣价格，从而形成价格的动态变化。客房销售价格的预测主要是指对酒店客房在未来某一个周期内BAR的预测。这一预测十分重要，它为酒店及早在不同销售渠道的定价提供了重要的参考依据。对客房未来市场销售价格的预测，可提高酒店管理者对价格决策的前瞻性，通过准确的定价来使客房收入获得最大化。由于客房销售价格与客房预订量是相互影响和相互作用的两个变化要素，一般会同时进行预测。

4. 客房超订数量

客房超订数量是指酒店在客房全部订满的情况下，再增加一定数量订房的行为，所增加的订房数量通常称为超订数量。酒店采取客房超订的目的是最大限度地减少因 No-Show 和预订取消现象的发生而给酒店带来的客房虚耗损失。那么，要事先知道客房的超订数量，就需要进行预测。如果超订数量过高即出现超售，会导致预订客人无法入住，酒店因需要额外安置无法入住的客人而增加成本；同时，也会引起客人对酒店的不满，潜藏着失去忠诚顾客的风险，严重的还会导致法律纠纷。如果超订数量过低，会使酒店客房在市场过度需求时出现闲置，给酒店造成经济损失。因此，准确地预测客房超订数量对酒店降低客房闲置损失，提高潜在收益十分重要。

客房超订数量的预测比较复杂，要求酒店对诸如预订量、No-Show 和取消预订等方面的历史数据记录全面和完整，加之 No-Show 和取消预订客人的反悔是随机变化的，因此要认真地归纳和分析。酒店管理者在日常经营中要注意记录和留存以上历史数据资料，从而为客房超订数量的准确预测奠定基础。

5. 客房分配量

酒店在经营中经常会遇到客房分配的问题，尤其是在场需求旺季，如何为不同的部分市场来优化分配客房，实现客房收入最大化，是饭店收益管理中的难题。一般情况下，休闲度假客人对价格比较敏感，会较早地预订客房，以求享受到较大的客房折扣价；而商务客人会因工作时间的限制，预订客房较晚，对价格不敏感，通常愿意以高价格来预订客房，首先考虑的是保障出行计划和时间。如果酒店对客房不提前进行分配和控制，而是采取“先来先得”的订房策略，那么，就会存在着酒店客房提早被折扣客人全部占用，高价的商务客人订不到房的情况，潜藏着收入损失风险；反之，如果留给商务客人的房间量过大，也可能会产生空房损失。因此，处理好接受的预订和被拒绝的预订之间的数量关系，对提高酒店收益十分重要，客房分配量的预测正是以此为目的。

客房分配量的预测是指根据预测的结果提前为不同细分市场的客人分配客房。由于多数酒店的细分市场并不是简单地由休闲度假客人和商务客人组成，而是来自不同渠道的，如饭店会员、OTA 散客、公司协议、会议团体、旅行团体以及 Walk-In 散客等细分市场，这些细分市场通常都享有不同的房价，所以，客房分配量的预测相对比较复杂，除了酒店收益经理依据经验数据来判断和估算外，大多数情况下需要借助酒店收益管理系统建立客房分配决策模型来进行预测。

6. 市场份额

市场份额的预测主要是为了使酒店管理者能及早掌握和了解饭店未来的市场份额情况，以便及早制定相应的营销策略。市场份额的预测通常会与无限制市场需求预测结合起来，可得到更加全面和准确的预测结果。市场份额的预测不仅需要收集和归纳酒店历年的相关数据，更重要的是需要调查和掌握竞争对手的相关信息资料以及本地区市场的变化态势。特别是酒店周边竞争对手数量、价格以及营销策略的变化，这些变化都会对酒店的市场份额产生影响，在预测中要充分考虑这些因素。

市场份额的预测周期因饭店所处的市场环境不同而异，由于新的市场事件发生会导致饭店市场份额发生变化，所以饭店收益管理系统会根据这些事件的发生定期预测，但预测的结果需要收益经理进行分析和判断，对存在较大误差的要进行及时调整和修订。

五、收益管理部门的组织机构

酒店收益管理部组织机构通常是按照工作需要和运行情况来设置的，在大中型酒店中，收益管理部由收益部、预订部和渠道管理部三个部门组成。而对于规模较小的酒店，则主要由收益经理及相关岗位组成。

收益管理部的组织设计，应本着组织机构扁平化的原则，在充分发挥组织效能的基础上来尽量降低人工成本。对于不同国家和地区、不同规模和不同类型的酒店，收益管理部组织机构的设置会存在一定的差别，要根据酒店的实际情况因地制宜地来进行设置。例如，在大中型酒店中，由于其客房数量和种类较多，面对的顾客群体类型较为复杂，市场细分化程度高，指标任务相对较重。因此，一般需要设有独立的收益管理部门来负责收益管理工作。同时，在组织设计中也会划分得比较细，其目的是通过细化分工来满足大中型酒店的运营需求。对于小型酒店，一般可不设立独立的收益管理部门，而是在酒店销售部下面设立收益经理或渠道管理岗位来从事收益管理工作，以此降低人力资源成本，销售总监也同时承担着收益总监的岗位职能。

六、收益管理的跨部门协作

收益管理工作是一项系统工程，要实现酒店收益最大化的战略目标，仅仅依靠收益管理部一个部门来完成是不可能的，需要上至酒店总经理，下至饭店全体员工的共同努力，才能够完成预期的目标。因此，收益管理部门通过跨部门协作，与其他部门保持良好的沟通和协调，对顺利开展收益工作是十分必要的。与收益管理部门业务关系比较紧密的部门主要有前厅部、销售部、餐饮部和财务部。

(一)与前厅部的协作

前厅部是客人在进入酒店后第一个接触的部门，也是离店时最后一个接触的部门。由于前厅部涵盖了客房预订服务管理、信息系统管理、接待服务管理、房态管理、客账管理、行李管理和委托代办服务管理等方面业务，是客人最为信赖的部门之一，通常被称为酒店的中枢神经，在日常经营中起着酒店与客人之间的桥梁纽带作用。

收益管理部与前厅部进行跨部门协作的必要性主要体现在以下三个方面：

一是前厅部的部分业务转移给了收益管理部，要确保工作的高度一致性，需要收益管理部保持与前厅部的深度沟通和协调。在酒店没有收益管理部门之前，原有的部分收益管理工作职能都是由前厅部来完成的。例如，散客房价的制定、散客的预订管理、客房的房态控制以及客房的超额预订等，甚至有些酒店直销官网、中央预订系统和在线旅游服务商(OTA)的管理也是由前厅部来负责的。酒店设立收益管理部后，为了实行专业化集中管理，以上业务需要由前厅部转移到收益管理部，无形中会削弱了前厅部的部分管理职能，使前厅部管理人员产生一些不满情绪。为此，要及时消除两个部门之间因业务转移而产生的隔阂，深度的沟通和协调就显得非常重要。再如，原有散客定价权、订房权和客房存量的分配权等职能划归给了收益管理部，使前厅部的以上职能从原有的决定权转变为执行权，前厅部人员也会因此产生一些抵触情绪，需要及时消除。在我国酒店业中，酒店收益管理工作还处在初始发展阶段，管理人员对职能转变的认识还需要有一个过程，这就需要收益管理部门多主动与前厅部做好沟通和协调工作，以获得前厅部人员的理解和配合。

二是收益管理目标的实现离不开前厅部的支持和配合。尽管前厅部原有部分工作职能转移到了收益管理部，但收益管理部主要的职能是对市场指标要素的制定和决策，具体实施还需要依靠前厅部来完成。例如，收益管理部制定了房价，也为散客预订了房间，但需要前厅部前台人员来完成对客人的接待，才能最终获得收入。再者，收益管理部确定了某一天现有客房存量的分配方案，也需要前厅部的正确安排才能实现存量优化分配的目标。在市场需求旺盛时期，收益管理部每日都会制订客房超额预订的方案，计算出每日应该超订的客房数量，以最大限度减少因预订取消和 No-Show 给酒店带来的客房损失。但是，如果前厅部在接待中没有去认真执行这一方案，而是按照自己的意思来接待客人，即便收益管理部制订出再好的超订方案，也会让计划付诸东流，达不到盈利的目的。

三是要实现收益最大化，需要前厅部人员的努力配合才能得以实现，另外，要实现收益管理部制定的收益策略，前厅部对前台接待人员制定行之有效的奖励制度，从而激励接待人员创收增效，也是非常重要的环节。通常，酒店会要求收益管理部相关人员直接参与到前厅部对前台接待人员奖励政策的制定中，提出合理化建议，使收益理念与接待人员的动机有效结合起来，对实现酒店收益最大化目标是非常有益的。要做到这一点，就需要两个部门之间建立良好的协作关系，做到及时沟通、交流和配合。

(二)与销售部的协作

销售部作为酒店产品销售的主要部门，在酒店经营中起着重要的作用。其主要职能是销售酒店客房、餐饮以及康乐等产品。销售部不仅承担着一定的销售任务指标，而且还承担着信息收集、市场分析、市场拓展、组合产品、产品促销以及竞争对手分析等任务。在酒店传统经营中，因为没有设立收益管理部门，除散客订房业务外，其他与收益管理相关的工作都是由销售部来负责完成的。即便设立了收益管理部，大多数酒店仍将团体客人、宴会和团餐的销售工作划归销售部负责，其目的是通过销售经理与团体客户面对面的交流和沟通，加深情感，使这一直销客源体系更加稳固。

收益管理部与销售部之间既是业务联系最紧密的两个部门，也是最容易发生工作矛盾的两个部门。因此，协调好与销售部的关系，对收益管理工作的顺利开展十分重要，主要体现在以下三个方面。

一是收益管理部的策略，多数需要通过销售部来实施，从而达到收益最大化的目的。如果两个部门在市场指标的实施和客人的接待上认识不统一，无法达成共识，会对目标的实现带来负面影响。例如，销售部在团体订房中容易发生先来先得的现象，这是因为销售部每一位销售经理都有自己长期协作的客户单位，特别是多年与酒店建立有协作关系的老客户，与销售经理都有着深厚的情感。为此，销售经理一般不愿意因为一次不愉快的订房而失去这些客户。所以，当这些老客户提前以较低的折扣价订房时，销售经理往往会按先来先得的方式接受预订，而没有兼顾到预订控制策略，但当出现因客户价格过低而系统无法接受该订房时，便会产生工作矛盾。这就需要两个部门充分沟通和协调，找到解决这一问题的有效方法。因为，过低的折扣价格会使酒店失去潜在的收益，但失去客户也会给酒店带来损失，更何况是老客户，而解决这一问题的有效办法即是收益管理部团体预订协调员经常与销售经理保持沟通，建立良好的协作关系，共同树立收益意识。

二是收益管理部应多主动与销售部协调和沟通，建立良好的协作机制。从部门职能上讲，收益管理部相对销售部而言，有更多对市场指标的决定权。例如，对客房的定价权、预订的控制权以及对客房存量的分配权等。因此，收益管理部门在制定收益策略时，除了通过对市场的分析和预测，还应该多与销售部沟通，征求他们的意见，达成共识。因为销售部门经常会与客户单位直接接触，对客人的需求、偏好以及消费行为等都非常了解，而且销售人员在销售实践中也积累了丰富的经验，与销售部经常性地沟通和协调，更有益于收益管理部门制订出行之有效的收益策略。

三是要理解各部门所承担着的责任，求大同，存小异，以实现收益最大化为目标去沟通和协调出现的问题。由于收益管理部和销售部的职能存在着一定的不同，要做到彼此相互理解，对出现的问题要及时沟通和协调，以便达成共识。工作中，比较容易出现的矛盾焦点是价格决定权问题。销售经理每年都有自己的销售任务指标，指标的完成情况决定着他们的收入和奖励提成，可以说是与他们的切身利益紧密相关的。因此，在团体客人的预订中，他们除了考虑酒店的整体利益外，还会重点考虑接待量的指标，有时容易出现量价之间的矛盾。这就需要收益管理部门积极沟通和协调，最好能参与到销售部对销售经理每年指标任务的制定中，使其与收益指标相结合，从而树立共同的收益最大化意识。

（三）与餐饮部和财务部的协作

收益管理部与餐饮部的协作，主要体现在新的管理思维和收益方法方面。如果要实现最大化餐饮收益的目标，就需要两个部门协作来共同制定餐饮收益策略。在传统餐饮经营活动中，通常用上座率、人均消费和翻台率三项指标来衡量餐厅的经营业绩。而从收益管理的角度看，用每餐位小时收益作为衡量餐厅经营业绩的主要指标则更为科学。因此，相对于传统的餐饮经营方式，收益管理为其带来了新的经营理念和方法。

例如，在用餐的高峰时段，可通过对客人用餐时间的控制来提高收益率：通过对顾客公平度感知的调查，来合理调整菜品价格，实行差别定价；通过对餐位的容量控制来优化分配订座，以及通过预订控制来增加宴会的收益，等等。这些新的经营理念和方法对多数餐厅管理人员来说还比较陌生，要熟悉和接受这些方法，需要收益管理部与餐饮部定期沟通和协调，在普及收益知识和运用这些方法的同时，共同来制订餐厅有效的收益策略。

与财务部的协作，主要是体现在夜审制度方面，需要收益管理部、前厅部和财务部的共同协作来完成。由于在收益管理策略中，客房价格实行的是动态定价，价格在每月、每周甚至是每天的不同时段都是在动态变化的。而财务部每天都要根据价格政策来对营业收入进行审核，这就需要三个部门共同制定严格的夜审制度和价格执行制度，并在日常工作中经常沟通和协调，对出现的收入偏差及时查找原因，杜绝可能发生的收入漏洞，确保每日收入的准确入账。除以上部门外，收益管理部还需要与酒店其他部门保持良好的协作关系，以保证部门工作的顺利开展。

收益管理工作是一项涉及酒店整体经营的重要工作，需要酒店全方位地支持与配合才能实现预订的目标。因此，在收益管理部积极协调好与酒店各个部门工作关系的同时。酒店总经理应牵头抓好协调工作。有条件的可成立酒店收益管理委员会，由总经理亲自挂帅，主要部门的总监或经理参加，共同参与收益管理工作，协调好各部门之间的工作关系。

【知识链接】

酒店收益管理绩效的主要衡量指标

衡量指标	指标评价
平均房价（ADR）	平均房价（Average Daily Rate，ADR）是指酒店实际客房营业净收入与酒店已出租的客房数的百分比。其含义是将已出租的各类房间的价格进行综合折算后得出的一个平均销售价格。计算公式： $\text{平均房价}=\dfrac{\text{客房营业净收入}}{\text{已出租的客房数}}\times 100\%$

续表

衡量指标	指标评价
客房出租率(Occ)	客房出租率(Room Occupancy Rate，Occ)是指酒店已出租的客房数与酒店可以提供出租的客房总数的百分比。其含义是在酒店可提供出售的房间数量的基础上通过销售出去的客房数量来衡量酒店对客房销售的能力。计算公式： $$客房出租率(Occ)=\frac{已出租的客房数}{可供出租的房间数}\times 100\%$$
每间可售客房收入(RevPAR)	每间可售客房收入(Revenue per Available Room－night，RevPAR)又称单房收入或销售指数，是指酒店实际客房营业收入与酒店可供出租客房数量的百分比。其意思是指在确定的时间周期内，将客房营业净收入按客房出租率100%折算后所获得的每间可供出租客房的收入值，计算公式： $$每间可售客房收入=\frac{客房营业净收入}{可供出租的客房数}\times 100\%$$ $$=\frac{客房营业净收入}{已出租的客房数}\times\frac{已出租的客房数}{可供出租的房间数}=客房出租率\times 平均房价$$
每小时可售餐位收入(RevPASH)	每小时可售餐位收入(Revenue per Available Seat Hour，RevPASH)是评价餐厅经营业绩效果的量化衡量指标。计算公式： $$每小时可售餐位收入=\frac{营业总收入}{总餐位数\times 营业时间}\times 100\%$$
收益率	收益率是收益管理理论提出的新的衡量指标，弥补了以平均房价和客房出租率评价经营绩效的缺陷。计算公式： $$收益率=\frac{实际客房收入}{潜在客房收入}\times 100\%$$ 其中，实际客房收入＝实际平均房价×实际售出客房数 潜在客房收入＝门市价×客房总数
收入创造指数(RGI)	收入创造指数(Revenue Generated Index，RGI)，即RevPAR(Yield) Index，是指每间可售房收入指数，用于计算一家酒店在所处细分市场的中每间可售客房收入的应得市场份额，体现了酒店的竞争力。计算公式： $$收入创造指数=\frac{每间可售房收入}{细分市场每间可售房收入}\times 100\%$$
平均房价指数(ARI)	平均房价指数(Average Rate Index，ARI)，即ADR (Rate) Index，是衡量酒店平均房价与细分市场(存在竞争关系的酒店集合)平均房价数据的对比状况，体现了酒店的竞争力。计算公式： $$平均房价指数=\frac{酒店平均房价}{细分市场酒店平均房价}\times 100\%$$
市场渗透指数(MPI)	市场渗透指数(Market Penetration Index，MPI)，即Occ(Penetration) Index，是针对Occ而言的一个指数，市场渗透指数用于衡量酒店在某个细分市场所占有的份额。计算公式： $$市场渗透指数=\frac{酒店出租率}{细分市场客房出租率}\times 100\%$$
宾客满意度指数(GSs)	宾客满意度指数(Guest Satisfaction Index，GSs)是对宾客在逗留期间所获得的服务质量的评价指数，是宾客对住宿期间所接受的服务的总体评价

【项目小结】

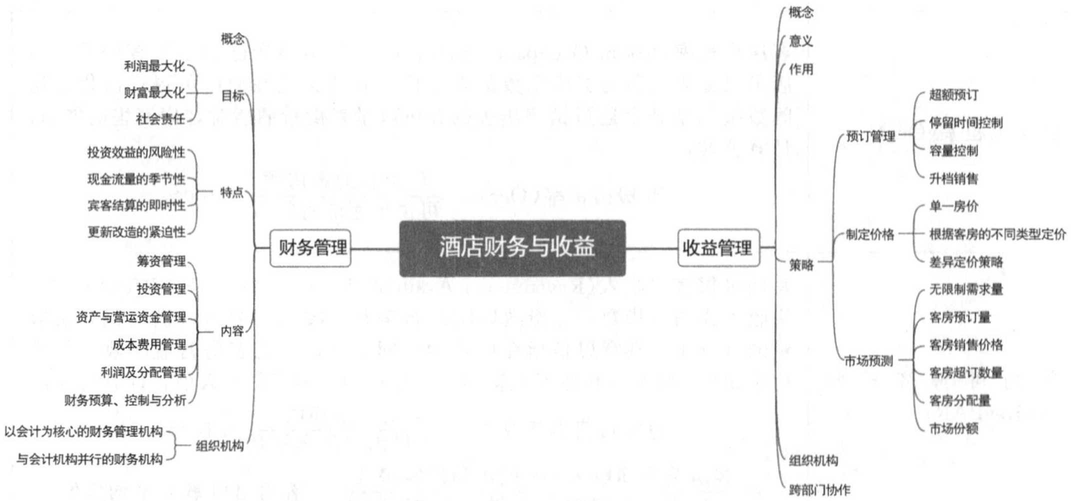
酒店财务与收益
财务管理
概念
目标
利润最大化
财富最大化
社会责任
特点
投资效益的风险性
现金流量的季节性
宾客结算的即时性
更新改造的紧迫性
内容
筹资管理
投资管理
资产与营运资金管理
成本费用管理
利润及分配管理
财务预算、控制与分析
组织机构
以会计为核心的财务管理机构
与会计机构并行的财务机构
收益管理
概念
意义
作用
策略
预订管理
超额预订
停留时间控制
容量控制
升档销售
制定价格
单一房价
根据客房的不同类型定价
差异定价策略
市场预测
无限制需求量
客房预订量
客房销售价格
客房超订数量
客房分配量
市场份额
组织机构
跨部门协作

项目二　保证酒店物资供应与设备运行

【项目描述】

通过学习本项目，学生能够了解酒店物资与设备管理的重要性及其基本内容；熟悉酒店能耗情况与管理措施，对能耗进行统筹管理，以实现节能减排和建设绿色酒店为目标。

学习目标	完成指标
知识目标	了解酒店物资特点与管理手段
	了解酒店设备类型与管理方法
	了解酒店能耗概况与管理措施
能力目标	熟悉酒店物资的消耗定额、采购验收和仓储发放
	熟悉酒店设备的磨损规律、维护保养和改造更新
	树立绿色酒店观念，熟悉绿色酒店标准，推动绿色酒店建设

>> 任务一　保证酒店物资供应 <<

【基础知识】

一、酒店物资管理概念

酒店物资管理是对酒店经营管理活动所需要的家具用具、食品原材料、物资用品和工具等物资资料的选购、储存、使用所进行的一系列组织和管理工作。广义的酒店物资还包括酒店设施设备，通常是酒店中长期使用的；狭义的酒店物资主要指消耗用品，是本节的主要内容。酒店是一个小社会，其正常运转需要的物资种类繁多，对酒店各种物资进行科学有效的管理可以节约成本费用支出，有效利用资金，促进酒店经济效益的提高。

二、酒店物资管理的特点

酒店物资管理的特点主要表现为以下几个方面。

(一)物资种类繁多，存在于不同部门

一个现代酒店要为顾客提供周到细致的服务，其所需要的物资品种多，从有限服务到全面服务的酒店，酒店物资可以达到成百上千种，因此，酒店物资管理涉及的物资品种繁多，通常包括原材料、燃料、低值易耗品、物料用品和商品等，如原材料包括酒店的食品原材料、饮料、调料、配料及相关半成品、成品等；燃料主要包括酒店所储存的各种固体、液体和气体燃料；低值易耗品包括客房和餐饮所有的低值易耗品，如客人一次性用品等；物料用品包括酒店除以上原材料、燃料和低值易耗品外的酒店经营者所需要的经营管理用品，如床上用品、卫生间用品和清洁用品等；商品为酒店对外销售的商品品种。这些酒店物资使用在不同的部分，使用对象多元化。

酒店在满足日常物资供应充足的同时，也面临着物资种类繁多、部门分散管理的状况。

(二)酒店物资使用率高，管理构成复杂

酒店物资使用率高，周转环节多，有不少物资是重复使用的，如餐厅的桌布、餐具，客房的棉织用品，这些物品在使用、洗涤、重新使用上经过的环节多，因而每一环节会进入不同的服务部门，如洗衣服、客房、餐厅、仓库等，加上物资种类、功能各异，所以在管理方式、方法上也呈复杂化、多样化。

(三)物资管理影响酒店服务质量和效益

酒店物资供应直接影响酒店经营服务质量，如果供应不及时、不齐全或质量不符的物资，会导致客人投诉，影响酒店服务质量，如菜单上的菜因原材料供应不上，不能让客人点用，或者客房棉织品使用时间长而旧损，都会给客人质量下降的印象，影响顾客入住体验；同时，品种繁多的物资用品，如何选购、采购，储存量的大小也会对酒店经营成本产生影响，最终影响酒店经营效益。

三、酒店物资管理的基本目标

酒店物资管理的目标是本着物尽其用、降低损耗、减少浪费的原则实现降低成本。具体而言要达到以下目标。

(一)适时采购保供应

适时采购是指在酒店经营最需要之时或在市场需要最旺盛之时，采购和供应酒

店业务所需的各种物资。

(二)适量储存保经营

适量储存是指在“保证经营，节约至上”的基础上，适量采购、储备的物资，既要保证经营活动的正常进行，又能最大限度地减少资金的占用。

(三)性价对比择其优

各种物资在采购过程中，要货比三家，保证酒店所需物资在来源和质量上的可靠，同时，在质量适合的前提下，若价格优惠，可以通过批量折扣，或长期合作关系等来获得优价，在保证质量的前提下增加资金的投入产出率，也就是用最少的资金购买最大量的物资。

(四)合理保管高效用

酒店物资种类多，不同的物资储存方法不同，如鲜活物资的储存、干货的储存等，要使用科学的方法保管、储藏暂未投入使用的物资，做到无遗失、无损毁、无变质。同时，物资的高效使用也十分重要，应在保证酒店服务等级、服务规格和服务质量的前提下，规范各种物资的使用方法和使用过程，尽量降低物耗，降低企业成本，达到每一份物资耗用都能取得最好的经济回报的目的。

(五)物资分类看重点

酒店物资品种多，管理起来很难做到面面俱到。重点物资重点管理是物流管理领域较普遍的做法，目前较常用的物资分析法是 ABC 分析法。它按物资的品种和占用资金的多少把酒店所有物资划分为 ABC 三大类。三类物资品种和占用资金的最佳数量规定如表 8-1 所示。

表 8-1　物资 ABC 分类表

物资分类	占全部品种百分比/%	占全部资金百分比/%
A	10～20	70～80
B	20～30	20～25
C	60～70	5～10

通过 ABC 分析法，可以分清物资管理的主次轻重：A 类物资占用资金最多，但数量占比不多，故该类物资储备量必须严加控制，并尽量缩短采购周期，增加采购次数，以加快资金周转。B 类物资占用资金较之 A 类少，但比 C 类多，故要适量控制，也就是要根据供应情况适当地延长采购周期或减少采购次数。C 类物资品种繁多，占用资金较少，对这类物资可一次采购量大一些，采购周期长一些也不会影响酒店资金的周转，并可以节省一定的采购费用。

【深入理解】

四、酒店物资消耗定额管理

酒店物资消耗定额管理是酒店管理者对物资的量化管理方法，是确定在一定时期、一定的服务接待水平下，为提供酒店产品必须消耗的物资数量标准。需要特别注意的是，物资消耗定额是一种期望值，它不等于实际的物资消耗量。

确定酒店物资消耗定额常用的方法有以下五种。

(一)经验估算法

经验估算法一般用于确定某些受客观因素影响而消耗量变动较大的物资消耗定额。比如一些时令性强的食品原料等。酒店一般是根据过去的经验，通过估算制定物资消耗定额。这种方法虽然简单易行，但易受估算人主观因素的影响而缺乏一定的准确性，一般是在缺乏必要的技术资料和统计资料时采用。

(二)统计分析法

统计分析法是将一定时期内实际消耗物资的统计数字进行输入、加工、整理、计算、分析后，根据它所反映的物资消耗规律而确定物资消耗定额。统计分析法主要适用于确定重复性消耗物品的消耗定额。通过分析过去物资消耗的数据，寻找到其消耗规律，再做出科学的推断和预测。这种方法的优点在于客观性和准确性，一般是在有比较齐全的统计资料时采用。

(三)实物实验法

实物实验法又称写实法，指按照酒店生产经营的客观条件，通过反复的实地操作、测量，经过对实际消耗物资的分析总结，确定物资的消耗定额。如酒店燃料动力的消耗定额等，这种方法测定的准确程度取决于测定的次数和条件，受生产技术和操作水平以及测定人员的影响，一般是在工艺简单、物资采购量大时采用。

(四)技术分析法

技术分析法也称为技术计算法，指根据酒店产品设计和服务的需求，按照酒店产品组成部分和影响因素，在充分考虑先进技术和经验积累的基础上，确定经济合理的物资消耗定额。这种方法计算较为准确，但工作量大，一般是在产品定型、技术资料较齐备时应用。

(五)经济订货量

如图 8-1 所示，经济订货量是在仓储管理上所花费的总成本为最低时的订货数量，总成本由储存成本和订货成本组成。但二者的走势是相反的。随着订货量的增加，订货费用是降低的，但持有成本增加，因此，经济仓储定额就是两个成本交点对应的总成本最低时，确定最经济的订货量。

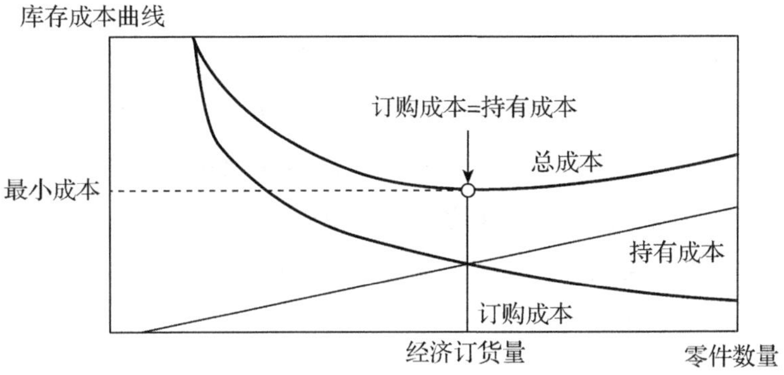

图 8-1　经济订货量

五、酒店物资采购及验收管理

(一)酒店物资采购管理

1. 采购管理的主要内容

(1)认真分析酒店经营活动的物资需要，根据市场行情，科学合理地制订酒店计划。

(2)根据酒店各部门对物资的数量、质量需求与成本预算，选择最为合适的物资供应商。

(3)控制采购活动全过程，做好询价和物资质量比较，制定相关采购制度，规范采购行为，使物资采购按质、按价、按时到位。

(4)制作并妥善保管与供货商之间的交易合同，保证合同合法有效并对双方有利。

(5)协助财务部门做好酒店对供货商的贷款清算工作，以利于与良好供货商的长期合作。

2. 酒店物资采购方法

(1)招标采购法。多是酒店集团进行大批量采购使用的方法。根据招标法相关要求，发布本公司欲采购物资的要求，在招投标公司的组织下，对 3～5 家应标企业进行评估，从中选出最合适的投标供货商。整个过程公开、透明，有利于公平合理地招到供货商。

(2)竞争性采购法。竞争性采购是指采购单位先针对每一种采购物资取得至少三个供货单位的报价，对供货提供物资的质量、价格进行综合比较，在市场调查价格的基础上，选择其中性价比最优的供货商进行采购。

(3)成本加价采购。在某种原料的价格涨落变化较大或很难确定合适的价格时，酒店需要与供货商谈判，采用成本加价法，即在供货商收购价的基础上，加上一定的百分比，作为酒店的买入价。

(4)归类采购。对同一类的物资、原料，采购部门向同一个供货单位购买，往往可以获得批量折扣优惠及质量稳定的物资。同时，只需向供货单位开出一张订单，处理一张发票，将会大大节省人力和时间，也可以一次订货，分期收货。

(5)集中采购。大型酒店或集团公司往往会建立地区性的采购中心，为本公司在地区的各酒店企业集中采购各种物资。集团所属各酒店将各自所需的原料及数量定期上报给采购中心，采购中心汇总以后进行集中采购。这一做法的优点在于大批量购买，往往可以享受优惠价格。

(二)酒店物资验收管理

采购部门购回物品必须由库房根据申购表验收货物，对于不符合要求的采购，库管员有权拒收。供应商或采购人员办理入库验收手续后，验收合格的物资，验收员应作详细记录，填写验收单及进货日报表，并将这些物资分类后及时入库或发放给相关的使用部门，同时将入库单客户联交至采购员或供应商办理结算。库房在验货过程中如有专业性较强的物资，应主动请使用部门验收。在验收过程中库房或使用部门有权对不符合要求的物品提出退货要求，经确认不符要求的由采购人员或供应商办理退货。购买、收货和使用三个环节上的相关人员要相互监督、相互合作，共同做好物资供应工作。

六、酒店物资仓储与发放管理

(一)仓储管理的工作内容

仓储管理的工作内容包括：①组织物资验收入库工作；②组织物资使用发放工作；③组织物资的储存整理工作；④组织废料的回收和利用工作；⑤及时处理呆滞积压的物资；⑥定期盘点，通过物料台账及其他的统计分析资料掌握库存物资的动态。

(二)物资发放的原则和要求

1. 物资发放的原则

为确保物资发放过程的严谨性，在发放物资时应遵循先进先出、保证经营，并坚持补料审批、退库核错、以旧换新制度。

2. 物资发放的基本要求

物品发放要做到定时发放、履行必要手续和正确计价。仓库管理员必须在当日发货后逐一为领料单计价，并及时转交给相关物资成本控制人员，以保证库中物资原料与账卡相符。

【实践应用】

由 3～4 位同学组成一个小组，考察本地一家酒店的设备物资情况并形成调查报告。

>> 任务二　维护酒店设备运行 <<

【基础知识】

一、酒店设备管理的概念

(一)酒店设备管理的概念

酒店设备设施与一般企业不同，它是构成酒店产品的重要组成部分，是酒店管理中不容忽视的基本环节。酒店设备设施一般指酒店有形的固定资产，包括酒店在生产经营活动中长期、多次使用的机器、工具、仪器、仪表、家具等物资技术装备的总称。

酒店设备综合管理是指以酒店的经营目标为依据，运用各种组织的、经济的和技术的措施，对设备从规划决策、安装使用、保养维修、更新改造到报废处理为止的运动过程进行综合管理，以追求最经济的设备周期费用和最高的设备综合效率。

设备综合管理的主要内容包括：①以酒店的经营目标为依据对设备投资进行决策。②按照系统论的观点，对设备整个寿命过程的各个环节进行管理，追求设备一生的最佳效益。③对设备进行管理时，不仅仅采取技术方面的措施，更要运用经济的和组织的措施进行管理，追求最经济的设备寿命周期费用和最高的设备综合效率。④在设备运行时，要进行污染预防，尽量减少设备对环境的污染。⑤实行设备的全员管理，明确各职能部门和层次的人员在设备管理中的职责和义务。

(二)酒店设备管理的意义

1. 酒店设备管理是酒店经营活动的必要条件

酒店产品包括有形与无形两大部分，有形产品主要是以建筑实体、设备设施等为凭借，各国在划分酒店等级时也是依据硬件与软件进行综合评定，因此，酒店要开展正常的业务，必须对设备进行有效管理，加强设备的采购、安装测试、运行、维修保养、更新改造等的管理，为酒店经营提供良好的硬件环境。

2. 酒店设备管理直接影响酒店的经济效益

酒店的设备投资与运行费用较高，包括设备的购置、折旧、维修、能源消耗等费用，这些费用占酒店总投资额的 40%～58%，设备运行费用则占经营总费用的 15%左右，是酒店除人工成本外最大的一项开支。因此，酒店设备管理工作的成效直接影响酒店的经济效益。设备管理做得好，可以大大降低设备故障率，延长设备使用寿命，降低能耗，从而降低设备开支，增加酒店纯收益。在当前酒店业竞争激烈的背景下，开源与节流应该受到同等的重视。

3. 酒店设备管理是提高酒店产品质量的重要保证

酒店产品质量包括硬件质量与软件服务质量，顾客选择一家酒店，往往先从其硬件构成上感受，比如酒店硬件配备规格与种类、硬件环境的营造、硬件的舒适程度等，在这些硬件能够满足客人需求的情况下，才会进一步关注软件服务等，比如，会议客人选择酒店首先要考虑是否有符合其会议要求的会议室、相应的会议设备等。因此，酒店设备质量是顾客选择酒店产品的先决条件，是酒店质量的重要保证。

二、酒店设备管理的特点

1. 种类复杂，管理难度大

酒店是为客人提供旅居、商务及度假等服务的公共场所，为更好满足顾客需求，酒店一般会提供多种产品与服务，因此酒店设备种类繁多，规格、型号各异，价值差别大，小到工具、仪表，大到机电设备、库房设备，价值有些高达数百万元，如中央空调设备、电梯设备等，且酒店设备分散在不同的区域、部门，技术性强，管理难度大。

2. 商品性强，管理要求高

酒店设备是酒店硬件的主要组成部分，酒店设备通过出租给客人使用获取经济效益，如供客人使用的客房家具，电视、空调、康乐设施等。设备设施既然是商品，就要符合价值规律，酒店收取客人费用时，就与客人产生了契约关系，有责任为客人提供与价值相符的设备设施，比如设备的完好程度、运行的效率都是影响设备商品性的重要因素，但设备由于使用人数多且复杂，在使用过程中由于各种原因会造成损坏、效率降低的情况，如果不及时维护保养就会影响后来客人的满意程度，因此需要坚持设备常检查、常维护保养，使设备经常保持完好状态。

3. 磨损率高，管理更新快

酒店设备由于其公用性、出租周期短，使用频率高的特点，同样的设备设施一般比家用产品的磨损高出很多，通常酒店设备的更新周期在5年左右，且很多设备设施的使用和维护技术性强，随着技术的进步需要提前淘汰，如耗能设备，对环境有影响的设备等。此外，酒店产品是提供客人享受的商品，客人的需求具有追求时尚、求新求异的特点，为满足客人的这些需求，酒店的设备也需要不断更新，因此，需要酒店管理者注意设备设施技术发展的新动态，合理确定设备的使用寿命，做好设备更新计划。

三、酒店设备管理的类型

酒店设备种类繁多，但都可以归类到某一设备系统或系列之中。

1. 酒店系统配套设施设备

酒店常见的系统配套设施设备包括电梯设备(如升降客梯、自动扶梯、餐梯等)、电动旋转门、光电感应门、中央空调系统设备、热能系统设备、给排水系统设备、停车库系统设备等。

2. 酒店管理系统设备

常见的酒店管理系统设备包括计算机信息系统设备，酒店中央管理系统设备，前厅、餐饮、客房和康乐中心等各部门管理系统设备，人事管理系统设备，工程管理系统设备等。

3. 酒店厨房与餐饮设施设备

酒店厨房与餐饮设施设备所包含的种类最为繁杂，可大体分为料理厨具、燃气具、烘烤设备、冷藏设备、食品加工设备、洗碗消毒设备、橱柜层架等。

4. 酒店康乐设施设备

康乐设施设备包括健身器械、健身按摩设备、运动与休闲设备。

5. 酒店大堂系列设施

常用的大堂系列设施包括指示牌、告示牌、服务台、世界钟、雨伞架、书报架、大堂灯饰、观赏饰品等。

6. 酒店客房电器设备

客房常见的电器设备包括电视机、电话机、电冰箱、保险柜等。

7. 酒店通信系统设备

酒店常见的通信系统设备包括呼叫分配器、计算机电话综合控制系统设备、交互式语音应答设备、网络通信设备等。

8. 酒店小型运输设备

酒店常见的小车类包括食品服务车、保温车、酒水车、餐具用品车、清洁车、布草车、煮餐车等。

9. 酒店闭路电视监控设备

电梯、走廊、大堂等公共区域安装有闭路电视监控设备。

10. 酒店综合设备

酒店综合设备包括清洁卫生设备、办公设备、会议系统设备等。

四、酒店设备的磨损规律及其使用寿命周期

设备的磨损理论和设备综合管理理论是揭示设备运动规律和设备管理的基本理论。

(一)设备磨损规律

在设备正常使用的情况下，设备的有形磨损是有规律可循的。其磨损过程大体可分为三个阶段。

第一阶段是初始磨损阶段。在设备磨损的初始阶段，会在较短时间内出现较大的磨损。

第二阶段是正常磨损阶段。在设备的正常磨损阶段，设备的磨损基本上随时间匀速缓慢增加。

第三阶段是急剧磨损阶段。在这一阶段，磨损量随使用时间的延续急剧上升，导致设备精度、性能和生产效率的迅速下降。

针对上述磨损规律，在正常磨损阶段，应加强设备的合理用、维护和保养，尽量延长设备完好技术状态的时间。

(二)酒店设备寿命

设备的寿命由物质寿命(自然寿命)、技术寿命、经济寿命(价值寿命)、折旧年限四个方面构成。

五、酒店设备日常维护保养

酒店设备使用管理的基本要求就是要保持设备良好的技术状态，以确保设备发挥正常的功能。设备的维护保养是保持设备的正常技术状态、延长使用寿命所必须进行的日常工作，因此是设备管理中的重要内容。设备维护工作做好了，可以减少设备故障，从而节约维修费用，降低成本，保证服务质量，给酒店和员工带来良好的经济效益。

(一)酒店设备完好标准

设备的技术状态是指设备所具有的工作能力，包括性能、精度、效率、安全、环保、能源消耗等所处的状态及变化情况。酒店设备技术状态是否良好，直接关系到酒店的服务质量和经济效益。

设备完好的标准包括性能稳定、运行良好、耗能正常三方面。

1. 性能稳定

性能稳定是指设备的各项功能达到原设计或规定的标准；运转时无超温、超压现象；机电设备的性能良好、可靠性高，能满足酒店经营和生产的需要。

2. 运行良好

运行良好包括设备零、配件齐全，安全防护装置正常；没有影像设备性能的磨损、腐蚀现象；控制系统、计量设备、仪器仪表和润滑系统工作正常，安全可靠。

3. 能耗正常

能耗正常是指设备在运行过程中无跑电、冒汽、漏油、滴水现象，燃料、电能、润滑油等消耗正常。

每一台设备完好的具体标准，应能就上述三方面内容对其做出具体的评价标准和定量要求，由主管部门根据各设备的具体情况制定。

(二)酒店设备使用的基本要求

设备在额定的负荷下工作并发挥其正常功能的过程，即使用过程。设备在使用过程中，由于受到各种因素的作用和使用方法、工作规范、工作时间、环境条件等的影响，设备产生磨损，会逐渐降低工作能力。要减缓这一进程，酒店应该对设备的使用做到“三好”和“四会”。

1. 部门要做到“三好”

各部门负责人在业务运行中，对设备负有重要职责、各部门要做到“三好”，即管好设备、用好设备、维护好设备。

管好设备是指酒店各部门要秉持“谁使用，谁负责”的原则管理好本部门所使用的设备，对设备使用、维护过程实施监督、控制，确保每一台设备都有专人负责。

用好设备是指所有的设备都能得到正确的使用，所有的使用设备员工都要严格按照相关规程进行设备操作和维护；建立设备使用交接班制度，做好台账记录，不得违规操作。

维护好设备是指酒店要定期进行设备维护保养工作，建立设备维护保养制度。各部门应该配合工程部实施定期保养计划。

2. 员工要做到“四会”

设备管理涉及酒店各个部门，设备的正确操作和定期维护直接关系到设备运行的状况与酒店经营的进行。因此，要求每一个设备操作及使用人员做到“四会”，即会使用、会维护、会检查、会排除一般故障。

会使用是指每一个员工都应熟悉设备的基本原理和用途，熟悉设备性能要求，掌握设备的操作规程，正确使用设备。

会维护是指操作员工要掌握并执行设备维护规程，正确实施对设备的维护，做到设备维护的五项要求：整齐、清洁、润滑、安全、完好。

会检查要求员工了解自己所负责设备的结构、性能和特点，并能按规定进行检查和维护。

会排除一般故障要求工程部及其他部门重要设备的责任人，要懂得所用设备的特性、掌握鉴别设备正常与异常表现的方法，懂得拆装方法，会做一般故障排除与调整，解决不了的问题应要及时报告，并协同维修人员进行检修。

六、酒店设备改造和更新

改造和更新设备都是为了改善酒店经营条件，提升酒店形象，评定星级酒店，适应国家政策法规要求和市场环境的变化。酒店设备的改造和更新，是酒店设备管理的重要内容。随着酒店经营的年份增长，设备改造和更新的任务就会越重。一般情况下，重要设备改造或更新时，酒店的正常经营会在一定程度上受到影响，且这类设备的改造、更新费用较大，因此要加强对设备改造、更新的管理。

(一)编制设备改造更新计划

根据酒店的实际情况和设备的具体技术状况，编制设备改造更新计划书，其主要内容应该包括：酒店设备存在的主要问题、出现故障频率及原因分析、技术改造部位与相应要求、改造所采用的新技术及其标准、采用新技术的可行性、设备改造或更新的费用估算、所需要花费的时间及改造更新时间建议等。

(二)进行技术经济分析

通过分析测算，如果大修或改造的花费较大，相对经济的做法应该是更新；如果酒店的经营转向或者整个酒店要进行彻底改造，那么设备继续使用的时间就很短，可以直接用到报废或提前转让到设备二手市场，回收部分资金。因此，对于一台设备改造更新，应通过技术经济分析来确定最佳的方案。

(三)设备更新改造实施

由于酒店设备更新改造，特别是大型设备设施的更新改造，需要的资金额大，通常采用招投标制实施，要避免更新改造过程中经常容易出现的工期拖延、设计调整、施工变更等工程纠纷，签订明确的责任合同，加强现场监督管理。

【实践应用】

由 3～4 位同学组成一个小组，考察本地一家酒店的设备管理概况并形成调查报告。

【项目小结】

项目三　保障酒店安全

【项目描述】

通过学习本项目，学生能够了解酒店安全和酒店危机的内容，理解酒店安全管理和酒店危机管理的特点和策略，进而探讨酒店安全管理的新思维以及酒店安全管理与酒店危机管理之间的关系。

学习目标	完成指标
知识目标	了解酒店安全的内容
	熟悉酒店安全管理的特点和策略
	了解酒店危机的内容
	熟悉酒店危机管理的特点和策略
能力目标	能够运用安全管理的思维分析酒店安全环境
	能够运用酒店危机管理策略初步制定危机预案

>>任务一　确保酒店安全<<

【学前导入】

何为酒店安全？

【基础知识】

一、酒店安全管理的概念

酒店安全管理是指酒店设计并保持一种良好的环境，高效率地保障宾客、员工和酒店的安全的过程。

酒店安全管理主要包含主体、对象、目的和内容四个要素：①酒店安全管理的主体是酒店相关部门及管理人员，最直接的管理部门是安保部；②酒店安全管理的对象是所有涉及酒店管辖范围内的人员及酒店本身造成安全隐患的要素；③酒店安全管理的目的是保障人身、财产以及生产活动的顺利进行；④酒店安全管理的内容是针对安全隐患进行相应的计划、组织、领导和控制等活动。

二、酒店安全管理的特点

酒店安全工作贯穿于酒店服务过程的始终，是一项复杂、持久、专业性很强的工作，没有安全，一切服务和生产就无从谈起。同其他行业比较，酒店安全管理主要有以下特点。

(一)预防性和服务性

对酒店的安全管理工作而言，应该遵循“预防为主、防治结合”的原则，力求防患于未然。由于营业场所固定，有一套完备的管理制度和组织架构，酒店完全可以进行安全管理，对安全问题进行及时的预防。作为服务性行业，酒店应该以服务为宗旨，确保酒店的安全既是对客服务的重要组成部分，也是确保酒店服务质量的重要环节。酒店在开展安全管理工作的过程中必须贯穿服务的思想，强化工作人员和酒店的服务意识，遵守礼宾礼仪，不能粗暴失礼。

(二)突发性和复杂性

一方面，很多酒店安全隐患在发生前没有征兆，只有平时做好处理各种突发事件的准备，才能在发生突发事件时临危不惧，及时进行控制与处理；另一方面，酒店作为公共场所和消费场地，聚集了大量的人流、物流和信息流，造成了现代酒店安全管理的复杂性。

(三)广泛性和持久性

从酒店安全管理的内容和涉及的空间看，酒店安全管理具有广泛性的特点，包括人、物和环境三个方面。人主要指酒店的宾客、访客、员工及其他人员；物主要包括酒店范围内的设施设备；环境主要是酒店营造的消费环境。从安全管理的时间尺度看，各种威胁和隐患是长期存在的，因此酒店安全管理是持久战。

(四)全员性和全过程性

酒店安全管理涉及每个部门、各个工作岗位和每个员工，不能仅仅依靠少数的高层管理人员和安全部门的专职人员，而且需要各部门通力合作，依靠全体员工的共同努力。因此，必须充分调动和发挥广大员工安全管理工作的积极性，在酒店内形成一个安全工作网络体系。只有各级管理者和全体员工都增强了安全管理意识，酒店安全才能有保障。一天 24 小时、一年 365 天，都要对酒店接待设施进行安全管理。在全员参与安全管理的基础上，酒店的安全管理还必须贯彻到酒店生产和服务的全过程。

(五)政策性和强制性

酒店安全管理涉及范围广，管理内容杂，既有属于治安范围的，也有属于刑事范围的，既有涉外的，也有对内的。不同范围内的酒店安全管理业务需要依据不同的法律法规、政策方针。作为酒店安全管理的管理者，在了解基本法律法规的基础上，还需要了解与酒店安全管理相关的政策和法规，如消防安全管理、食品安全管理、治安安全管理、信息安全管理等，酒店的安全管理必须在国家和地方的法规政策指导下进行，并严格执行这些法规。

【深入理解】

三、酒店安全管理策略

(一)建立有效的安全组织与安全网络

鉴于酒店安全管理的复杂性，酒店的安全管理工作除了由安全部门具体负责外，还应该建立有效的安全组织与安全网络。酒店的安全组织和安全网络由酒店的各级管理人员和一线服务员组成，与酒店的安保部门一起共同完成安全管理。

1. 酒店安全网络构成

酒店安全管理网络是旅游安全管理网络系统中的一个子系统，应与旅游的安全管理工作协调一致，并与酒店各工作部门、各工作岗位的职责、任务结合起来。酒店的安全管理工作始终贯穿于生产、服务工作过程，并与其他部门相互依赖和关联，因此酒店安全网络应包括酒店层网络、部门管理层网络、楼面服务层网络。

2. 酒店安全组织

安全组织既是酒店安全管理的组织，也是酒店安全计划、制度与安全管理措施的执行机构，负责酒店的治安工作。酒店安全组织除了履行旅游安全管理委员会指定的安全职责外，还要根据酒店的安全管理特征，履行酒店特有的安全管理职责。酒店的安全组织一般有安全管理委员会、安全管理小组、治安协管小组和消防管理委员会。

(二)制订相关制度计划，采取相关措施

酒店安全控制与管理的计划、制度和措施能将安全问题防患于未然，避免酒店不安全问题的发生或减少发生的频率，主要包括犯罪和防盗控制计划与管理措施、防火安全计划与消防管理措施、信息安全计划与管理措施、常见安全事故的防范计划与管理措施。酒店安全管理计划、制度和措施的内容必须符合国家的有关法规，符合酒店所在地地方有关法规，并且还必须能被客人所接受。同时，酒店安全管理计划、制度与安全管理措施本身要根据情况而变化。

(三)紧急情况的应对与处理

紧急情况是指发生在酒店中的一些突发的、重大的不安全事件或事故。从安全角度看，酒店中容易产生的紧急情况一般有停电事故，客人违法事件，客人伤、病、亡事故，涉外案件以及楼层爆炸等。加强对紧急情况引发因素的控制与管理，做好应对紧急情况发生的准备工作，是酒店安全管理的重要工作与任务。

(四)酒店从业人员的安全管理

酒店从业人员的安全意识培育与安全管理，从内涵上讲包括推动和拉引两个方面，如果说促使从业人员建立安全意识是建立拉引动力，那么对酒店从业人员进行安全管理则是建立推动动力。其主要包括酒店安全认知，建立酒店从业人员安全操作程序规范、安全协调、安全控制、安全事故处理体系，构建酒店从业人员对客安全引导的教育体系。

>>任务二　应对酒店危机<<

【学前导入】

何为酒店危机?

【基础知识】

一、酒店危机管理

酒店危机管理是指酒店为应对各种危机情境所进行的规划决策、动态调整、化解处理及员工培训等活动过程，目的在于消除或降低危机所带来的威胁和损失。通常，酒店危机管理可分为两大部分，即危机爆发前的预防管理和危机爆发后的应急善后处理。

二、酒店危机的类型

根据酒店危机的内容，可将酒店危机分为以下几类。

(一)信誉危机

酒店信誉是酒店在长期的经营和管理过程中，消费者对产品和服务、环境和氛围以及现场管理和企业文化的整体印象和评价。良好的社会形象是酒店重要的无形资产，也是酒店生存和发展的基础，树立良好的社会形象是企业的战略计划和战略行为。如果酒店没有履行合同及其对消费者的承诺，甚至给合作伙伴及消费者造成重大损失或伤害，就会使酒店信誉下降，失去公众的信任和支持。

(二)人力资源危机

酒店对现有管理人员及后备管理人员队伍缺乏培养，或缺乏有效的鼓励机制，致使骨干管理人员流失和后备管理人员匮乏，造成酒店管理队伍断层，成为酒店潜在的危机。

(三)财务危机

酒店投资决策失误、资金周转不灵、股票市场的波动、贷款利率和汇率的调整等因素使酒店暂时出现资金断流，难以正常运转，严重的会造成酒店瘫痪。

(四)财产危机

在酒店经营管理过程中，如果遭遇不可抗拒的力量或意外事故，如地震、洪水、火灾及员工事故等，而酒店没有采取规避风险的行为和措施，就可能给酒店造成财产危机，轻则造成重大损失，重则使酒店难以为继。

(五)信息危机

对现代企业而言，信息就是生命。一方面，酒店对信息的保护和利用不当，给酒店造成危机的情况屡见不鲜。如酒店的发展规划、投资意向提前泄露，致使竞争对手抢先投资；酒店员工信息意识的淡薄致使酒店内部经营控制指标、经济协议内容被其他酒店窃用、模仿等。这类行为会使酒店工作陷入被动，一定程度上降低了酒店的竞争优势。另一方面，酒店对行业经营和管理发展趋势的关注度不够，不能及时借鉴同行以及竞争对手的经验教训，也会给酒店造成信息危机。

(六)媒介危机

经济和商业行为一直以来为媒体所覆盖，其影响着众多的观众、听众和读者。虽然真实性是新闻报道的基本原则，但由于客观事物和环境的复杂性，以及报道人员观察问题的立场角度不同，媒体的报道出现偏颇或者失误是常有的现象，也会引起酒店的危机。

(七)灾难危机

酒店会面临无法预测和不可控制的危机，如瘟疫、洪水、台风等自然灾害以及战争、他国政治等因素都会给酒店造成巨大损失的危机。如果酒店应对不力，将会使酒店遭受重创。

三、酒店危机管理的特点

(一)突发性和应急性

酒店危机的本质特点在于它的突发性，这就要求酒店在有限的时间里对酒店危机迅速做出反应和处理。酒店在紧急状态下进行的危机管理，要克服由于时间紧迫和形式危机而造成的心理压力，并且要在短暂的时间内迅速做出决策，有秩序地实施各种危机处理措施，否则任何的延迟都会带来更大的损失。

(二)破坏性和不确定性

酒店危机的后果首先在于破坏酒店正常的经营秩序，导致经营混乱或使经营限于困境；其次还在于它对酒店企业形象会产生巨大的破坏力。酒店业的竞争已经过渡到以销售力、商品力和形象力为本的三维竞争时期，形象力作为一种软性竞争资本，作用尤为突出。因此，危机一旦出现，酒店业除了启动一般的危机计划外，还应重点做好酒店形象的重塑工作。

酒店是一个相关性非常广的行业，关联性广的特点增加了酒店危机的不确定性，同时，危机管理的对象、危机预测、预防控制以及危机处理计划均具有不确定的特点。

(三)应对资源的稀缺性

酒店应对危机的资源包括信息资源、物质资源以及人员资源。由于酒店危机的突发性特点，酒店管理决策者必须在危机出现后快速做出决定。在时间有限的条件下，慌乱和惊恐的心理会影响到相关渠道的畅通，决策者很难在众多的信息中发现准确的信息，由于时空的局限性，也很难第一时间获得充分的物质和人员资源保障。

(四)舆论关注性

对新闻界而言，危机事件是人人关心的有价值新闻；对酒店而言，危机事件就意味着不能掩饰的秘密。因此，酒店危机一般都会成为舆论的焦点，舆论如果不利于酒店，就会“坏事传千里”，酒店企业有可能陷入困境，甚至一蹶不振。基于此，酒店处理危机的关键环节在于如何搞好媒介关系，发挥舆论关注的积极作用，借助舆论的正向报道使酒店业实现化险为夷的目的。为此，为保障报道的一致性，酒店应在酒店危机处理计划中突出危机新闻发言人制度的作用。

四、酒店危机管理策略

(一)扎实做好酒店危机管理预案的构建工作

酒店危机的发生一般都有预兆性。出色的危机预防管理能够根据日常收集的各方面信息准确地预测可能面临的危机，同时做好预警工作并采取有效的预防措施，从而避免或从容应对危机，或者能够将危机的危害降到最低。酒店的危机管理预案至少应包括以下几个方面：防范火灾；防范各类治安性突发事件，如爆炸等；防范各种可能发生的自然灾害；防范食物中毒、服务过失等易发事件；防范各种设施、设备安全隐患；防范媒体恶意炒作等。同时，酒店在日常经营管理过程中要注意积累良好的公众形象，即便危机出现依然能凭借良好的信誉获得公众的谅解和支持。

(二)危机管理必须坚持统一指挥和科学分工

对酒店危机事件的处理既是一次挑战，也是一次机遇。如果处理得当，可以巧妙地将“危”向“机”转化，危机则会演变为“契机”。因此，在危机管理中心，必须明确各级人员的分工、职责和工作程序，以争取在第一时间内果断地采取措施。

(三)建立、健全危机管理预警体系制度

危机管理预案一经确立就是制度，用制度来规范各级人员应对危机的防范、处理的能力和职能，形成一套切实有效的预警体系，是应对危机的最有效办法。一旦酒店出现危机苗头，就能及时发现、上报，并及时发出报警。同时，为了避免危机爆发或使危机爆发后便于控制，根据情况及时采取各种应急措施，进入危机的处理程序。

(四)加强员工危机意识的教育

酒店必须对环境保持高度警惕，通过培养、强化酒店内部员工的危机意识，将风险降到最低。对酒店的全体员工开展危机管理教育与培训，居安思危，将危机预防作为日常工作的组成部分。制订危机管理预案，并把它落实到员工日常培训工作中去，必要时还要进行适当的演练，让所有员工都能熟练地掌握和运用。防止危机的发生，重要的是建立和完善对付危机的“免疫机制”。实际上，最佳的危机管理艺术是将危机消灭在萌芽之中。

(五)及时妥善处理危机

危机发生后，酒店应该迅速采取有效的措施，在危机迅速膨胀前开展各项补救工作。

首先，进行有效的危机控制。危机控制讲求效率，速度是关键，决策要快速，

行动要果断，力度要到位。酒店危机发生后，应做好危机隔离，防止事态继续蔓延，并迅速找出危机发生的原因，各部门保证信息的一致性，把真实的、完整的情况公布于众，避免由于信息不及时或不正确引起各种无端猜疑。同时，配合有关调查小组的调查，并做好应对有关部门和媒体的解释工作。

其次，快速启动危机处理计划。酒店应根据危机模拟成果快速启动相应的危机应变计划，并根据具体情况，随时修正和充实危机处理对策。主动、真实、快速反应、公众利益至上是酒店面对危机时最好的策略。

在危机处理的过程中，酒店应该主动承担责任，坚持宾客利益至上，把宾客利益放在首位。酒店尽量为受到危机影响的宾客弥补损失，以维护酒店品牌形象。

（六）做好危机公关，避免不良局势蔓延

酒店危机发生后，危机公关是酒店危机处理的重要工作。酒店危机发生时，要尽快弄清真相，分清责任，加强各相关部门的沟通，通过新闻媒体公布危机真相，积极引导公众，避免舆论的围堵和谴责。

（七）做好危机的善后工作

酒店危机善后主要是为了消除危机处理后的遗留问题和影响，总结经验教训，消除负面影响。

首先，对危机进行总结、评估。对危机管理工作进行全面的评价，包括对预警系统的组织和内容、危机应变计划、危机决策和处理等方面的评价，要详尽地列出危机管理中存在的各种问题，尤其是要分析危机应变计划的合理性和针对性。

其次，对存在的问题进行整改。对危机涉及的各种问题综合分类，分别提出整改措施，并责成有关部门逐项落实，完善危机管理内容。

最后，化危机为商机。酒店危机给酒店制造了另一种环境，酒店管理者要善于利用危机探索酒店经营发展的新路子，进行改革，化危机为商机。

【项目小结】

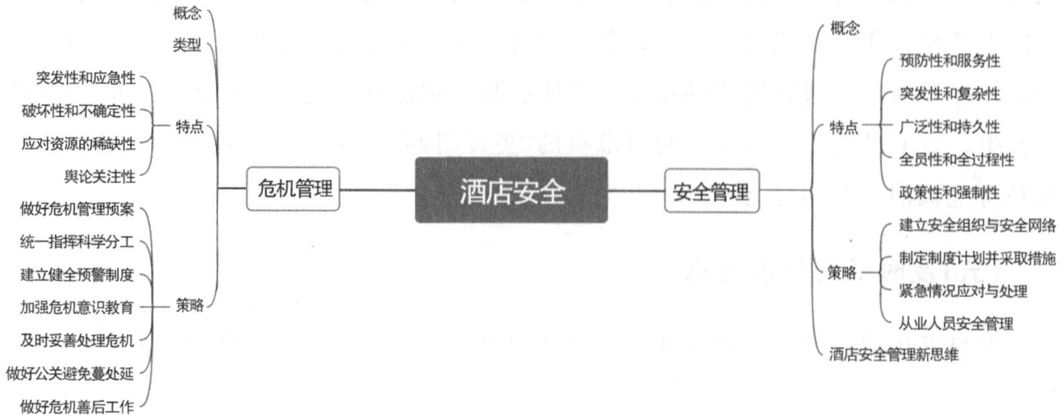

【练习测试】

1. 酒店财务管理的目标是什么？
2. 酒店收益管理的意义是什么？
3. 酒店设备管理有哪些原则？
4. 酒店仓储管理的内容是什么？
5. 试分析酒店安全管理的特点。
6. 酒店出现紧急情况应怎样处理？

模块九　打造酒店文化、品牌与形象

【模块描述】

打造酒店文化、品牌与形象是酒店管理的重要内容。本模块阐述了酒店文化的基本概念、酒店文化的核心价值、酒店文化的新理念等基本知识，并介绍了酒店文化创新发展和酒店品牌战略，使学生能够对酒店文化的打造有一个较为系统的认知，有助于深入理解酒店经营管理的内容。

项目一　认知酒店文化

【项目描述】

通过学习本项目，学生能够准确理解酒店文化的核心内容，了解酒店文化的新创意。

学习目标	完成指标
知识目标	掌握酒店文化的核心内容
	了解酒店文化的新创意
能力目标	分析影响酒店文化的定位因素
	构思酒店的主题文化内容
拓展目标	研究酒店文化的多元化发展
	树立从事酒店行业的信心

>>任务一　熟悉酒店文化的核心内容<<

【学前导入】

问题：你了解香格里拉酒店企业文化吗？

【基础知识】

一、酒店文化的含义

所谓酒店文化，就是酒店在长期生产、经营、建设、发展过程中所形成的管理思想、管理方式、群体意识以及与之相适应的思维方式和行为规范的总和，也是酒店领导层提倡、上下共同遵守的文化传统和不断革新的一套行为方式。它体现为酒店价值观、经营理念和行为规范，渗透于酒店的各个领域。简言之，酒店文化就是酒店企业在经营管理活动程中，由管理者和员工长期实践所创造的物质和精神财富的总和。酒店文化是酒店的经营理念、酒店精神以及酒店全体人员的共同价值观，它渗透在酒店经营的整个过程中，是酒店生存和发展的强大精神动力，能够为酒店建立服务品牌、增强发展动力、获得科学的管理模式提供有效的智力支持。

【深入理解】

二、酒店文化的构成

酒店文化包括物质文化、制度文化、行为文化和精神文化四个方面。其中，物质文化是酒店文化的表层文化；行为文化是酒店文化的浅层文化；制度文化是酒店文化的中层文化；精神文化是酒店文化的深层文化，是酒店文化的核心。

(一)表层的物质文化

酒店的物质文化是构成酒店文化的要素之一，它并不是简单地指酒店本身的物质构成，而是指酒店内外物质环境与产品的文化特色以及顾客对它们的审美体验与文化感受，是指酒店通过可视的一切客观实体所表达和折射出来的文化特点与内涵。它是酒店文化的最外层，是形成其他三个层面文化的条件。同时，它又受行为文化、制度文化和精神文化的规范与制约。酒店物质文化涉及面相当广泛，诸如酒店建筑外景、内部装饰、店徽店服、设施设备、产品结构等。酒店物质文化是酒店在社会上的形象，同时也是酒店文化结构中最活跃、最生动的层面。

1. 以酒店建筑形式折射企业文化

酒店建筑总是存在于一定的人文环境中，因此，有必要通过建筑形式让旅客感知形成它们的文化背景、历史传统、民族情感和人文风貌。酒店如需用建筑形式来表现文化内涵，就必须挑选最富特征的建筑符号来表现文化与传统，从而使酒店更富有区域文化的人文美，传递更为丰富的文化信息与内涵。将酒店建筑形式与区域历史文化传统联系起来，这是一种更高层次的美学追求，它能给予旅客心灵上的深沉震撼，如有些酒店采用的中式设计，园林庭院、小桥流水、宫阙楼阁、雕梁画栋，给旅客以东方意境的视觉冲击，增加审美情趣。

2. 以酒店设施环境烘托企业文化

现代酒店的内部设计装饰，除注意其物质功能外，更注意其精神功能和文化审美价值，特别强调意境、格调和气氛的渲染，力求创造出一种类似作画的“意奇则奇、意高则高、意远则远”的意境空间。酒店通过这些艺术形式把文化意蕴和人们的审美情趣融入其中，寄托人们的感情志向，从而加深意境、烘托气氛，都起到了极好的效果。从酒店的内部环境来看，从酒店的大堂到客房、到餐厅；从地板到墙壁、到天花板；每一处细节都需精心的设计布局，让客人在酒店的任何地方都能体验到酒店的文化内涵。另外，酒店有形的餐饮文化、客房文化、娱乐文化都是酒店文化的具体表现。从餐厅外在的有形店景文化到餐厅的功能布局、设计装饰、环境烘托、灯饰小品都要体现文化主题和内涵。如中国古典餐厅，根据传统的进餐心理要求灯火辉煌、喜气洋洋，通过中国宫灯和富有民族装饰风味的灯饰和中式家具、盆景陈设，结合室外中式庭园景色，让顾客感受到浓郁的中国风味。在中餐厅中使用富有民族特色的竹器、瓷器、台布及菜单都可使宾客感受到餐厅浓郁的文化情调。客房文化要通过客房内设施的选配、室内的装饰、色彩淡雅协调等充分体现出不同的文化组合和文化情趣。娱乐文化是酒店运转的必要条件；健康活泼、高雅有益的娱乐文化有利于吸引客源，有利于营造健康高雅的酒店文化气氛。

3. 以工作人员的服饰体现企业文化

服饰本身就是一种文化，它伴随着历史文化的发展而演变。酒店员工制服是酒店的一种标志物，是一种象征，它不仅能表现员工的精神气质，而且还可体现出酒店的文化内涵。员工制服的设计，必须依据酒店活动领域、岗位特征，在款式上与酒店整体企业形象能融为一体。酒店在自己的特色餐饮区域，若选择与餐厅特色相应的服饰，则会对经营起到推波助澜的作用。让女服务员身着能够发现东方女性之美的旗袍，不仅恰到好处地体现出中国饮宴文化特有的神韵，同时给客人一种雅致端庄、体态婀娜的美感和特殊的服饰文化享受。酒店区域工作人员的服饰体现着本区域所要烘托的氛围。如果说服饰的美观大方给客人的是悦目的感觉，那么服饰所表达出的精神与文化内涵带给客人的则是一种悦心悦意的感受。

4. 以酒店饮食文化彰显企业文化

菜肴本身就是一道文化风景，它与茶文化、酒文化等都是餐饮文化的组成部分。随着酒店餐饮传统观念和传统烹饪方法的改革和创新，餐饮制作过程的文化艺术欣赏逐渐成为创新的餐饮文化。现代旅游活动中的美食观讲究菜肴的“色、香、味、形、器、质、名、养”，强调满足旅游者的心理需求和享受要求，体现在烹饪中自然美与艺术美的巧妙结合。

(二)浅层的行为文化

酒店行为文化是酒店精神文化在企业行为活动层面上的体现，它是酒店物质文化、制度文化和精神文化的直接塑造者。具体是指酒店员工在待客服务、学习生活中产生的活动文化，它主要体现在酒店的经营、服务方式和员工的行为准则，具体包括经营活动、宣传教育活动、人际交往活动、典礼仪式等，是酒店精神文化的动态反映。

1. 员工的行为文化

酒店行业不同于不一般的服务业，它对员工的言谈举止的要求已达到一种近乎苛求的地步，如员工的仪容仪表、礼节礼貌、一言一行都有着具体的规范和标准，体现于员工的行为规范、基本礼仪、迎送礼仪以及各部门、各岗位的具体服务礼仪，这些都是酒店产品的一部分，贯穿于酒店服务的全过程。它可以是服务员一个灿烂的微笑、一句真诚的问候、一个得体的动作——它们体现出员工的职业素质与修养、酒店的服务氛围与精神风貌，是酒店深层文化的外在体现，也是酒店经营管理形象、口碑的重要表现。

2. 服务文化

现代酒店着力在文化渗透和熏陶中营造具有文化品位的气氛，使规范达标的服务转化为主动细致、善解人意的服务，使一般的劳务活动升华为一门服务艺术，使服务产品从原始的使用功能价值上升到一种具有文化附加值的新境界。因此，酒店的管理者始终把“在酒店内创造一种浓厚的服务文化”作为行使管理职能的基本思路，使服务上升为一种文化。中国酒店的服务优势在于以浓厚神秘的东方文化为背景的情调式服务，这种服务的涵盖面很广，形式多样，强调东方文化与西方文化的差异，将中国的历史文化、民族风俗、生活习惯、服饰艺术、民族节庆等，融入服务之中，开发新服务项目，满足顾客求新求异的消费需求。

3. 经营文化

酒店经营活动是酒店产品的重要构成之一，也是酒店展现品牌文化的重要载体。酒店企业通过开展形形色色的活动，可将原本静态的文化变得“鲜活”，深化顾客的文化印象。酒店除组织策划一些常规性的活动，如各类大众化的美食节、特别促销活动等，还可根据品牌的文化特色策划组织各种与众不同的主题活动，利用各种节日融合民俗文化，举办各种活动展现时代风尚，诸如中秋节月饼品尝、民俗表演、烹饪技艺大比拼及各类创新活动等。酒店还可以投身环境与生态保护，开发绿色产品，推崇绿色服务，用文化的感染力树立起良好的社会形象。

(三)中层的制度文化

制度文化是连接物质文化与精神文化的中介体，既是精神文化的产物，又是物质文化的工具，既是适应物质文化的固定形式，又是塑造精神文化主要机制的载体。制度文化是企业在长期生产、经营和管理实践中生成和发展起来的，以提高企业经济效益为目的的，以企业规章制度为载体的文化现象，是企业精神在企业制度上的体现，并对企业文化的奠定、弘扬与变革，提供有力的组织保证。它强调了企业管理工作的理性化、程序化与标准化，主要包括领导体制、组织机构、规章制度等。它是一种约束企业和员工行为的规范性、强制性文化，体现着重要的文化内涵，可以从不同的视角加以透视。

1. 领导体制文化

企业领导体制是企业领导方式、领导结构、领导制度的总称，它受生产力和文化的双重制约。不同历史时期的领导体制，反映着不同的企业文化。在企业制度文化中，领导体制影响着企业组织机构的设置，制约着管理的各个方面。所以企业领导体制是企业制度文化的核心内容。酒店管理一向以“准军事化管理”著称，即其领导体制多采用等级链的原则，实行垂直逐级管理，所有信息指令逐层下达，无特殊情况，不得越级指挥、汇报。

2. 企业组织文化

企业组织机构，是指企业为了有效地实现企业目标而建立的企业内部组成部分及其关系。不同的企业文化，有着不同的组织机构。影响企业组织机构的不仅是企业制度文化中的领导体制，而且，企业文化中的企业环境、企业宗旨及员工的思想文化素质等也是重要因素。酒店企业大都采用职能性组织，即将从事着相似的工作和具有相似的技能的人分配到同一部门，员工们集中在一起从事特定的工作。各部门有独立的管理人员与清晰的劳动分工，能清楚地衡量绩效。管理人员形成自给自足的单位后，就会形成强烈的顾客导向态度。通过部门分工，各部门能形成专门技术，而管理人员会很快熟悉情况，因此部门制度可以训练一批酒店成长时最需要的管理人员。

3. 规章制度文化

酒店的各类规章制度都是酒店文化最直接、有力的体现。因管理者价值观念、道德水准、思维方式、法律意识以及对人本认识的深度不同，制定出的规章制度亦各异。是以“管、卡、压”为主导制定规章，还是以发挥人的主动性、自觉性和参与性为主导制定规章是两种不同的价值观主导的结果，也是“X 理论”与“Y 理论”两种管理理论在制度层的直接反映。酒店内规章制度种类较多，如用工机制方面，奉行契约主义原则，对员工实行聘任制。在员工受聘期间，企业要履行对员工的许诺，让其享受到规定的权利，而员工则要努力履行自己的职责，做好自己承担的工作。酒店根据经营方向和专业化分工原则设置工作职位或岗位，并制定出相应的部门规章、岗位职责与操作规范，如制作《员工手册》作为酒店的根本大法与行动指南。

(四)核心层的精神文化

企业精神文化是核心层，在企业文化系统中起着中心作用，它主导并决定着制度文化、物质文化和行为文化的变化和发展方向。企业精神文化是一股无形的力量，能对企业员工的精神面貌产生持久的作用，并且通过制度文化的渠道造就对行为文化的影响，以此来促进企业制度文化的发展。精神文化是企业文化的本质和灵魂，往往需要长时间的培养和塑造才能形成，主要包括企业的价值观、企业宗旨、企业精神、企业道德等一系列观念形态的东西。在这些具体的观念形态中，都隐含着企业的核心价值观。

1. 酒店企业价值观

企业价值观是企业理念的基础与核心，也是企业文化的核心。所谓企业价值观，是指企业全体成员共同认可的价值标准和价值取向，它为企业内部提供一种走向共同目标的指导性意识，也为企业员工的日常行为规范提供方向性前提。因而，它是一个企业产生持久的向心力和凝聚力的精神源泉，是企业精神、企业道德的思想基础。成功的企业经常因为他们的员工对价值观的认同、信奉和实践，从而获得巨大的支撑力。酒店价值观一般会通过不同的表达方式表现出来，例如，中国饭店提出“把握今天、创造明天、齐心合力创新业”，金陵酒店提出“自尊、自立、团结、奉献”等。

2. 酒店企业宗旨

企业宗旨阐明企业应该怎么做、奉行什么原则、采用什么方法去实现企业使命的要求，它是企业理念的一个组成要素。对内，它是为履行企业的社会职能面向全体员工发出的总动员，是引导企业及员工行为的强大思想武器；对外，它是一个企业向社会发出的宣言，是引导消费者和社会公众的一面鲜艳的旗帜。所谓企业宗旨，是指企业领导和员工认识并尊重客观规律的结果，是企业主观态度的反映。因此，企业宗旨既是企业价值观的反映和最高目标的体现，又是应用企业哲学来指导企业行为的结果，是企业对履行自身社会责任的决心和信心，如丽思·卡尔顿酒店的企业宗旨“真诚的关心与顾客的舒适是我们的最高宗旨，我们发誓为我们的顾客提供最舒适的设施与服务，让顾客享受温暖、放松而高雅的环境”。

3. 酒店企业道德

它是调节酒店与社会、酒店与员工、员工与员工之间相互关系的基本准则。酒店企业道德的灵魂是“以人为本”，就是以顾客为本，以员工为本。企业道德包含有职业道德和经营道德两方面。前者要求每个员工养成正确的价值观，后者要求企业一心为顾客着想，信守合同、信誉第一，搞好产品的售前、售中、售后服务，用高尚文化的亲和力获得公众的信任和爱戴，使消费者与企业之间不知不觉地产生了认同情感，自然而然地会成为其产品和服务的欣赏者和宣传者。

4. 酒店企业精神

企业精神是企业发展到一定阶段的产物，是“结晶”，是“升华”，是积蓄、筛选培养逐步形成的员工信念、意志、风格、准则的综合体现，也是推动企业生产经营的团体精神。它是企业追求成功过程中不可缺少的精神支柱，它是企业价值观念、企业哲学的综合体现，可以概括成几个字、几句话，用标语、口号、企业歌曲等形式表达出来，如四川锦江宾馆的“真诚、公平、准确、高效”，北京饭店的“爱、诚、和、信”。

酒店文化构成的四个层面是相互依存、相互作用的一个有机体，它们共同营造了酒店的文化氛围与文化内涵。酒店文化其实是一门酒店现代化的管理科学，它作用于酒店经营管理的全部过程，渗透于酒店的物质、行为、制度、精神等各个层面，是酒店经营管理的动力和灵魂。

随着我国酒店业的不断发展，同行业竞争越来越激烈。酒店行业竞争首先是产品的竞争，然后是文化的竞争。文化的竞争是更高层次、更高段位的竞争。在旅游酒店业整体提升的过程中，文化性竞争越来越突出，没有文化就没有生命力，追求文化底蕴和文化内涵，已成为酒店同行业竞争的共同行为。利用酒店文化的微妙性来管理员工，从整体上提高员工的素质，是提高酒店服务质量、增强酒店竞争力的重要手段。酒店文化是酒店群体科学、智慧的精华，它渗透到酒店运行全过程之中，是全方位的企业价值观的体现。

三、酒店文化的作用

随着我国经济的蓬勃发展，服务行业变化日新月异，酒店行业的竞争已经从简单的产品竞争上升到对酒店文化内涵和服务品质的竞争。很显然，酒店文化在酒店业的不断发展中生了重要的影响作用。优秀的酒店文化不但能够增加品牌附加值，提升企业的市场竞争力，还可以树立企业文化自信，更好地服务社会。

(一)规范员工行为，增加企业凝聚力

众所周知，酒店是人力密集型企业，员工流失率普遍较高。高流失率直接影响酒店服务质量和用工成本。优秀的酒店文化可以引导规范员工行为，让员工认同酒店的价值观，并愿意与之共同成长，增加企业凝聚力，进而减少人员流失。酒店业作为服务行业，员工与客人的“服务接触”高度重视，而能够影响服务接触质量的关键在于员工的服务态度、服务技能和效率。后者可以通过严格的培训加以提高，而前者却取决于员工对于企业文化的认同。如果员工认同企业文化，就会有主人翁感，想方设法维护酒店的利益和形象。

(二)塑造企业价值观，提升酒店形象

企业价值观是企业文化的核心，是一个组织区别于另一个组织的根本标志。所以世界知名酒店都有自己独特的企业价值观。善于经营的企业往往利用价值观、理念和目标来管理员工，酒店要求员工必须熟记工作规范，时刻以企业主人翁的身份约束和规范自己的行为，以达到酒店经营“决不失去一个顾客”的目标。

(三)提高产品质量，构建核心竞争力

企业的核心竞争力是企业在经营过程中形成的不易被竞争对手效仿的、能带来超额利润的独特的能力，是企业独有的、别的企业无法模仿和无法超越的能力。很多酒店昙花一现的原因就在于没有构建自己的核心竞争力。酒店文化是在长期经营管理过程中形成的，是酒店的立店之基、发展之源、经营之魂。随着市场经济的逐步完善和企业竞争的不断深化，所有的竞争方式、竞争内容都将最终归集为企业文化的竞争。建立优秀的酒店文化，可以使酒店保持良好的发展势头和较强的竞争能力，在经营中立于不败之地。

(四)促进酒店销售，提升品牌吸引力

“文化搭台，经济唱戏”，随着社会文明的进步，人们对文化的诉求越来越高。消费者对酒店的要求不是单纯的物质享受，更多的是一种精神上的满足。“智能消费时代”的到来，消费者越来越理性，开始通过更多途径更有针对性地来评价我们的服务产品。对酒店来讲，完美服务可以弥补硬件投入方面的不足。酒店销售要把

酒店的文化传递给消费者。在进行顾客市场细分的前提下做好针对性的企业文化宣传，一方面有利于提高酒店品牌吸引力，另一方面有利于构建良好的客户关系，形成忠诚客户。优秀的酒店文化能够提高企业的美誉度、忠诚度和知名度，从而提高企业的品牌价值。所有酒店都将树立自己的品牌作为战略目标，提到酒店品牌，我们会想到喜来登、香格里拉、希尔顿、半岛、假日等，这些知名的酒店都有自己独特的企业文化。

>> 任务二　体验酒店文化新创意 <<

【学前导入】

四家 W 酒店的创意

【基础知识】

一、上海世贸深坑酒店

上海佘山世贸深坑酒店位于松江区佘山镇横山脚下，当地人称小横山，又名“小赤壁山”。而这个“坑”并不简单，它是第二次世界大战时期日本侵略者遗留下来的采石场，是历史遗留的环境“伤疤”。因此 2006 年，世茂集团决定投资 6 亿元，在保留原本样貌的前提下，建设一座五星级酒店，希望解决人们一直苦苦寻求让深坑融入青山绿水的特大难题，还为此请来了英国著名建筑设计师马丁·约克曼(Martin Jochman)作为首席设计。

深坑酒店风格独特，沿崖壁而建，面向横山，纵而成岭，是对“仙境”的唯美诠释。上万平方米的建筑采用大量玻璃和金属板材的设计搭配，具有独特的美感。其呈现的曲线立面形式，更像是一道挂于深坑之上的“瀑布”。酒店客房充分彰显“浑然天成”的设计理念。阳光、星星、月亮、新鲜空气都触手可及。

约克曼用高 80 米、悬挑 8 米的玻璃瀑布幕墙搭配近 180 度姿态环绕，设计方案花了 7 年，施工时间超过 10 年。伊始，便一反万丈高楼平地起的传统建筑理念，开创了自上而下的“空中楼阁”建筑方式，成为人类建筑设计理念里程碑式的革命性创举。酒店设计出地上 2 层、地下 16 层(其中水下 2 层)的客房包括水底、山景客房。设有蹦极等娱乐项目，包含水下情景套房、水下餐厅、空中花园、大型景观布，还可抗 9 级地震。

除了先天吸引眼球的地理位置，上海佘山世茂洲际酒店共收藏了艺术品及艺术装置 1400 余件。室内设计结合地理特点、深坑内的景色变化及岩层变化的特点及奇观体验的需求，围绕“地心奇遇”的主题贯穿整个酒店区域。从进入地面大堂到客房、湖面酒吧、水下套房和水下特色餐厅，一段故事环环相扣而展开，消费者跟随 20 世纪的英伦探险家，深入矿洞开启探险奇遇。从地面到地下，沿着地心延伸到最深处，直至水底，设计师营造了一个充满冒险精神的酒店空间，赋予酒店独特的品牌定位。

336间客房位于负3层至负16层，内饰风格以崖壁、瀑布和山丘为设计灵感。客房类型包括绿松石主题客房和红色工业风格主题双床房，每间客房都可饱览坑壁景致，部分还可看到瀑布飞流而下的壮观景色。所有水面以上的客房均提供观景露台，清晨起床便可一睹崖壁林木，这是与其他酒店截然不同的窗外风景。

位于负15层的水下复式套房，首层设有接近深坑水面的户外露台和卧室，而起居室则位于水面以下。水族馆的设计技术，让顾客在房间里就可以尽享水下鱼儿悠游带来的独特感官体验，仿佛置身深海。

总统套房以英国著名电影007为设计主题，仿佛在007的秘密基地掩藏在深坑中，打开古老厚重的钢铁保险门，便是带有神秘感的现代化奢华居室。总统套房的位置在建筑最边上，拥有270度的视角与坑边悬崖咫尺之遥，特别考虑到这一位置及自然其景观特点，采用大面积玻璃幕墙，一面是峻石嶙峋的悬崖，一面是明亮舒适，充满智慧技术的起居空间，给予了悬崖自然景观的戏剧冲击力。

酒店还拥有3家餐厅和2家酒吧，位于一层的源咖啡为顾客提供全天候的世界各地美味。IHG招牌中餐厅位于酒店二层，装饰上融合了富贵鸟、鸟笼、羽毛等中国传统文化元素，营造出独特又瑰丽的用餐环境。位于负14层的赤酒吧非常前卫，是欣赏深坑景色的最佳位置。介于坑底与水面之间，内部光影结合，让人联想到深坑崖壁内的岩石以及矿坑。酒店还在湖中心特别设置了开阔的户外休闲平台，与酒吧相连接。设计感十足的椅子散落在观景平台上，顾客可以在此吃到天马山深坑石板所做的石板料理。负15层的渔火餐厅位于水下，客人步入被水族馆环绕的渔火，就会完全被五彩斑斓的海底世界和扑面而来的海洋气息所吸引。

如果走到酒店外围，会发现这里有一座名为“深坑秘境”的精灵之城主题乐园，其中的玻璃栈道全长约80米，上面设计了两块特别的液晶屏，走过会有碎屏效果出现。酒店还保留了深坑崖壁200余株野生树木、植被。湖心岛上打造“松石听瀑”的意境，苍劲挺拔的山间迎客松广纳四方宾客。

二、澳大利亚加马拉野生动物酒店

加马拉野生动物酒店(Jamala Wildlife Lodge)在澳大利亚首都堪培拉的国家动物园附近。这是家狂野的酒店，顾客在客房里与欧洲棕熊，狮子、老虎仅仅一层玻璃之隔。在房间里可以直接看到长颈鹿的树屋和大片丛林。酒店共有18间客房，分为3大主题：长颈鹿树屋、鲨鱼小屋及丛林小屋。同时还是孟加拉虎、雪豹、欧洲棕熊、马来熊、长颈鹿以及鲨鱼等多种动物的家。离开房间，移步至酒店的岩洞餐厅，一样充满原始氛围。每个人都有固定的座位，餐盘上有专属的小名牌，上面写着房子的名字。整个餐厅采用洞穴的风格设计，重点是你与万兽之王共进烛光晚餐，你们之间是仅仅相隔10厘米的玻璃窗。

Jamala的主人是一位名叫Richard Tindale的老人。1998年，他46岁的时候买下了这座已濒临破产的水族馆，把它变成了动物园，然后又开办了这家世界知名的动物主题酒店。老人建酒店的初衷，除了给动物园的运营和扩建提供足够的资金，还是呼吁大家保护野生动物。只要有盈余，他都会捐款给动物保护组织。来到这儿的动物主要有三类：一类是遭遇偷猎、盗猎，侥幸被救下却丧失野外生存能力的动物；一类是马戏团的退休动物，或丧失表演能力，被抛弃的动物；还有一类是动物爱护者送来的流浪小动物。

三、西安 W 酒店

西安作为十三朝古都，彰显着古典与现代的融合。在西安 W 酒店，“经典的历史”与“当代的潮流”被巧妙地交织在了一起。西安 W 酒店的设计重现唐代长安城的流光溢彩，聚焦盛世时期的异域文明和纵横相连的外交关系，时尚中带有历史的烙印。

设计师事务所奥必概念(AB CONCEPT)将古都西安的古典元素，碰撞了现代的高科技多媒体视觉技术、灯光技术以及声音技术，“魅惑时空”的主题渗透在了每一处惟妙设计之中。

酒店入口的多媒体影像巨作——《漂浮的空中花园》灵感来源于长安城的皇家宫廷花园。瞬息万变的大唐盛世与迷离的时空经现代数字科技之手，犹如开启了一道穿越时空的玄幻大门。

进入酒店大堂时，接待大厅 1300 平方米的气派空间可谓丝毫不逊色于唐代富丽堂皇的宫廷布置。悬在空中的大型透明玻璃装置作品犹如飘逸的丝绸，致敬了西安作为丝绸之路起始点的历史。在大厅礼宾部角落的桌面上，有一座小型雕塑。一个身披“左青龙，右白虎”的男孩正插着腰、抬着头，代表酒店以自信与诚意欢迎宾客。碧波泳池运用了全息投影技术。LED 屏幕能感知宾客的靠近，呈现出不同水纹效果，营造如水幕秀一般的体验。

相较于遍布酒店的高科技装置，在西安 W 酒店中的 40 余件艺术品则显得低调、沉稳了许多。古今文化相碰撞的艺术品在酒店的各个角落都被赋予了不同的意义。

要问大唐具有诚意的待客之道是什么？那当然是唐朝的宫廷礼仪——舞乐“通天高杆”。表演者上演高难度杂技动作，喜迎宾客到访。西安 W 酒店的设计采用现代语言形式，“译制”了唐朝的辉煌盛世。

Living Room (潮堂)内另一大看点便是网红艺术品《皇帝的座驾》。在这段时光之旅中，唐朝皇帝乘坐集现代敞篷车、喷气式飞机于一体的时光机器穿越到 21 世纪，见证又一太平盛世。

酒店内 385 间客房及套房以大理石与原木衬底，房间中挂着画有衣着大唐风行装扮的唐代仕女图。仕女夸张的腮红以及“以胖为美”的大唐特点，加上“强行”混入的现代墨镜和蓝牙耳机。

酒店一层的电梯间内放置了一座唐侍女手捧金桃的《金桃之谜》雕塑，大小层叠；而在客房的每张大床上也都放有一个金色桃型饰物。据《撒马尔罕的金桃》书上记载，金桃是乌兹别克斯坦撒马尔罕向唐朝进贡的贡品。

酒店的餐厅设计也糅合了现代与大唐的元素。无论是全日制餐厅全味（WEI）、融合陕西美食与粤菜的飨艳（YEN），还是摩登火锅餐饮小釜（FU）餐厅以及被音乐与巨型流动“画卷”围绕的 WOOBAR 酒吧，都将古香古色与现代风韵相结合。

【项目小结】

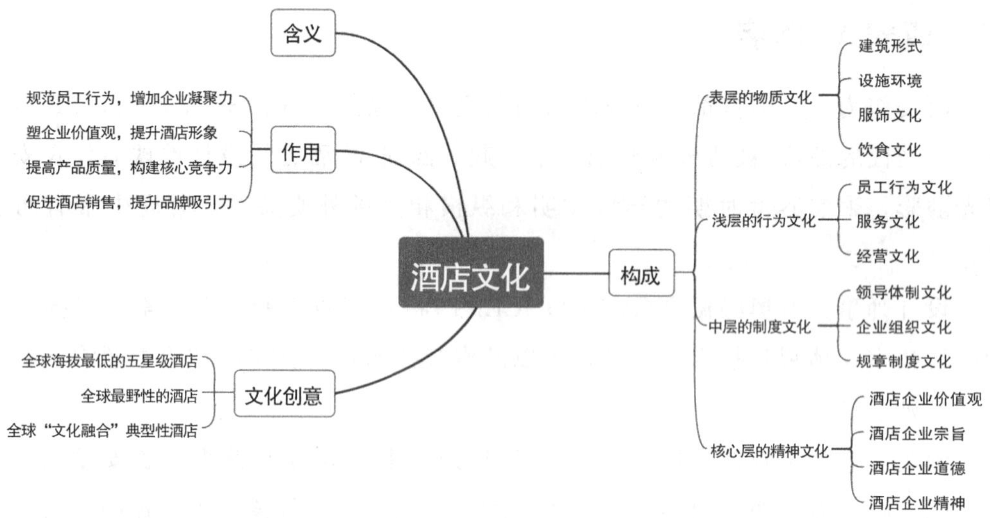

项目二 打造酒店品牌与形象

【项目描述】

通过学习本项目，学生能够掌握酒店CIS的核心内容，了解MI构建和VI设计的要素，认识到信息化时代酒店品牌塑造和推广的新要求。

学习目标	完成指标
知识目标	掌握酒店CIS的内容
	熟悉酒店CIS设计原则
	理解酒店品牌战略和品牌推广的新要求
能力目标	分析酒店品牌塑造的过程
	实践酒店品牌线上推广的主要方法
拓展目标	理解社会发展赋予酒店品牌构建的新要求
	树立对酒店行业发展的信心

>> 任务一 设计酒店CIS <<

【学前导入】

形象的价值

【基础知识】

一、酒店CIS的内涵

企业CIS是一个系统工程，其英文是Corporate Identity System，直译为企业形象识别系统。其定义是：将企业经营理念与精神文化，运用整体传达系统（特别是视觉传达系统），传达给企业内部与公众，并使其对企业生产一致的认同感或价值观，从而达到形成良好的企业形象和促销产品及服务的设计系统。

通常认为，CIS主要由企业的理念识别系统（Mind Identity System，MIS）、企业行为识别系统（Behavior Identity System，BIS）和企业视觉识别系统（Visual

Identity System，VIS)三部分组成。

不同的行业自身的特点不同，所以在进行CIS设计的时候要有不同的侧重。酒店企业的特点注定了其在进行CIS设计的时候，要充分考虑到除视觉以外听觉、嗅觉、味觉和触觉的感受，这就要求我们设计一个专属于酒店的CIS系统。

因此，酒店CIS包括：理念识别系统MIS(Mind Identity System)、行为识别系统BIS(Behavior Identity System)、视觉识别系统VIS(Visual Identity System)、听觉识别系统AIS(Auditory Identity System)、嗅觉识别系统SIS(Smell System Identity)、味觉识别系统TIS(Taste Identity System)、肤觉识别系统KIS(Keen Identity System)。

作为劳动密集型的酒店，在CIS系统的指引下，首先应建立起一整套完善的属于自己的文化体系，力求将酒店的文化理念贯穿给每一位员工，得到员工的最终认同。同时，通过多种渠道鼓励员工提出合理化的建议与意见，力求员工能够积极参与到酒店的文化建设中来。

二、酒店CIS的内容

在明晰了酒店CIS构成要素，以及各要素之间的关系后，我们还要针对酒店的特点来对它们逐一进行剖析。

(一)理念识别(MI)

酒店的理念识别是整个CIS设计的核心和原动力，是酒店形象战略的最高决策层，所以对于MI的设计更是重中之重。对于酒店这种特色鲜明的企业来说，其理念识别应该是指酒店为了提升自身的形象而构建，经过广泛传播得到社会普遍认同，反映酒店经营观念的价值观体系。

由此不难看出：第一，构建酒店理念识别的目的是提升酒店的形象，在市场竞争中赢得胜利。第二，酒店理念识别的基本特点是：体现自身特性，取得大众认同。这种独特性，不仅要体现在鲜明的主题上，还要体现在对社会独特的贡献上。第三，酒店理念的基本内容是酒店经营管理思想、宗旨、精神等一整套观念性因素的综合，构成酒店价值观体系。

可以说MI也是一种符号，当此符号发挥有效功能时，无形中会对员工产生教导的作用，使员工能肯定自己在公司工作的意义，进而提高士气。同时理念识别又是代表语言上的形象，进行语言设计时要注重简洁易懂。

以香格里拉酒店为例：

经营思想：香格里拉热情好客，亲如一家。

前景目标：成为客人、同事、股东和经营伙伴的首选。

座右铭：以发自内心的待客之道，创造难以忘怀的美好经历，时刻令客人喜出望外。

企业理念：尊重备至、温良谦恭、真诚质朴、乐于助人、彬彬有礼。

（二）行为识别（BI）

行为识别(BI)是非视觉化动态的识别方式。对内负责组织管理，包括：工作环境、生产设备、研究发展、生产福利及员工培训等。对外负责开展各种活动，包括：市场调查、促销活动、公共关系、产品开发，流通对策、金融对策、公益性活动、文化性活动等。

酒店的行为识别的内涵是指酒店以明确而完善的经营理念为核心，显现到酒店内部和外部的制度、管理、教育等行为，并扩散回馈社会的公益活动、公共关系等动态识别形式。所以在进行 BI 设计的时候，对于内部系统，就要狠抓酒店的生产，营造酒店的环境，对员工进行教育，不断发展研究内部系统的完善性。对于外部系统，就要先进行市场调查，找到主流客户群体，然后针对这部分目标群体进行产品开发，增强市场服务的功能，设计相应的公关策略、促销策略和广告活动，从而取得酒店内外公众对 MI 的认同，塑造酒店良好的形象。

与 MI 的深奥、抽象相比较，BI 追求的是具体。实际上，它是 MI 的动态传播方式，是 CIS 的动态识别形式，其主要功能是将酒店理念付诸实践、广泛传播。它实实在在，有声有色，看得见，摸得着。

实施 CIS 时，需要企业全体员工的协助进行。员工是将企业形象传递给外界的重要媒体，如果员工的素质有问题，将为公司带来很大的伤害。例如：员工对顾客服务态度不佳、秘书接电话时不够礼貌、有公司标志的车辆不遵守交通规则、和客人约谈的聚会无法准时赴约等，以上情况的发生都将对公司形象造成伤害。

（三）视觉识别（VI）

品牌视觉识别体系，是给品牌配上便于顾客识别、记忆及思维的一系列标志符号。视觉识别符号能固定在产品和各种视觉媒介上，具有长期、反复传播的特点，因此，视觉表达被称作企业通向公众眼睛的桥梁。据统计，人接收到的信息 75％来自于视觉，视觉形象的良好设计可以帮助企业有效提升企业形象、增强企业竞争力。

酒店的视觉识别是指将酒店的一切可视事物进行统一的视觉识别表现和标准化、专有化。通过 VI，将酒店的形象传达给社会公众。酒店视觉识别系统(VI)又可分为两大主要方面：

一是基础系统，包括酒店名称、品牌标志、标准字体、印刷字体、标准图形、标准色彩、宣传口号、经营报告书和产品说明书八大要素；

二是应用系统。它至少包括十大要素，即店旗和店徽、指示标识和路牌、产品及其包装、工作服及其饰物、生产环境和设备、展示场所和器具用品、交通运输工具、办公设备和用品、广告设施和视听资料、公关用品和礼物等。

酒店视觉识别的基础系统是传达酒店理念的统一性、全方位对外应用的主体部分，也是应用系统的基础部分，所以对于这部分的设计应该特别注意：

第一，必须能体现酒店理念精神的内涵和特征；

第二，必须具有与众不同的差别性和鲜明的个性化特征，同时还要具备很强的可视性，便于公众识别和记忆；

第三，把具有广泛象征意义的图形或符号运用到设计中，会强化传播效果；

第四，设计和开发必须在酒店可利用的一切媒体上应用，使基本要素得以统一展示；

第五，要体现出较高的审美水准和艺术性。例如，印尼巴厘岛的摇滚音乐主题酒店，以摇滚音乐为主题，所有房间，都提供互动式影音娱乐系统，酒店内展出音乐文物、音乐家手稿、老唱片封面、歌唱家用过的服饰。又如，希腊雅典的卫城酒店，到处可见雅典卫城的照片、绘画、模型、雕塑、纪念品，开窗就可以看到雅典卫城。这些视觉上的冲击，无不让人时刻沉浸在主题氛围当中。

（四）听觉识别（AI）

古人云："眼观六路，耳听八方。"这说明听觉在人们的认知中起着非常重要的作用。研究表明，人的知识大约有93%来自听觉，形状、颜色能够使人产生视觉意向，音波则能使人产生听觉意向，它们都是人类思维不可或缺的一部分，声音与形状、颜色的感觉地位是平等的，因此可以说AIS与VIS是同等重要的。又因为音乐无国界的特性，更符合酒店国际化的战略目标。

酒店因品牌不同而各具特色。在酒店的AIS设计中，如果能设计出符合主题的音乐、歌曲、广播以及酒店内所有能发出声音的设备所发出的声音，如电梯的铃声、酒店房间内闹钟的铃声等，将酒店的经营理念和品牌形象通过这种形散而神不散的声音形式传达给公众，那么这将会在公众的头脑中产生强烈的首位效应。

酒店的听觉识别系统是根据酒店文化所创作出的独特的、符合酒店企业价值观的歌曲、音乐、语音、自然音响以及特殊音效等听觉要素，通过听觉刺激传达给公众，使其对酒店品牌文化和经营理念产生深刻印象。

酒店的听觉识别系统应该包括主题歌曲、标识音乐、主题音乐扩展、广告导语、商业名称、主题彩铃、主题口号等，每一个环节要素都要以酒店文化为中心，进行改造、创新，乃至唤起公众内心的共鸣。例如，在成都圆和圆佛禅客栈的走廊和茶室随处都可以听到空灵的禅曲，客人在不经意间被打动，心灵得以安抚，精神得以放松，更有对佛禅文化感兴趣的客人可以从中得到深层的领悟。

（五）嗅觉识别（SI）

研究表明，人类能够识别和记忆约1万种不同的气味，而且嗅觉记忆比视觉记忆更可靠，人们回想1年前的气味准确度为65%，然而回忆3个月前看过的照片，准确度仅为50%。可见独特的气味能够提升公众对企业品牌的忠诚度。纽约的香气基金会的执行董事 Theresa Molnar 认为，嗅觉是由大脑负责记忆和情感的部分控制的，气味能够影响人们的情绪并引发一系列心理反应，标志性的香气是“感官性品牌策略”的一部分。

味道、气味牵动着人的情绪与记忆，有如温柔的手，轻轻触动人们心底的一根琴弦，“不动声色”地对消费者行为产生了影响。因此，酒店建立符合其格调的嗅觉识别系统也是非常必要的。

酒店 SIS 是指通过能够反映酒店内涵和特质的个性化气味在各个传播渠道与营销要素中的应用及传播，是酒店识别系统的组成部分。要研制出这种个性化的气味，就得对酒店文化的内涵以及经营理念进行深度挖掘，并通过“气味”载体传达出酒店的形象。例如成都的西藏饭店，当客人一走进饭店，就会被一种藏式熏香的淡淡香气所吸引，仔细品味，还会闻到一股茶香，这是西藏饭店茶室里所陈列的各种藏式茶砖所散发出来的味道，令人心旷神怡。

(六)味觉识别(TI)

既然是酒店，就一定离不开餐饮。酒店的餐饮无论是从色、香、味、形、器哪个方面来说，都应该是美轮美奂的。酒店非常有必要建立一个味觉识别系统，并以此来辅助 VI、AI、SI 来推广美味形象。

味觉与嗅觉、听觉、视觉是相辅相成的关系。一道菜、一盏茶、一碗汤是否能加深顾客对酒店的良好印象，必须要靠出色的形、沁人心脾的味、香糯的口感、咀嚼的快意以及文化浓郁的用餐环境之间的完美配合来达到。

都说人生百味，那是人们对生活的感悟，酒店让顾客品味的不仅是一餐一宿的美好，更是引领人们对理想生活的享受、对生命的参悟，酒店的味觉识别就是要达到这种效果。

(七)肤觉识别(KI)

皮肤是人类最重要的触觉感官。肤觉也是我们在进行酒店 CIS 设计时不容忽视的一部分，人们也可以通过肤觉感受来认知酒店的品牌形象。

人的肤觉感受和人所接触物体的材质等物理属性密切相关，不同类型的材质会给人以不同的质地感受，甚至产生不同的心情。例如，酒店的床单被褥是否舒适，卫生用品是否干净整洁，餐厅的食品入口时是否温度适宜等，消费者凭其肤觉形成识别，这种识别作用是在消费者的肌理下悄然进行的，是潜意识的，却可以直接影响到消费者对酒店服务产品的印象和评价。

这就要求酒店要注重一切能给顾客带来肤觉感受的资源，如餐具、洗漱用品、床上用品等。客人回到房间夜晚入眠的时候，床、被子、枕头就成为与他们皮肤直接接触的物品，通过肤觉刺激，与人们头脑中对酒店的印象合二为一。

【深入理解】

三、酒店 CIS 的功能

(一)CIS 的内部功能

第一，凝聚功能。导入 CIS 可以树立起一个好的企业品牌形象，会使酒店内部产生一种凝聚力，协助提升内部的管理效率，从而获取更大的企业利润。

第二，整合功能。CIS 建立了一个客观的约束机制，将原本分散的个体通过制定规则，统一到一起，令各个员工、子品牌、子酒店形成联动，彼此协作与支持，成为一个有序的整体。

第三，规范功能。CIS 所构建的统一化形象规范了多环节的执行应用，有效提升了酒店品牌的管理效率、规避不良操作的发生。

第四，增值功能。CIS 所打造的品牌是一种无形资产，品牌本身可以作为商品被买卖。随着品牌的成长，品牌知名度、美誉度、忠诚度的提高，品牌的价值也随之增长。

(二)CIS 的外部功能

第一，识别功能。CIS 有效的识别功能是其最基本、最原始的功能。CIS 的独创性设计目的是使企业产品与其他同类产品区别开来，形成品牌印象，从而促成顾客的消费选择。

第二，传播功能。酒店借助 CIS 构建的鲜明的视觉形象向社会公众进行推广传播，争取与捕获受众的关注与信赖，从而扩大品牌的认知度与美誉度，并最终影响品牌所占据的市场份额。

第三，促销功能。消费者的购买行为首先表现为比较和选择，有效的品牌间的区隔，加上良好的、符合受众兴趣偏好的品牌形象，将最终影响购买行为。

第四，保护功能。CIS 的实施及品牌形象的树立会留给社会公众诚信与安全的良好印象，因为品牌商标经注册后受到法律保护，企业可以规避商标侵权的风险，消费者遇到产品质量问题时也可以溯本求源，追究品牌经营者的责任。CIS 保护了企业与受众双方的利益，构建出一种和谐的社会关系与商业环境。

四、酒店 CIS 设计的原则

完整丰满的酒店 CIS 体系，才会使顾客感到有强大的说服力和可信度。而品牌个性，则赋予品牌以生命化的性格和形象。在酒店品牌识别体系的各个要素之间，如品牌名称、标志、标准字和标准色等要素之间要注意其配合应当紧密与和谐，从不同层次不同角度共同表现出统一的酒店品牌特色，要注意避免在运用中产生松散、混乱的组合。

酒店的CIS系统不是独立的，而是要服务于酒店的战略规划，要通过这个系统，把酒店经营理念有效传达给目标顾客。酒店CIS设计的原则有：

第一，符合酒店的战略规划。也就是说，CIS设计之前，酒店要明确自己的发展战略。

第二，整体统一。通过对酒店文化的导入，要求酒店的全体员工在行为准则方面表现出一致性；在酒店对外传播中，视觉形象表现出一致性；在酒店的各项活动中，文化内涵表现出一致性。

第三，独特性、创新性、审美性、易识性。酒店的CIS设计要充分考虑这些特性，形成酒店的个性模式，强化酒店的独特风格和文化元素，否则设计的成果可能会不尽人意，不利于其对内部、外部作用的发挥。

第四，市场扩大原则。酒店进行CIS设计的主要目的之一，就是希望能够借此提高品牌知名度和美誉度，进而提高市场占有率，赢得消费者的青睐，为酒店创造最佳的经济效益。

第五，在酒店提升或者更换标识系统的时机选择上，也要进行充分考虑，最好利用纪念日或者大型活动。一是让标识系统有一个连贯性的传承发展，二是好时机会有利于新标识系统的推广。当然，CIS系统设计后，要制订详细的推行方案，否则，再好的设计也只能躺在文件柜里。

总之，酒店形象系统不是短期的零星计划，而是一项长期的系统规划，它需要酒店精心组织实施，不断地推进调整，以协助酒店的经营战略，达到品牌制胜的目的。

我们不能忽略的是，酒店形象系统不仅是公关部门和营销部门的工作，而应该是包括上至总经理下至清洁工在内的所有部门、所有人员的工作。全员“CIS”是酒店形象系统得以产生实效的最基本要求。酒店的信息传播对象不能只停留在酒店宾客与目标市场消费者身上，还要包括酒店的全体员工、社会公众、社会团体、政府机构等。同时，酒店还要调动一切媒介来加强信息的传播，争取创造好的舆论导向，扩大知名度和美誉度，助力酒店品牌战略的目标实现。

>> 任务二　打造酒店品牌 <<

【学前导入】

每年，环球旅游杂志《Travel + Leisure》都会对全球最佳旅游体验进行调查，让读者对全球顶级酒店、度假村、城市、岛屿、游轮、水疗中心、航空公司等发表意见，根据酒店的位置、房间设施、食物、服务和整体价值对酒店品牌进行评分，再评选出相应的TOP榜单。

【基础知识】

一、酒店品牌的内涵

说起品牌文化，我们不能不提可口可乐。可口可乐的成功在于为消费者提供了一个有丰富文化内涵的品牌而不只是产品本身。它的成功之处是把美式生活方式揉进了品牌文化，通过长期不懈的演绎和与时俱进的整合传播，渗透全球。可口可乐的成功，给我们最大的启示就是如果一个品牌成为某种文化的象征或者是成为消费者的生活习惯，那么其知名度、美誉度和社会影响力都是无法估量的。

品牌文化是指通过赋予品牌深刻而丰富的文化内涵，建立鲜明的品牌定位，并充分利用各种强有效的内外部传播途径形成消费者对品牌在精神上的高度认同，创造品牌信仰，最终形成强烈的品牌忠诚。

品牌文化的核心是文化内涵，具体而言是其蕴含的深刻的价值和情感内涵，也就是品牌所凝练的价值观念、生活态度、审美情趣、个性修养、时尚品位、情感诉求等精神象征。品牌文化的塑造通过创造产品的物质效用与品牌精神高度统一的完美境界，能超越时空的限制带给消费者更多的高层次的满足、心灵的慰藉和精神的寄托，在消费者心灵深处形成潜在的文化认同和情感眷恋。

品牌不仅是酒店的核心竞争力，还是酒店重要的无形资产，关系到酒店的可持续发展能力。酒店品牌文化有其他企业品牌文化的相似性，也有自身的特殊性。酒店品牌包括酒店品牌名称、标志物和标识语，酒店品牌认知，酒店品牌体现的质量，酒店品牌联想，酒店品牌忠诚五个部分。面对目前酒店业激烈的竞争，同等级酒店在硬件和服务上的差别变得越来越小，酒店间最大的差别就是品牌的差别。树立品牌形象，扩大品牌影响力成为酒店管理战略中的重要一环。

衡量一个酒店品牌有没有价值，价值有多大，主要看品牌的知名度、美誉度、满意度、忠诚度四个指标。

品牌知名度是指品牌为消费者所知晓的程度，也称品牌知晓度。品牌知名度反映的是品牌的影响范围。

品牌美誉度是品牌力的组成部分之一，它是消费者对某一品牌的好感和信任程度，也是现代酒店形象塑造的重要组成部分。

品牌满意度是指顾客对品牌的满意程度评价，提升顾客满意度是做品牌的一个目标，也是鉴定一个品牌好坏的一项重要指标。

品牌忠诚度是衡量品牌忠诚的指标。由消费者对品牌产生一定的信任、承诺、情感维系，乃至情感依赖而形成。品牌忠诚度高的顾客对价格的敏感度较低，愿意为高质量付出高价格，能够认识到品牌的价值。

二、酒店品牌的作用

良好的品牌有助于树立酒店良好形象、扩大企业的影响和产品的市场竞争力，从而提高酒店的经济效益和社会效益。品牌的这种作用具体可表现在三个方面。

第一，识别作用。酒店品牌包含着酒店所能提供的服务产品的功能、质量、特色、文化等丰富的内涵信息，在消费者心目中代表着服务形象和企业形象。在市场营销中，消费者对品牌产生一种整体观感，这就是品牌认知，它代表着服务的品质、特色和吸引力。

第二，促销作用。酒店品牌代表着不同的服务特色和品质，消费者常常按照品牌选择产品，因此品牌文化的构建有利于引起消费者的关注、满足消费者的物质需求和精神需求，进而实现扩大产品销售的目的。

第三，增值作用。品牌是企业的无形资产，它本身就可以作为商品被买卖，具有很大的价值。品牌的价值要通过产品的销售才能体现出来，产品中包含的品牌价值不同，产品的价值也会有很大不同，这就增加了酒店产品的附加值。

【深入理解】

三、酒店品牌的定位

酒店品牌定位就是确定品牌在市场中的适当位置及其发展取向，定位的目的在于创造和渲染酒店及产品的个性化特色。发挥酒店及产品的自身优势，找准自己的位置，沿着定位策略进行延伸，才能使品牌长盛不衰。

(一)对品牌有精准的认知

对品牌有精准的认知是品牌定位的基础条件。如果对品牌的认知要求过高，容易好高骛远，得不到消费者良好的反馈；认知过低，容易停留在自身状态良好的自我陶醉中不思进取；而对品牌有精准的认知，就可以确保最终的定位清晰而且明确。

(二)确定品牌的目标客户

品牌的定位必须围绕品牌的目标客户。不同的品牌会拥有不同的目标客户群体，在策划品牌定位的时候，必须要了解清楚品牌面向的目标客户到底是哪些人，然后针对目标客户进行市场调查，了解目标客户的需求以及消费观念等，并以此进行品牌的定位。这样能够更好地和客户群体产生共鸣并产生经济效益。

(三)充分的市场调研

在做品牌的定位策划之前，一定要先进行充分的市场调研。大量的市场调研样本可以让品牌更加明确如今市场的流行态势和时事热点，找到目标客户的需求，并有针对性地进行品牌定位。

(四)分析竞争对手

在现实的市场竞争中，每一个品牌都会有竞争对手。古语有云：“知己知彼，百战不殆。”品牌竞争亦是如此。确定品牌的定位的时候尽量不要和其他品牌选择相同或者类似的定位，给用户无法区分的感觉，尽量对竞争对手进行分析，取长补短，打造自己的品牌优势。

(五)打造品牌个性

一个品牌真正能够吸引消费者的是它的创意和个性。品牌创新可以从技术创新、产品创新、形象创新这三方面展开，让消费者感到自己选择的品牌是引领市场的。

品牌的个性则决定了品牌的差异性，能让消费者在众多品牌中一眼就能识别你的品牌。个性化的品牌定位更好地进入顾客内心，在顾客内心占据一个更牢固的位置。

【项目小结】

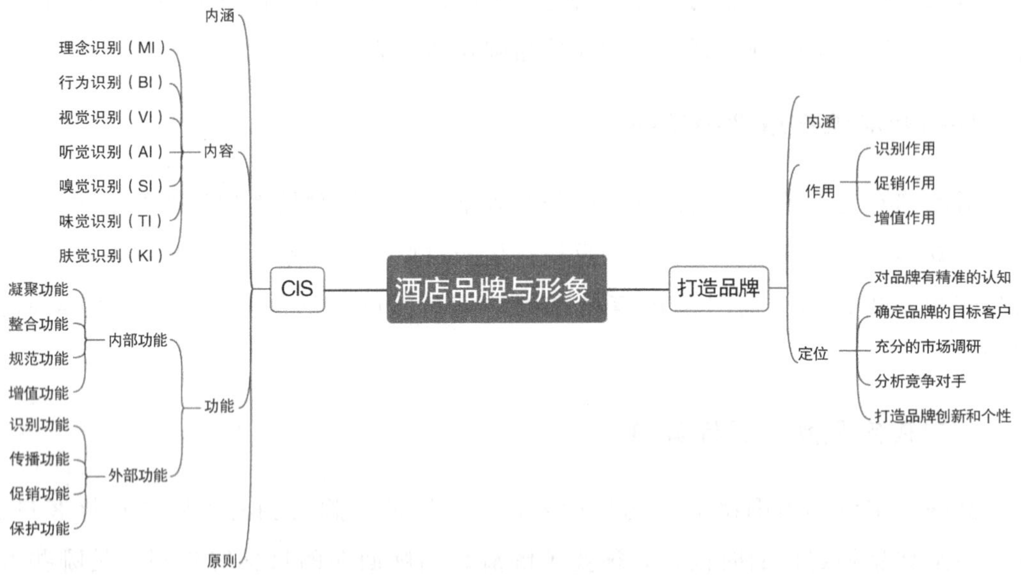

【练习测试】

1. 酒店文化的作用是什么？影响酒店文化的定位因素有哪些？
2. 你了解智慧酒店吗？智慧酒店是如何体现“智慧”二字的？
3. 你所居住的城市有绿色酒店吗？谈一谈发展绿色酒店的意义。
4. 什么是酒店品牌？列举你知道的十个酒店品牌。
5. 互联网时代酒店品牌是怎样进行推广的？说一说你的创意和想法。

参考文献

[1]李伟清. 酒店经营管理[M]. 上海：上海交通大学出版社，2015.

[2]杨洋. 饭店管理概论[M]. 青岛：中国海洋大学出版社，2011.

[3]王秀荣，单铭磊，栗书河. 饭店管理概论[M]. 大连：大连理工大学出版社，2012.

[4]苏枫. 酒店管理概论[M]. 重庆：重庆大学出版社，2015.

[5]李英，任莉. 管理学基础[M]. 大连：大连理工大学出版社，2009.

[6]段圣贤. 管理学基础[M]. 北京：北京理工大学出版社，2013.

[7]霍晓艳，杜衍姝. 管理学基础[M]. 北京：清华大学出版社，2018.

[8]牛艳莉. 管理学基础[M]. 北京：机械工业出版社，2018.

[9]李培林. 管理学[M]. 北京：北京大学出版社，2017.

[10]法约尔. 工业管理与一般管理[M]. 迟力耕，译. 北京：机械工业出版社，2013.

[11]周三多. 管理学[M]. 北京：高等教育出版社，2000.

[12]斯蒂芬·P. 罗宾斯. 管理学原理英文版(第七版)[M]. 高俊山，改编. 北京：中国人民大学出版社，2004.

[13]蒋丁新. 饭店管理概论[M]. 大连：东北财经大学出版社，2017.

[14]郑向敏. 酒店管理[M]. 北京：清华大学出版社，2005.

[15]王大悟. 酒店管理 180 个案例品析[M]. 北京：中国旅游出版社，2007.

[16]姚李忠. 酒店管理概论[M]. 上海：上海交通大学出版社，2016.

[17]邓俊枫. 国际酒店业概论[M]. 北京：清华大学出版社，2019.

[18]魏卫. 酒店管理概论[M]. 武汉：华中科技大学出版社，2019.

[19]高良谋. 管理学高级教程[M]. 北京：机械工业出版社，2015.

[20]霍美，冯小叶. 酒店管理理论与实务[M]. 北京：北京大学出版社，2012.

[21]廖钦仁，胡蓉，黄凤梅. 酒店人力资源管理实务[M]. 广州：广东经济出版社，2012.

[22]刘颖，酒店人力资源管理[M]. 北京：北京理工大学出版社，2018.

[23]韩晓莹，酒店及旅游业人力资源管理[M]. 杭州：浙江大学出版社，2019.

[24]赵伟丽，孙亮. 酒店人力资源管理[M]. 北京：北京大学出版社，2018.

[25]戴维·K. 海斯，杰克·D. 奈米尔. 饭店经营管理[M]. 彭青，曾国军，译. 北京：中国人民大学出版社，2013.

[26]周亚庆，黄浏英. 酒店人力资源管理[M]. 北京：清华大学出版社，2011.

[27]李祖武. 酒店市场营销[M]. 合肥：中国科学技术大学出版社，2018.

[28]姚红丽. 网络经济时代酒店市场营销的转变[J]. 金融经济，2019(18).

[29]伍剑琴. 酒店营销与策划[M]. 北京：中国轻工业出版社，2016.

[30]王婕霏. 数字化营销对现代酒店的影响与对策研究[J]. 中外企业家，2019(9).

[31]刘慧贞，庄子莹．基于新经济环境下的酒店营销策略探究[J]．时代金融，2018(9)．

[32] Arndt J. The role of product-related conversations in the diffusion of a new product[J]. Journal of marketing research，1967(4)．

[33]王荣珍．旅游体验营销策略研究[D]．青岛：中国海洋大学，2010．

[34]蒋玉华．基于游客感知的呼伦贝尔旅游形象营销研究[J]．干旱区资源与环境，2016，30(1)：203－208．

[35]张党利，郗芙蓉．文化营销的概念及其实施研究[J]．中国管理信息化，2008(1)．

[36]周翀燕．高端度假型酒店市场营销环境分析——以杭州安缦法云酒店为例[J]．商业经济，2017(12)．

[37]李劲，李锦魁．情感营销[M]．北京：经济管理出版社，2005．

[38]许红格，林美珍，陈秋萍．情感营销对顾客感知服务质量的影响研究[J]．企业活力，2012(1)．

[39]钱珺．危机传播中的新媒体研究[D]．南京：南京师范大学，2007．

[40]张瑜．连锁酒店网络营销策略研究[J]．商业经济，2019(05)．

[41]唐传娣．A 酒店的市场定位分析[D]．南昌：江西师范大学，2017．

[42]蒋玉华．目的地旅游形象定位与营销创新研究[M]．哈尔滨：东北林业大学出版社，2018．

[43]胡巍．“天鹅之城”三门峡的文旅魅力[J]．中国经济周刊，2019(17)．

[44]沈建龙．饭店管理概论[M]．北京：高等教育出版社，2013．

[45]李晓婵．新时期我国星级酒店市场营销问题研究[J]．商业经济，2016(6)．

[46]马勇．酒店管理概论[M]．重庆：重庆大学出版社，2017．

[47]梁瑜，牟昆，李明宇．饭店管理概论[M]．北京：清华大学出版社，2019．

[48]王伟．基于 CIS 的主题酒店市场营销分析[J]．河北青年管理干部学院学报，2016，28(2)．

[49]朱琳，萧彩霞．酒店绿色营销浅议[J]．合作经济与科技，2017(23)．

[50]蒋丁新．饭店管理概论[M]．大连：东北财经大学出版社，2018．

[51]魏卫．酒店管理概论[M]．武汉：华中科技大学出版社，2019．

[52]周亚，李玲，谭丹．酒店管理概论[M]．西安：西安交通大学出版社，2018．

[53]孙梦阳，赵晓燕．酒店市场营销实务 [M]．北京：北京航空航天大学出版社，2018．

[54]陈学清．酒店市场营销[M]．北京：清华大学出版社，2018．

[55]胡宇橙，李烨．酒店营销管理[M]．重庆：重庆大学出版社，2016．

[56]高华．基于 7P 理论的明月山假日度假酒店营销策略研究[D]．兰州：兰州理工大学，2019．

[57]严克飞．“互联网＋”环境下 W 连锁酒店营销渠道优化研究[D]．南京：南京航空航天大学，2018．

[58]杨明义．新常态下的酒店市场营销策略[J]．中国外资，2018(3)．
[59]何林海．基于7Ps营销理论的MY酒店市场营销策略研究[D]．湘潭：湘潭大学，2015．
[60]谢宇．基于4P理论的麓溪峪酒店假日营销研究[D]．湘潭：湘潭大学，2015．
[61]吕薇．经济连锁酒店网络营销渠道管理研究[J]．旅游纵览(下半月)，2017(12)．
[62]何玲，涂财斌，曾兰兰，王朝．酒店新媒体营销渠道现状探析及管理——以龙泉驿区酒店微信公众号为例[J]．现代商业，2018(28)．
[63]牛越胜．现代酒店管理信息系统[M]．广州：广东旅游出版社，2011．
[64]穆林．酒店信息系统实务[M]．上海：．上海交通大学出版社，2011．
[65]张延．酒店个性化服务与管理[M]．北京：旅游教育出版社，2008．
[66]汪纯孝．服务营销与服务质量管理[M]．广州：中山大学出版社，2005．
[67]李菊霞．饭店服务质量制约因素研究[D]．杭州：浙江大学，2011．
[68]梁胜亮．盘锦万象主题酒店服务质量管理研究[D]．大连：大连理工大学，2013．
[69]邱焕喜．M酒店服务质量管理体系研究[D]．北京：中国地质大学，2014．
[70]张玉玲．现代酒店服务质量管理[M]．北京：北京大学出版社，2009．
[71]张红卫，张娓．酒店质量管理原理与实务[M]．北京：北京大学出版社，2017．
[72]李彬，孙怡．酒店服务质量管理理论、实践与案例[M]．北京：旅游教育出版社，2017．
[73]丁宁．服务管理[M]．北京：北京交通大学出版社，2019．
[74]谭慧．现代星级酒店经营与管理[M]．北京：中国华侨出版社，2013．
[75]肖萍，徐紫燕．客房服务与管理[M]．北京：北京理工大学出版社，2017．
[76]梁海兰．客房服务与管理[M]．长春：东北师范大学出版社，2015．
[77]黄莉．客房服务与管理[M]．长沙：湖南大学出版社，2014．
[78]徐永志．客房服务实训[M]．成都：四川大学出版社，2015．
[79]中国就业培训技术指导中心．客房服务员[M]．北京：中国劳动社会保障出版社，2014．
[80]费寅．前厅客房服务与管理[M]．北京：中国财政经济出版社，2008．
[81]胡新桥．酒店管理与经营全案[M]．北京：化学工业出版社，2019．
[82]奚晏平．世界著名酒店集团比较研究[M]．北京：中国旅游出版社，2018．
[83]傅生生．酒店管理[M]．上海：上海交通大学出版社，2014．
[84]丁林．酒店管理概论[M]．北京：机械工业出版社，2019．
[85]邹益民．酒店整体管理原理与实务[M]．北京：清华大学出版社，2004．